Saggi. Arti e lettere

Andrea Ceccherelli, Luigi Marinelli, Marcello Piacentini

# SZYMBORSKA
# UN ALFABETO DEL MONDO

DONZELLI EDITORE

Le poesie di Wisława Szymborska sono tratte dal volume
W. Szymborska, *La gioia di scrivere. Tutte le poesie (1945-2009)*,
ed. it. a cura di P. Marchesani, Adelphi, Milano 2009.



Gli autori e l'editore ringraziano la casa editrice Adelphi per la gentile concessione.

Il volume è stato pubblicato grazie al sostegno
dell'Istituto Polacco di Roma e dell'Istituto Italiano di Cultura di Cracovia.

Istituto Polacco Roma

Istituto italiano di Cultura Cracovia


via Mentana 2b
INTERNET www.donzelli.it
E-MAIL editore@donzelli.it

ISBN 978-88-6843-480-9

# Indice

p. VII Prefazione. Questo mondo è stupefacente

3 Amore

17 Biologia

29 Caso

41 Donna

51 Ecfrasi

63 Fugacità

71 Gioco

81 Humour

91 Incanto

105 Lingua

121 Morte

131 Nulla

143 Orrore

155 Poesia

173 Qui e ora

181 Realismo socialista

193 Sogno

201 Tradizione

211 Utopia

219 Vita

229 Z come Zen?

243 La fiera dei miracoli, ovvero Wisława Szymborska (e lo szymborskismo) in Italia
di Luigi Marinelli

259 Riferimenti bibliografici

267 Indice delle poesie di Wisława Szymborska

271 Indice dei nomi

# Prefazione
# Questo mondo è stupefacente

La vita è buffa, nelle sue strane sorprese, coincidenze, contraddizioni, inciampi, delusioni, a volte persino nei suoi risvolti più tragici. Crediamo che almeno su questo l'autrice di *Opera buffa* (pp. 49-51) e di *Una vita all'istante* (pp. 397-9) non avrebbe avuto dubbi. E così l'idea di questo libro ci è nata dalla curiosa constatazione del fatto che in Italia, pur aumentando fin quasi all'inverosimile l'interesse e l'amore per la sua opera, non ne esisteva ancora uno studio complessivo. Ci siamo dunque messi al lavoro con l'intento di colmare questa lacuna, sia pure senza alcuna pretesa di esaustività, di voler dire «tutto» – «parola sfrontata e gonfia di boria» (p. 623) – sulla sua poesia, né tanto meno di spiegarne il «segreto» o di rendere meno «stupefacente» il fatto stesso che essa sia tanto conosciuta e apprezzata dalle nostre parti. Più semplicemente – si fa per dire – abbiamo deciso di accettare la «sfida» lanciata al lettore da ogni verso di questa poetessa e dal complesso della sua opera, dialogando con essa, individuandone alcuni fili conduttori, provando a riconoscere e vagliare i molteplici sensi e «strati di senso» spesso nascosti dietro o sotto l'apparente semplicità e leggerezza dei suoi versi – così come dietro il timido sorriso che ritroviamo nelle foto che la ritraggono si nascondeva un carattere complesso, difficile, malinconico e scherzoso, al tempo stesso misantropico e profondamente innamorato della vita e del mondo.

Conclusioni e risposte certe ai dubbi e alle domande «universali» di Szymborska non ne abbiamo di sicuro trovate neanche noi, ma – da insegnanti di letteratura polacca quali siamo – abbiamo voluto rivolgerci a una «classe» un po' più numerosa di quelle con cui abbiamo normalmente a che fare nelle nostre aule universitarie, cercando di esporre i temi e gli aspetti che ci sembravano più rilevanti all'interno di un *corpus* poetico tutt'altro che smisurato (poco più d'una dozzina di volumetti, a volte con anche meno di venti poesie ciascuno) eppure caratterizzato da grande varietà e ricchezza di forme e contenuti. In questo modo abbiamo voluto anche sottolineare, indirettamente, quella continuità e unitarietà dell'opera poetica di Wisława Szymborska che è palese «a occhio nudo» per chiunque si metta a leggerla da cima a fondo, o anche semplicemente a casaccio (*random*, si direbbe oggi), come capita ormai sempre più spesso a motivo della massima diffusione su internet di questa poesia – e come è forse l'unico vero modo di leggerla e amarla, la poesia.

Ne doveva venir fuori, almeno nel nostro auspicio, un libro agile e leggero concepito per brevi contributi tematici che ripercorressero la produzione poetica (e non solo) di Wisława Szymborska, contestualizzandola, interpretandola, illustrandola e, possibilmente, rendendola ancora più vicina a quel vasto pubblico di tutte le generazioni, per il quale la poetessa premio Nobel 1996 rappresenta ormai un'autrice di culto.

Abbiamo cercato soprattutto di «spiegare Szymborska con Szymborska», attraverso rimandi interni alle poesie, agli altri scritti e alla sua stessa biografia, a partire da alcune poesie «esemplari» e fra le più lette e famose, quali *Amore a prima vista*, *La cipolla*, *Il cielo*, *Il gatto in un appartamento vuoto*, *La gioia di scrivere* ecc. Nostro principale «libro di testo» è stata quindi la fortunatissima raccolta adelphiana *La gioia di scrivere*[1]. In tutti gli altri casi, il rimando va ai Riferimenti bibliografici in coda al presente volume, mentre per le traduzioni di altri testi citati, là dove non diversamente indicato, s'intende che siano state eseguite dagli autori delle singole parti del libro. I saggi che lo compongono si muovono quindi alla ricerca di alcune fra le principali chiavi di lettura e comprensione del mondo poetico di Wisława Szymborska, fra quotidiano e sublime, «incanto e disperazione», «elogio dei sogni» e «fiera dei miracoli» della vita. Non ci resta che sperare che ciascuno dei lettori e degli estimatori di Szymborska in Italia possa trovare qui qualcuno dei suoi «temi» preferiti, mentre noi nello svolgerli, quei «temi», abbiamo alla fine scelto il modo più scolasticamente neutro ed elementare: l'abbecedario. Né c'è bisogno di dire che si tratta solo di una delle possibili scelte tematiche: si sarebbero potuti individuare altri argomenti forse non meno importanti per la poesia e la poetica, per il «tanto mondo» (*Compleanno*, p. 309) di Wisława Szymborska, ma l'alfabeto italiano conta ventuno lettere: di qui i nostri ventuno saggi brevi, che partono dall'Amore (e forse, davvero, per tutta la

[1] A questa edizione (Adelphi, Milano 2009) si rimanda laddove compaia il numero di pagina senza la fonte.

poesia e l'arte in genere «In principio era Eros») e terminano interrogativamente, e anche un po' scherzosamente, su una possibile lettura «Zen» dell'attitudine conoscitiva del mondo della nostra poetessa.

Così pure altre letterine mancanti, come ad esempio la *j* e la *k*, avrebbero potuto a pieno diritto «dar adito» alle voci Jazz e Kitsch, e magari la stessa Szymborska non ci avrebbe perdonato questa grave, ancorché voluta omissione, ma confidiamo che ci pensi qualcun altro dopo di noi, al quale stiamo semplicemente suggerendo nuovi percorsi di ricerca e di possibile rilettura della poesia szymborskiana; così come in genere quel qualcuno si potrà sbizzarrire a trovare altri soggetti e inventarsi nuovi «saggi brevi» per le 21 lettere che pure abbiamo «riempito» in questo nostro *Alfabeto del mondo* di Wisława Szymborska.

***

Fra le persone che dobbiamo ringraziare di cuore, perché nei modi più varî, ma sempre affettuosi, ci hanno aiutato e sostenuto interessandosi seriamente a questo nostro lavoro, vorremmo ricordare in primo luogo i direttori dell'Istituto Polacco di Roma, Paweł Stasikowski, e dell'Istituto Italiano di Cultura di Cracovia, Ugo Rufino; il presidente della Fondazione Wisława Szymborska di Cracovia, Michał Rusinek, e tutto il suo staff; Roberto Calasso e Anna Raffetto della casa editrice Adelphi; Michele Sganga, che ci ha suggerito la voce «Z come Zen?»; Lorenzo Costantino, che ha riletto le singole voci, aiutandoci a rimettervi un po' di ordine e a predisporre gli indici delle poesie e dei nomi che compaiono a fine volume; Caterina Pisto, l'occhio sapiente che ha colto l'attimo fissato nella bellissima immagine di Szymborska che abbiamo deciso di mettere in copertina – un attimo di stupore tutto italiano, provato di fronte al grande pubblico radunatosi per ascoltarla nell'aula magna dell'Università di Bologna nel 2009.

Infine, ma dapprincipio, chi ci sta quotidianamente a fianco, Silvia, Michele e Laura, senza la cui pazienza e amore, anche per il nostro lavoro, sarebbe assai difficile portare a termine qualcosa di un po' sensato.

Al termine delle nostre passeggiate, solitarie o a tre, in compagnia della poesia di Wisława Szymborska, vorremmo dedicare questo libro alla memoria di colui che più si è speso acciocché questa piccola, grande poetessa polacca divenisse in Italia quello che è poi diventata, un'amica di ciascuno di noi: Pietro Marchesani, maestro e indimenticabile compagno di mille scoperte, avventure e chiacchiere sulla vita, sul mondo, sulla letteratura e sulla sua e nostra amatissima Polonia.

Bologna-Roma-Padova, 25 marzo 2016 A. C., L. M., M. P.

Le poesie che aprono le voci dell'*Alfabeto* sono tratte da *La gioia di scrivere. Tutte le poesie (1945-2009)*, ed. it. a cura di P. Marchesani, Adelphi, Milano 2009: *Amore a prima vista*, pp. 534-7; *Vista con granello di sabbia*, pp. 422-5; *Ogni caso*, pp. 266-7; *Ritratto di donna*, pp. 378-9; *Gente sul ponte*, pp. 486-9; *Metafisica*, pp. 734-5; *Intervista a un bambino*, pp. 310-3; *La cipolla*, pp. 388-9; *Il cielo*, pp. 492-5; *Sotto una piccola stella*, pp. 336-7; *Il gatto in un appartamento vuoto*, pp. 522-5; «Il nulla si è rivoltato anche per me», pp. 334-5; *Torture*, pp. 456-9; *La gioia di scrivere*, pp. 182-5; *Attimo*, pp. 564-5; *Progetto un mondo*, pp. 96-9; *Elogio dei sogni*, pp. 326-9; *In pieno giorno*, pp. 436-9; *Utopia*, pp. 404-5; *Una vita all'istante*, pp. 396-9; *La fine e l'inizio*, pp. 502-5.

Szymborska: un alfabeto del mondo

# Amore

## *Amore a prima vista*

Sono entrambi convinti
che un sentimento improvviso li unì.
È bella una tale certezza
ma l'incertezza è più bella.

Non conoscendosi, credono
che non sia mai successo nulla fra loro.
Ma che ne pensano le strade, le scale, i corridoi
dove da tempo potevano incrociarsi?

Vorrei chiedere loro
se non ricordano –
una volta un faccia a faccia
in qualche porta girevole?
uno «scusi» nella ressa?
un «ha sbagliato numero» nella cornetta?
– ma conosco la risposta.
No, non ricordano.

Li stupirebbe molto sapere
che già da parecchio tempo
il caso giocava con loro.

Non ancora pronto del tutto
a mutarsi per loro in destino,
li avvicinava, li allontanava,

gli tagliava la strada
e soffocando una risata
con un salto si scansava.

Vi furono segni, segnali,
che importa se indecifrabili.
Forse tre anni fa
o lo scorso martedì
una fogliolina volò via
da una spalla a un'altra?
Qualcosa fu perduto e qualcosa raccolto.
Chissà, forse già la palla
tra i cespugli dell'infanzia?

Vi furono maniglie e campanelli
su cui anzitempo
un tocco si posava su un tocco.
Valigie accostate nel deposito bagagli.
Una notte, forse, lo stesso sogno,
subito confuso al risveglio.

Ogni inizio infatti
è solo un seguito
e il libro degli eventi
è sempre aperto a metà.

Benché la parola «amore» compaia addirittura nel titolo, come anche nelle altre due occorrenze dell'opera di Wisława Szymborska in cui ciò avviene (*Un amore felice*, p. 331; *Il primo amore*, p. 591), un po' come per la celebre «pipa» di Magritte, questa non è una poesia d'amore, e forse neanche sull'amore, se per questo si intende un sentimento esclusivo e unico fra due persone che, incontrandosi un giorno, continueranno poi a vivere per tutta la vita (o quanto basta) le conseguenze di quella fortuita e magari banalissima occasione che le aveva fatte incontrare e unire in un legame affettivo più o meno stabile.

Szymborska, come al solito, gioca coi sensi e coi doppi sensi, con le situazioni e con gli (etimologici) «errori» della vita o, per essere più aderenti al suo pensiero, delle singole vite dei singoli esseri umani: quello che sembra un amore a prima vista – e quindi un sentimento mitizzato e cantato dalla lirica di tutte le letterature – non è che una «possibilità», fra migliaia, milioni di altre, giacché l'incontro tra due persone non è che un piccolo paragrafo del «libro degli eventi», un testo sempre aperto, come una frase che (non) termina sui «Due punti», ma cerca di cogliere l'«Attimo», «Qui» (e i titoli delle raccolte szymborskiane avranno pure un loro peso, se tre delle ultime si intitolano proprio così...) → Qui e ora. E del resto, a suffragare la nostra forte impressione che quella qui scelta a introdurre il tema amoroso non sia solo una stupenda poesia sull'innamoramento, bensì in primo luogo sul → Caso, sta – imprevisto, e assai ben camuffato – quello che ha tutta l'aria di essere un garbato quanto ossequioso contraddittorio col conterraneo di Szymborska Joseph Conrad, e in particolare col suo romanzo intitolato proprio *Il caso* (*Chance*, 1913), dove leggiamo: «Immagino infatti che il Libro del Destino sia già scritto dalla prima all'ultima pagina» (Conrad 2013, p. 126).

Wisława Szymborska rifugge a tutti i costi il pathos e l'affettazione egocentrica e autocompiaciuta di tanta lirica anche del nostro tempo. Il suo «modo» poetico principale è infatti quello di porsi sempre in dialogo con un «tu», una qualche alterità con la quale confrontarsi, discutere, il più delle volte (cercare di) immedesimarsi, approfondire i più diversi e lontani punti di vista sulle cose del mondo, tanto che – riprendendo un'idea di Czermińska 2000 (si veda anche Marinelli 2002, p. 262) – potremmo chiamare quello di Szymborska una sorta di «autobiografismo alla seconda persona», di cui forse l'espressione poetica più intensa e paradossale è il suo ormai famosissimo verso: «Ascolta/ come mi batte forte il tuo cuore» (*Ogni caso*, p. 237, qui p. 30), figurazione di un amore intenso, sì, ma soprattutto di una totale e quasi fisica empatia con l'Altro. Non per caso in un'altra poesia genericamente catalogabile alla voce «Amore» (*Ringraziamento*, pp. 343-5) attribuisce al rapporto con «quelli che non ama» il merito di poter vivere

> [...] in tre dimensioni,
> in uno spazio non lirico e non retorico,
> con un orizzonte vero, perché mobile.

Ed è così che perfino il dramma della scomparsa del proprio amato viene «rivissuto» dalla parte di un gatto, lasciato solo e senza coccole in un appartamento in cui «niente sembra cambiato», ma che è ormai insopportabilmente «vuoto» (*Il gatto in un appartamento vuoto*, p. 523 → Morte).

Di questo continuo e imprescindibile rapporto con l'alterità e con punti di vista «altri» sulla stessa realtà, la sua poesia non finisce mai di stupirsi. E forse allora in *Amore a prima vista* parole chiave sono proprio: «li stupirebbe», laddove i due inconsapevoli attori della nascita di un «nuovo» amore risultano in realtà complemento oggetto del → Caso, uno dei grandi soggetti della poesia szymborskiana, che gioca col loro incontro, con la necessità e/o fortuità dei sentimenti umani, e tanto più, quindi, con l'amore.

Siamo dunque di fronte a un altro grande testo di Wisława Szymborska sullo stupore (→ Incanto) e sul paradosso dell'esistenza. A questo proposito si dovrà notare che, nella poesia *Ogni caso*, il citato distico «Ascolta/ come mi batte forte il tuo cuore» – ormai reso celeberrimo anche in Italia da un romanzo di Benedetta Tobagi e soprattutto dalla sua frequente citazione da parte di Roberto Saviano e in migliaia di blog e siti internet – è preceduto dal verso «Non c'è fine al mio stupore, al mio tacerlo» (p. 267, qui p. 30). E l'amore fra due esseri umani è forse la massima espressione e palesamento di quella tacita meraviglia dell'Essere (o piuttosto dell'Esserci) di cui parla sempre Szymborska. Così come la morte ne rappresenta l'apparente contrario. Apparente, perché anche in Szymborska – com'è del resto in tutta la tradizione poetica – si tratta di due poli non alternativi, che si muovono insieme «in uno spazio non lirico e non retorico,/ con un orizzonte vero, perché mobile» (*Ringraziamento*, p. 345), e dalla cui simbiosi scaturisce quella «vita continua» (*La realtà esige*, p. 511), fatta da e di entrambi, che la sua poesia, fra «incanto e disperazione» (*Il cielo*, p. 495, qui p. 92), cerca di esprimere e mettere il più possibile a fuoco. Così nella poesia intitolata *Il primo amore* (p. 591) – che per certi versi, anche attraverso un simile strumentario retorico, sembrerebbe una quasi-palinodia con variazione di *Amore a prima vista* – mentre da una parte si oppone all'idea romantica di quello, dall'altra gli attribuisce una forza drammatica di cui gli altri e assai più importanti amori

> [...] ancora non sono capaci:
> non ricordato,
> neppure sognato,
> mi familiarizza con la morte.

Ma è proprio da quella simbiosi di essere e non-essere e, alla fin fine, dalla loro coincidenza (→ Nulla), che risulta possibile anche l'«amore a prima vista».

La prospettiva di Szymborska sul rapporto tra innamoramento e amore risulta dunque praticamente opposta (ma anche qui: non del tutto) a quanto scrive l'autore di *Tre cavalli*:

> Ci sono creature assegnate che non riescono a incontrarsi mai e s'aggiustano ad amare un'altra persona per rammendare l'assenza. Sono sagge (De Luca 2002, p. 41).

Lo scrittore napoletano, o meglio il suo romantico *alter ego* ventenne scalatore di cime, sembra porre l'accento sull'impossibilità, o quanto meno estrema difficoltà, dell'incontro. Szymborska no. Tanto meno fa dell'amore scelto una questione di saggezza o di follia, che farebbe rientrare anche il suo *sermo de amore* nella consueta visione romantica della «passion predominante». Aliena da una qualsivoglia fede teleologica nei riguardi dell'esistenza, Szymborska la rimette al caso, laddove «incanto e disperazione» – in «ogni caso», cioè nell'una, nell'altra e nell'altra ancora delle «possibilità»: l'incontro e il non-incontro, «la fine e l'inizio» – in fondo si equivalgono, o meglio formano i due lati di una stessa medaglia, compensandosi e compenetrandosi. Per questo un'altra profondissima poesia sull'amore o – di nuovo – sul caso straordinario che lo rende possibile, è quella senza titolo che nella raccolta «Ogni caso» del 1972 veniva subito dopo *Un amore felice*, e che ha incipit (p. 335, qui p. 131):

> Il nulla si è rivoltato anche per me.
> Si è davvero rovesciato all'incontrario

e termina con la più semplice e stupenda dichiarazione d'amore per il proprio compagno:

> E a me è capitato di esserti accanto.
> E davvero non vedo in questo nulla
> di ordinario.

Alla poesia di Szymborska, e in particolare in *Amore a prima vista*, accanto alla stessa organizzazione della (varia) lunghezza dei versi e della relativa posizione di alcuni termini-chiave in clausola (convinti, certezza, risposta, segnali, indecifrabili, anzitempo, seguito, metà – la bella traduzione italiana di Pietro Marchesani anche in questo è sempre molto attenta, tranne in due occorrenze: al v. 19, dove più letterale sarebbe stata l'inversione: «giocava con loro il caso», e al quartultimo verso, dove l'originale polacco mette l'«inizio» in clausola, cioè nella stessa posizione di «seguito»: «Infatti ogni inizio»), non mancano certo i mezzi retorici per esprimere tale *coincidentia oppositorum*, a cominciare dalle coppie antitetiche di sostantivi e verbi (certezza/incertezza; avvicinava/allontanava; qualcosa fu perduto e qualcosa raccolto); i polittoti (faccia a faccia; da una spalla a un'altra, in polacco: *z ramienia na ramię*, e quindi più letteralmente traducibile: «di spalla in spalla»; un tocco... su un tocco); le accorte enumerazioni con variazione (le strade, le scale, i corridoi; segni, segnali; maniglie e campanelli)...

Per Szymborska, insomma, gli enigmi dell'amore sono ben più dei fatidici tre di Turandot: la vita è una, sì, ma soprattutto molteplice, e nei risvolti della sua trama – fra le pagine del «libro degli eventi» – non si può mai dire se uno di essi – gli eventi –, compreso un fulmineo innamoramento, sia davvero un inizio oppure un seguito di altri casi insospettati, sconosciuti, o piuttosto inavvertiti.

Per questi motivi qualcuno – spinto forse anche dal titolo, al solito, ambiguo e polisemico di una delle sue raccolte: «Sto pociech» (che letteralmente significa «Cento consolazioni», ma che è stato giustamente tradotto in italiano con la sua accezione metaforica: «Uno spasso») – ha anche chiamato «consolatoria» la poesia di Szymborska: una definizione non poco provocatoria se si pensa che in Polonia essa è solitamente attribuita da una convenzione critica invalsa ai romanzi storici di Henryk Sienkiewicz, primo premio Nobel slavo nel 1905 col suo celeberrimo *Quo vadis?*. E in seguito a una lettura superficiale (per quanto ammissibile), i versi di Wisława Szymborska possono certamente avere una forte valenza consolatoria. I suoi strati profondi, però, sembrano rimandare a una pensosità quasi-leopardiana, o piuttosto a una quieta malinconia čechoviana, in cui pessimismo della ragione e ottimismo del cuore o viceversa – due poli cioè non alternativi e anzi capovolgibili entro i quali continuamente si muove – svolgono insieme un'unica e medesima funzione: far riflettere, dubitare, essere «pronti», e forse persino agire di conseguenza. Basti pensare a come viene trattato il tema dell'amore felice nell'omonima poesia, che in realtà può esser letta come una variazione antifrastica sul tema dell'infelicità umana, per la quale la sola idea di un amore davvero felice può perfino rappresentare «un insulto». Di qui l'ironia delle domande retoriche e di un quanto mai pungente polittoto: *świat*, «il mondo» (soggetto) *vs. świat*, «il mondo» (oggetto) nell'incipit espositivo (p. 331):

Un amore felice. È normale?
È serio? È utile?
Che se ne fa il mondo di due esseri
che non vedono il mondo?

E la non meno sferzante «morale» finale, nella quale però – come le capita – Szymborska evita ogni forma di moralismo, e anzi dà voce a quella *pietas* che ne caratterizza universalmente la lirica, tanto più per gli aspetti e i punti «deboli» dell'umanità (p. 333):

> Chi non conosce l'amore felice
> dica pure che in nessun luogo esiste l'amore felice.
>
> Con tale fede gli sarà più lieve vivere e morire.

Il «grande amore» resta insomma un mistero, inaccessibile a chi non l'hai mai provato. In modo affatto esplicito Szymborska ne parla in una delle sue «Letture facoltative» a proposito del diario di nozze di Anna Dostoevskaja, moglie dell'autore dei *Fratelli Karamazov*:

> In questi casi un osservatore esterno è solito chiedere: «Ma che ci troverà poi lei (lui) in lui (lei)?». Lasciamo pure senza risposta queste domande, il grande amore fa a meno di motivazioni. È come un albero, nato non si sa come su un pendio roccioso. Non si capisce bene come faccia a starci, da dove tragga la linfa, grazie a quale miracolo riesca a mettere le sue foglioline verdi. Eppure esiste, ed è verde, evidentemente ha trovato quel che gli è necessario per vivere (*Opere*, p. 724).

D'altronde il soggetto lirico della poesia di Wisława Szymborska – né importa se sia da identificare con un *alter ego* di Szymborska stessa, in quanto poeta e donna, o piuttosto con la figura «universale» di chiunque ci sia passato – conosce perfettamente lo strazio di un amore infelice («– *È una vecchia storia...*», *Sulla torre di Babele*, p. 159), o meglio di quella lacerante incapacità di comprendersi degli amanti, generata dalla necessità del distacco e dell'addio, anche questa fin troppo spesso retta dal caso. Ecco che proprio quelle due persone che prima avevano per breve tempo o a lungo visitato uno stesso «paradiso» si allontanano desolate verso spazi e tempi, vite e mondi diversi, prese da uno smarrimento totale che si manifesta anzitutto nella reciproca incomprensione delle loro lingue (*ibid.*):

> [...] – Entrare, io?
> Ma non eri da solo. – *D'un tratto ho visto*
> *colori preesistenti alla vista.* – Peccato
> che tu non possa promettermi. – *Hai ragione,*
> *doveva essere un sogno.* [...]
> [...] – Hai mani così belle.
> – *È una vecchia storia, la lama è penetrata*
> *senza toccare l'osso.* – Non c'è di che,
> mio caro, non c'è di che. – *Non so*
> *che ora sia e non lo voglio sapere.*

E anche qui: sarà una lirica sull'amore perduto, o piuttosto un piccolo trattato poetico sull'incomunicabilità fra gli esseri umani, una volta scomparso il «senso», e quindi l'unica possibilità per loro di intendersi veramente? Nel 2015, proprio dalla poesia appena citata e col medesimo titolo, la regista e studiosa di Szymborska Maria Wróż-Prusiewicz ha tratto un trittico cinematografico, in cui vengono rappresentate tre delle molteplici possibili «interpretazioni» di questa *Sulla torre di Babele*. Le tre storie narrate nel film, anch'esse non sono altro infatti che «possibilità», dovute ai casi della vita, all'imprevedibilità e al caos degli eventi che, una volta finito l'amore, le diverse coppie che passano sullo schermo interpretano, vedono e raccontano con punti di vista e linguaggi troppo diversi fra loro per essere davvero reciprocamente compresi.

Da quanto fin qui detto, si possono forse intuire i motivi per i quali *Amore a prima vista* è divenuta una delle poesie szymborskiane più amate e universalmente note.

Il primo motivo di tale fortuna è ovviamente la stessa trattazione inconsueta di un tema tanto archetipico: la «prima vista» non è che una delle innumerevoli possibili «prime viste», foss'anche fra le medesime due persone; un fatto meraviglioso e imprevisto, sì, ma non tanto stupefacente quanto la stessa possibilità che esso avvenga (o non avvenga) in infiniti altri modi e occasioni.

Ci sono però anche altri motivi per i quali questo testo è entrato così fortemente nell'immaginario collettivo dei lettori di poesia in generale e di Szymborska in particolare e, alla fine, non solo di essi. Ad alcuni di coloro che prima non l'avessero mai letta, *Amore a prima vista* potrebbe infatti ricordare molte altre opere, soprattutto cinematografiche, che, indirettamente o perfino direttamente, ne sembrerebbero quasi delle illustrazioni.

Si tratta in particolare di due film polacchi dello stesso grande regista, Krzysztof Kieślowski, nella fattispecie *Il caso* (noto in Italia anche col pessimo titolo di *Destino cieco*; orig. *Przypadek*, 1981, bloccato dalla censura polacca e sbloccato soltanto nel 1987) e *Film rosso* (1994); di un film di co-produzione anglo-statunitense, *Sliding Doors* (1998) dell'allora esordiente Peter Howitt, che alla prima delle citate pellicole kieślowskiane dichiaratamente si ispirava; nonché di una non fortunatissima opera cinematografica nostrana dal titolo *Sfiorarsi* (2006), interpretata e diretta da Angelo Orlando.

In tutte queste pellicole, più che l'amore, che risulta inesorabilmente accessorio, il tema centrale è quello del destino, o piuttosto del caso (*przypadek*), concetto chiave in tutta l'opera di Wisława Szymborska e, come si può immaginare, anche in quella di Kieślowski, autore tra l'altro, oltreché del celebrato *Piccolo film sull'amore* del *Decalogo*, anche di un bellissimo documentario dal titolo *Primo amore*, del 1974, nonché de *La doppia vita di Veronica* (1991), altro capolavoro nel quale di nuovo si trovano strettamente accostati i temi dell'amore, del destino e della straordinaria ordinarietà e imprevedibilità dei piccoli e grandi «eventi» delle vite umane in rapporto con le vite degli altri, con la società e con la storia. E d'altronde ci si potrebbe soffermare a lungo sulle somiglianze, affinità, attinenze e persino interdipendenze dei mondi creativi e delle poetiche di Krzysztof Kieślowski, regista-poeta, e di Wisława Szymborska, poeta dal possente immaginario e «stile» descrittivo-cinematografico.

Non per caso le *possibilità* di cui parla l'omonima, famosissima poesia di Szymborska (p. 479) iniziano dal verso «Preferisco il cinema» (cui segue immediatamente un baudelairiano: «Preferisco i gatti»). Ma si tratta giustappunto di possibilità... E qui sta il maggiore aggancio di una grossa fetta della sua poetica, e in ispecie di *Amore a prima vista*, con la visione del mondo e la «morale» (che anch'essa non scade mai in moralismo!) di Kieślowski, ciò che spiega – ma certo non risolve – l'enigma maggiore del protagonista del suo film *Il caso*. Più volte, infatti, durante lo svolgimento delle tre (leggi: infinite) storie parallele che lo coinvolgono, il giovane studente medico, interpretato da uno straordinario Bogusław Linda, si chiede e chiede ad altri il significato della misteriosa frase del padre morente nell'ultima di una serie di telefonate mute fra padre e figlio lontani: «*Nic nie musisz...*», che può essere reso in italiano, ma solo approssimativamente, con: «Non devi (far) niente...». Una frase apparentemente spezzata, ma che in realtà non lo è, e rende poeticamente l'intero enigma o piuttosto gli enigmi, tanti, della vita: quali che siano le scelte, gli incontri, gli amori, i tradimenti, gli errori, le preferenze e gli inganni di ciascuno di noi, il risultato potrà anche essere diversissimo, ma non si è mai obbligati a niente (e pertanto si è sempre terribilmente liberi nel proprio arbitrio; un tema, questo, inevitabilmente caro anche all'autrice di *Una versione dei fatti*, p. 555, e della citata *Possibilità*, p. 479), giacché a reggere le fila di tutto sarà sempre Lui: il marionettista della *Doppia vita di Veronica*, il Caso. E così Szymborska, con la sua (pesantissima) sublime leggerezza (→ Lingua), rovescia tutta la prospettiva che ci si aspetterebbe nel trattare un tema apparentemente delicato e innocente come quello dell'amore a prima vista:

Li stupirebbe molto sapere
che già da parecchio tempo
il caso giocava con loro.

Non ancora pronto del tutto
a mutarsi per loro in destino,
li avvicinava, li allontanava,
gli tagliava la strada
e soffocando una risata
con un salto si scansava.

Ecco perché Kieślowski, leggendo per caso la poesia poco dopo l'uscita del suo film, in un'intervista del 1994 avrebbe dichiarato che «*Amore a prima vista* è una poesia che parla esattamente di *Film rosso*» (Kieślowski - Piesiewicz 1994, pp. 334-6). Questa in breve la trama del film raccontata e lucidamente commentata da Lorenzo Salzano:

> Una modella in cerca di se stessa, un giovane giudice imprigionato in una relazione sentimentale poco soddisfacente incrociano le proprie esistenze secondo una serie di infiniti capricci del caso, finché il caso stesso non si muta in destino e i due, scampati all'affondamento del traghetto sulla Manica sul quale viaggiavano separatamente, si incontrano e si innamorano. Chi si aspettava una elucubrazione su concetti filosofici si trova di fronte, nella trilogia, come già nel caso del *Decalogo*, a storie che seguono le vicende di personaggi comuni, immersi nella quotidianità dell'Europa post guerra fredda. La stessa rappresentatività dei casi scelti sembra essere messa in dubbio da Kieślowski quando il regista, nel finale del *Film rosso*, ci rivela che i personaggi dei tre film corrispondono a sei superstiti del naufragio del traghetto sulla Manica. Forse sarebbero state ugualmente significative altre vicende e l'atto arbitrario di restringere il campo (simile a quello secondo cui nel *Decalogo* ci si occupava degli inquilini di uno stesso palazzo popolare di Varsavia) non può negare la verità che ogni uomo nasconde una storia degna d'essere raccontata (dal sito www.ondacinema.it).

Il fascino di questa vicenda sta nel senso di mistero di cui, ancora una volta, Kieślowski riesce a caricare la propria opera, facendo presagire anche allo spettatore più distratto che il film presenti diversi piani di lettura.

Molte, se non proprio tutte le stesse cose si possono dire della poesia di Szymborska. Di qui ben più che una qualche affinità elettiva fra i due artisti polacchi: una vera e propria spiritualità etica e creativa comune, «la prova che due persone che non si conoscono, non hanno nulla a che fare l'una con l'altra, non hanno nessuna influenza reciproca – dichiarava ancora Kieślowski in quella intervista – sentono come importante nello stesso tempo una stessa cosa, pensano che la stessa cosa possa costituire l'oggetto di una poesia o di un film. Come questo succeda, non lo so».

E a questo punto non ci sorprenderemo più neanche del fatto che il «non lo so» di Kieślowski sia proprio lo stesso «non so» (*nie wiem*) su cui poggiava tutta la seconda parte del famoso discorso di Wisława Szymborska per il Nobel (*Il poeta e il mondo*, in *Opere*, pp. 1039-45, → Incanto). Né ci sbalordirà più di tanto la straordinaria affinità di situazioni, o meglio, «non situazioni», tra la scena iniziale del film *Destino cieco*, come abbiamo detto, del 1981, e la poesia *La stazione* (p. 199), che appartiene alla raccolta «Uno spasso» del 1967, e, fra le varie «non-possibilità» dell'incontro amoroso che elenca, ricorda da vicino lo spirito e il senso di *Amore a prima vista*:

Il mio non arrivo nella città di N.
è avvenuto puntualmente.

Sei stato avvertito
con una lettera non spedita.

Hai fatto in tempo a non venire
all'ora prevista.
[...]
La mia persona, assente,
si è avviata all'uscita tra la folla.
[...]
A una è corso incontro
qualcuno che non conoscevo,
ma lei lo ha riconosciuto
immediatamente.

Si sono scambiati
un bacio non nostro,
intanto si è perduta
una valigia non mia.

E chissà, cose simili, a distanza di spazio e di tempo, si potranno forse dire dello scrittore iraniano Mohammad Reza Kalhur, il quale ha pubblicato nel 2012 una piccola raccolta di racconti il cui titolo inglese suona *Me, Kieslowski and Ms. Szymborska*. Non riuscendo a saperne molto di più (perché la raccolta non è stata ancora tradotta dal persiano in altre lingue), a giustificazione di questa scarna, eppure significativa informazione, oltre a quel «non so», potrà valere anche qui l'ulteriore, ironica saggezza di Wisława Szymborska:

Vi furono segni, segnali,
che importa se indecifrabili.

In questa breve voce sull'«Amore» nella poesia di Szymborska non potrà alla fine mancare un accenno al fatto che proprio in Italia, e grazie soprattutto all'«amore a prima vista» di un editore (Vanni Scheiwiller) e di un traduttore (Pietro Marchesani), entrambi a loro modo poeti, ed entrambi sicuramente innamorati della Polonia, di Wisława Szymborska e della sua poesia, si riuscì a vincere la forte titubanza, se non proprio contrarietà della poetessa alla pubblicazione di un'antologia delle sue poesie «d'amore». Una tale avversità era certamente motivata dal suo convincimento che l'amore sia in fondo «una cosa indescrivibile» (*L'indispensabile naturalezza*, in *Opere*, p. 1064): un'affermazione probabilmente ironica, come spesso le capitava, forse scaramantica, sicuramente dettata da quella riservatezza, timidezza e signorilità che chi la poté conoscere notava subito in Szymborska, la quale infatti – inasprendo inusitatamente il suo giudizio sulla lirica d'amore in genere – aggiungeva:

> Non ho mai letto un solo verso passabile su questo argomento, e credo che non lo si possa scrivere. Forse qualcuno prima o poi ci riuscirà, e in quel caso sono pronta a cambiare parere, ma fino a oggi quello che ho visto non ha fatto che confermare la mia opinione. Io comunque non ci provo nemmeno a descrivere quella bellezza, quella grazia (*ibid.*).

Alla fine, tuttavia, il *Taccuino d'amore* italiano uscì nel 2002 e – come ricordava il suo traduttore in un'intervista pubblicata postuma online (Marchesani 2013) – Karl Dedecius, curatore tedesco di un simile volumetto, dovette far riferimento a quello pubblicato in Italia da Scheiwiller per convincere la poetessa a ripetere anche per i lettori tedeschi lo stesso fortunato esperimento. E poi, nel 2008, alle due antologie italiana e tedesca fece seguito perfino una scelta polacca, intitolata *Un amore felice e altre poesie*, che in una recensione lo scrittore e critico Jerzy Pilch avrebbe definito «Un libro essenziale, caratterizzato da un'altissima tensione interiore, di poesia in poesia, di pagina in pagina sempre più cupo [...]. Una raccolta di poesie d'amore che è in realtà una collezione di poesie metafisiche» (*Cianfrusaglie*, p. 185).

E in effetti avevano ragione entrambi, sia Szymborska con la sua riluttanza, sia Marchesani (e i suoi emuli successivi) con la loro insistenza: la lirica «erotica» di Wisława Szymborska si presta senz'altro al florilegio, a condizione che non vi si cerchi (solo) l'amore, ma in generale la condizione umana, di cui l'amore è l'enigma più semplice e insoluto, il più comune e stupefacente dei paradossi.

P. S.

Dietro le poesie (non) d'amore di Wisława Szymborska si nascondono ovviamente i suoi impulsi, affetti e sentimenti più intimi e intensi: l'«ubriacatura» dell'innamoramento, in cui sembra di perdersi nello sguardo e nell'abbraccio momentaneo dell'amato (*Accanto a un bicchiere di vino*, p. 141); lo smarrimento dopo il fallito matrimonio con lo scrittore Adam Włodek, cui sono dedicate liriche come *Innamorati* («Ma addormentandoci/ in sogno vediamo l'addio...», p. 27), *Opera buffa* («Passerà il nostro amore,/ e poi cento e altri cent'anni...», p. 49) e la famosissima *Nulla due volte* (p. 45); il senso quasi di disperata solitudine e angoscia che si può provare quando una relazione si trasforma col tempo in abitudine («Gli sono troppo vicina perché mi sogni», p. 157); la sensazione dell'esser morti ammazzati nel momento dell'abbandono (*Ballata*, p. 137); il non sapersi più parlare, dovendosi fermare «a metà della frase», rincontrandosi dopo anni (*Un incontro inatteso*, p. 129); il dolore straziante per la perdita dell'altro compagno di tanti anni felici, Kornel Filipowicz (1913-1990), anch'egli scrittore, al quale si riferiscono molte delle sue più belle poesie «d'amore» della maturità, fra cui *Un amore felice* (p. 331), *Il gatto in un appartamento vuoto* («Morire – questo a un gatto non si fa», p. 523, qui p. 121), e *Amore a prima vista*... Ma sappiamo bene quanto la stessa poetessa tenesse a distinguere (e a tutelare) la propria vita privata da quella artistica, e anzi, pur cercando di «trasferire alcune esperienze nelle poesie» («a volte ce la faccio, a volte no»), ritenesse come «non tutti i momenti vissuti in compagnia di qualcuno si prestino a essere svenduti», e in generale che «confidarsi in pubblico è come perdere l'anima. Qualcosa bisogna pur tenere per sé» (*Cianfrusaglie*, pp. 7-8). Il pudore dei (propri) sentimenti è così un'importante cifra personale e stilistica di Szymborska, fin dai suoi primi esordi poetici, se anche nella lirica *A un'innamorata infelice* del periodo buio stalinista (pubblicata sul numero del 20 giugno 1954 della rivista «Nowa Kultura» e mai ristampata in volume) scriveva (in *Cianfrusaglie*, p. 16):

> Io so come adattare i lineamenti
> perché nessuno veda i miei tormenti.

Un concetto evidentemente assai caro a Wisława Szymborska donna e poeta, che infatti l'avrebbe ripreso in termini meno diretti, e quindi anche più efficaci, nella strofa finale di *Coloratura* (p. 145), dal volume «Sale» (1962), forse quello in cui traspaiono più frequentemente motivi autobiografici intimi:

> Oh no! Oh no! Nell'ora infausta
> si deve mantener la testa alta!

E ne troviamo un'altra prova indiretta, ma in realtà evidentissima, nella stupenda «lettura facoltativa» della corrispondenza di Chopin con la famiglia, dove leggiamo frasi che potrebbero essere tranquillamente riferite alla Szymborska stessa:

> Da Chopin ci si aspettava quelle stesse effusioni lacrimevoli e quei sospiri melanconici che la sua musica sapeva ridestare negli ascoltatori. E invece le sue epistole abbondavano di battute, buffonate e osservazioni maligne insieme a un certo esibito distacco nei confronti dei propri sentimenti, e a una riservatezza che sconfinava nell'introversione. A quell'epoca era assai diffusa la convinzione (ma non lo è forse ancora oggi?) che si confidasse veramente solo chi fosse disposto a svelare i recessi della propria anima. Chopin si confidava di rado perché la sua anima era assai impavida. E come tale non si arrogava il diritto di sfogare la propria tristezza sulle persone care (*Opere*, pp. 753-4).

Da quello stesso pudore «chopiniano» nasceva in Szymborska l'iniziale rifiuto di pubblicare sillogi della sua lirica amorosa. In una lettera del 31 maggio 1994 a Edward Balcerzan, suo grande amico, professore e poeta di Poznań, spiegava: «Ho rifiutato, perché infilare in un unico sacco vicende riguardanti persone diverse mi sembrava scorretto verso di loro e anche verso me stessa» (citato in *Cianfrusaglie*, p. 185).

In generale però, quello che sappiamo, e più di tutti lo sapeva assai bene la stessa signora Wisława, è quanto la poesia e l'arte in genere, per essere tali, debbano travalicare i limiti dell'io dell'artista e della sua biografia, e possano sempre valere per tutti, o piuttosto, come avrebbe preferito l'autrice di *Grande numero* (p. 341), per ciascuno. Giacché quello che «continua a commuoverla» – e a commuoverci – è «la singolarità».

Luigi Marinelli

# Biologia

*Vista con granello di sabbia*

Lo chiamiamo granello di sabbia.
Ma lui non chiama se stesso né granello né sabbia.
Fa a meno di un nome
generale, individuale,
permanente, temporaneo,
scorretto o corretto.

Del nostro sguardo e tocco non gli importa.
Non si sente guardato e toccato.
E che sia caduto sul davanzale
è solo un'avventura nostra, non sua.
Per lui è come cadere su una cosa qualunque,
senza la certezza di essere già caduto
o di cadere ancora.

Dalla finestra c'è una bella vista sul lago,
ma quella vista, lei, non si vede.
Senza colore e senza forma,
senza voce, senza odore e senza dolore
è il suo stare in questo mondo.

Senza fondo è lo stare del fondo del lago,
e senza sponde quello delle sponde.
Né bagnato né asciutto quello della sua acqua.
Né al singolare né al plurale quello delle onde,
che mormorano sorde al proprio mormorio
intorno a pietre non piccole, non grandi.

E tutto ciò sotto un cielo per natura senza cielo,
ove il sole tramonta senza tramontare affatto
e si nasconde senza nascondersi dietro una nuvola ignara.
Il vento la scompiglia senza altri motivi
se non quello di soffiare.

Passa un secondo.
Un altro secondo.
Un terzo secondo.
Tre secondi, però, solo nostri.

Il tempo passò come un messo con una notizia urgente.
Ma è soltanto un paragone nostro.
Inventato il personaggio, fittizia la fretta,
e la notizia inumana.

Se il paradosso è uno dei più potenti e spiazzanti strumenti conoscitivi di cui Szymborska si serve magistralmente nella sua produzione poetica (→ Lingua), è solo apparentemente paradossale che a una voce intitolata Biologia sia intestata una poesia dai cui versi non pare affacciarsi anima viva, visto che non abbiamo dubbi a classificare, scolarmente (e scientificamente), la realtà distinguendola e differenziandola in forme organiche e inorganiche, le forme organiche, poi, in animate e inanimate, e ancora, all'interno di quelle animate (ovvero che si muovono di movimento auto-generato – nell'accezione che è propria delle scienze naturali), distinguendo l'uomo dagli animali. Quello, forse dotato anche di anima (→ Nulla), questi no (o non più?) (*La Scimmia*, p. 103):

> Cacciata dall'eden prima dell'uomo,
> [...]
> Adorata dagli Egizi [...]
> [...]
> In Europa le fu tolta l'anima,
> ma per distrazione le lasciarono le mani.

E si tratta – ironia feroce nella neutralità dell'enunciato – di quella che sappiamo da un po' essere l'antenato lontano dell'uomo. A spingersi oltre – magari all'interno della specie «uomo» –, una serie di altre differenziazioni di un insieme finito ma potenzialmente illimitato.

Piuttosto siamo restii a qualificare come «vivo» un granello di sabbia, un lago, una vista, se non per quel procedimento, conscio o inconscio, di «animizzazione» che sta a fondamento di credenze religiose ed è proprio del pensiero infantile (Piaget), delle fiabe, dell'affabulazione poetica. Ma che pur percorre, affiorando di continuo, sostanzialmente l'intero pensiero filosofico, dai Greci, passando per i nostri umanisti, fino almeno a Bergson. Che però è un piano diverso da quello delle scienze naturali.

Maestoso, oserei qualificarlo (forse l'aggettivo non sarebbe piaciuto all'autrice, sempre moderata nei toni), il ritmo quieto di questa splendida lirica (che peraltro diede il titolo alla prima raccolta antologica italiana di Szymborska, stampata da Adelphi nel 1998).

Apparenti paradossi logici che si susseguono con una naturalezza «reale»: il fondo del lago è esso stesso il fondo, non può a sua volta averne uno. Così la vista, siamo noi, che non siamo lei, a vederla in forma di colori, odori, voce. Il sole tramonta per noi, non per se stesso, e non su se stesso il vento soffia, per sua natura. Il tempo, personaggio inventato (→ Nulla, → Fugacità) di cui solo l'uomo ha percezione misurando un inizio e una fine, «intervallo nell'infinito per il cielo sconfinato!» («Il nulla si è si è rivoltato anche per me», p. 335, qui p. 131), passa per noi, non per se stesso; la sua fretta è fittizia, perché siamo noi che lo vediamo trascorrere in un baleno; la notizia inumana, vale a dire impietosa: il tempo nostro è trascorso.

Quella natura di *Vista con granello di sabbia* non la percepiamo (se volete, non la percepisco) come inanimata, bensì come placidamente essere se stessa, ma completamente a se stante e indifferente.

L'interrogativo della relazione tra l'uomo e le altre esistenze, siano esse animate o no, organiche o inorganiche, percorre fin dagli inizi la produzione poetica di Wisława Szymborska, ma potremmo, piuttosto dovremmo, anche invertire i termini: tra le altre esistenze e l'uomo. E stupisce davvero quanto sia ampio lo spettro dei punti di vista da cui viene posto quell'interrogativo, e quanti e diversi siano i protagonisti coinvolti, interlocutori del suo discorso sull'uomo e sulla natura. Giusto in forma di dialogo è una tra le più intriganti e singolari poesie di Szymborska, *Conversazione con una pietra* (pp. 177-9). Che idea, mettersi a parlare con una pietra, prestandole la voce per ribattere punto per punto le richieste insistenti del soggetto lirico, che viene disarmato dalla logica coerente di un interlocutore indifferente nella durezza del suo «cuore di pietra» («la mia mortalità dovrebbe commuoverti.// – Sono di pietra – dice la pietra –»). Una conversazione sollecitata dal desiderio di conoscere quella landa ignota che chiamiamo natura e che è parte integrale della realtà concretamente esistente, non metafisica, ma che rimane, pur nella sua materialità scandagliata dalla scienza, inaccessibile all'uomo:

Busso alla porta della pietra.
– Sono io, fammi entrare. [...]
– Vattene – dice la pietra. –
Sono ermeticamente chiusa. [...]
– Sono io, fammi entrare.
Non cerco in te un rifugio per l'eternità.
Non sono infelice.
Non sono senza casa.
Il mio mondo è degno di ritorno. [...]
– Non entrerai – dice la pietra. –

Un dialogo surreale tra due logiche diverse in una lingua apparentemente eguale – è questo il filo conduttore della lirica. A perderlo di vista, la *pointe* risolutiva rimarrebbe solo un malriuscito paradosso d'effetto, fine a se stesso: «Non ho porta» (p. 179). Eppure il protagonista lirico bussa, così dice, per sei volte alla porta della pietra. E la pietra lo avverte subito di essere «ermeticamente chiusa». Evidentemente non da una porta. Szymborska si serve con maestria degli enunciati ambigui (così farà, un esempio tra tanti, anche con l'anima mancante nell'elenco di *Nulla è in regalo*, p. 551, → Nulla): «non ho porta» può intendersi pure come «non c'è una porta che chiude l'entrata», vale a dire, se l'entrata non è sbarrata da una porta, è chiusa da qualcos'altro: «Ti manca il senso del partecipare./ Nessun senso ti sostituirà quello del partecipare», dice la pietra. Il limite riguarda l'uomo, è la diagnosi, la sua incapacità di empatia verso realtà altre da sé, non sostituibile dall'osservazione scientifica, dall'accurata e pur affascinante conoscenza della materia scissa in molecole e atomi a loro volta scindibili. Risuona qui l'eco della ballata di Adam Mickiewicz, *Romanticità*, che segnò lo spartiacque tra l'Illuminismo settecentesco (e il classicismo) e il romanticismo:

Più forte mi parlano fede e sentimento
Che non l'occhio del saggio e la sua lente.

Verità morte tu sai, al volgo ignote.
Vedi il mondo in un granulo, in scintilla di stelle,
Non verità vive conosci, non vedrai prodigi!
Cuore abbi invece e al cuore volgi lo sguardo.

La risposta della pietra sulla possibilità dell'uomo di entrare in contatto integrale con quella che chiama natura e di cui egli stesso è pur parte è netta e senza alternative:

– Se non mi credi – dice la pietra –
rivolgiti alla foglia, dirà la stessa cosa.
Chiedi a una goccia d'acqua, dirà come la foglia.

Senza accesso sono i confini di quel corpo chiuso, impossibile da visitare anche solo per pura curiosità, in una sorta di turismo «intellettuale» e ben diverso da quel tipo di vacuo turismo che definiremmo «predatorio», fulminato per l'occasione dall'aguzza ironia di Szymborska:

Entrerò e uscirò a mani vuote.
E come prova d'esserci davvero stata
porterò solo parole,
a cui nessuno presterà fede.

*Conversazione con una pietra* è il punto di partenza da cui cade, sul davanzale, il granello della pietra frantumata in granuli di sabbia (così suona nell'originale, che per motivi di economia e fraseologia leggiamo in italiano «Anche ridotte in polvere»).

La critica polacca ha ben colto le suggestioni della metafisica di Leibniz in quella pietra impenetrabile così somigliante alla monade del filosofo tedesco: «Le monadi non hanno finestre, attraverso le quali qualcosa possa entrare o uscire», ma ciascuna monade è anche differente in qualcosa, pur minima, da tutte le altre, «infatti non vi sono mai in natura due esseri perfettamente eguali», scriveva ancora Leibniz nella sua *Monadologia* (Leibniz 2008, p. 30), così come differenti, a dispetto del risaputo fraseologismo, sono le due gocce d'acqua di *Nulla due volte* (p. 45, → Lingua). Si tratta, certo, di singoli elementi che più o meno coincidono, suggestioni appunto, ma quel che più sembra legato alla filosofia di Leibniz ci pare quell'idea di fondo della continuità della natura (*natura non facit saltus*), senza separazioni nette tra vivente e non vivente, tra materia viva e materia inerte.

Szymborska torna più e più volte, da angolature diverse, sul motivo dell'allontanamento delle singole forme per via evolutiva e di conseguenza sulla perdita di unità e reciproca comprensione che porta all'isolamento. Così che ripercorrere la strada inversa si conclude con l'insuccesso della *Conversazione con una pietra*. E così è pure, fra molte altre liriche che girano tutt'intorno a questo problema, nell'affascinante *Il silenzio delle piante* (pp. 579-81):

La conoscenza unilaterale tra voi e me
si sviluppa abbastanza bene.
[...]
Benché la mia curiosità non sia reciproca,
su alcune di voi mi chino apposta,

e verso altre alzo il capo.
[...]
Parlare con voi è necessario e impossibile.
Urgente in questa vita frettolosa
e rimandato a mai.

O forse è possibile solo in quel mondo nuovo, della poesia, che sta all'inizio del discorso szymborskiano sulla natura e sull'uomo (*Progetto un mondo*, p. 97 → Realismo socialista).

L'*Homo Sapiens* è e resta solo un'entità biologica tra le altre, che per strada si è lasciato dietro un bel po' della natura originaria, come nel divertentissimo *Discorso all'Ufficio oggetti smarriti* (p. 305) – che la studiosa Legeżyńska ben definì come «un vero e proprio racconto sull'evoluzione» (Legeżyńska 1995, p. 55) biologica e culturale –, un fuoco d'artificio costruito parafrasando ben riconoscibili (anche in traduzione italiana) modi dire (→ Lingua, → Gioco):

Ho perso qualche dea per via dal Sud al Nord,
[...]
Non so neanche dove mai ho lasciato gli artigli,
chi gira nella mia pelliccia, chi abita il mio guscio.
Mi morirono i fratelli quando strisciai a riva
[...]
Da tempo ho chiuso su tutto ciò il mio terzo occhio,
ci ho messo una pinna sopra, ho scrollato le fronde.
[...]
Mi stupisco io stessa del poco di me che è restato:
una persona singola per ora di genere umano,
che ha perso solo ieri l'ombrello sul treno.

Ovvero, nell'arguta e divertita *pointe*, ancora un altro pezzo, una protesi manufatta frutto dell'adattamento, la più facile e comune da perdere, in cammino sempre sulla strada dell'evoluzione. Magari un giorno non servirà più, ma di questo si saprà forse solo a cose fatte.

Di quella evoluzione tuttavia, l'uomo, pur nella sua singolarità e irripetibilità, non è altro che un risultato forse casuale (*Nella moltitudine*, p. 567):

Sono quella che sono.
Un caso inconcepibile
come ogni caso.

In fondo avrei potuto avere
altri antenati,
e così avrei preso il volo
da un altro nido,

così da sotto un altro tronco
sarei strisciata fuori in squame.
[...]
allevato per farne una pelliccia.

Magari nient'altro che una «generazione sperimentale», non necessariamente indispensabile, né tantomeno perfetta nel sistema biologico del mondo (*Forse tutto questo*, p. 543). La casualità esclude però il determinismo e le domande sul come e il perché rimangono solo ipotesi senza certezza alcuna nella suggestiva immagine dei «Biologi Cosmici» che nel laboratorio altrettanto cosmico guardano indifferenti su uno schermo (cosmico anche questo) lo svolgersi della vita, entusiasmandosi solo davanti alle minuzie (*ibid.*). O nell'altrettanto suggestiva versione di avventurosi Argonauti (*Una versione dei fatti*, pp. 555-7) che partono per «Un soggiorno oltre l'eternità,/ comunque monotona/ e ignara del passare del tempo» nonostante sappiano cosa li aspetti:

I corpi a noi proposti erano scomodi
e si sciupavano laidamente.

I modi di appagare la fame
ci disgustavano
[...]
Ci era stata fatta
la proposta di un viaggio
da cui dopotutto saremmo ritornati
presto e di sicuro.

L'unica certezza su cui può contare l'uomo è quella della propria esistenza, o forse meglio, della coscienza che ha di essa, e dopotutto «prendere in considerazione perfino la possibilità/ che l'essere abbia una sua ragione» (*Possibilità*, p. 481).

«La sorte, finora,/ mi è stata benigna», conviene il soggetto lirico di *Nella moltitudine* (p. 567), e d'altro canto l'uomo sembra, per il momento, il punto d'arrivo di un'evoluzione che ha messo da parte «pinne del devoniano e i petti dell'olocene», ibridi «miscugli e aderenze/ [...] fastidi/ che la natura non vuole e che non ha» (*Thomas Mann*, p. 243), ma alla quale è pur «sfuggito l'istante in cui è spuntato un mammifero/ con la mano prodigiosamente pennuta d'una Waterman».

Folgorante, come tante altre, l'arguzia finale della penna del volatile (di medievale memoria, ma fino all'Ottocento ancora intinta nel calamaio) che si «evolve» nella famosa stilografica, punto di arrivo di prototipi precedenti, impugnata da Thomas Mann. Il tributo reso al Nobel tedesco s'ha da intendere anche come metonimia, il riconoscimento che quel che l'uomo ha perso rispetto alla natura lo ha in parte compensato con l'immaginazione (che tuttavia non basta per entrare in comunanza con la pietra) e con l'arte, così che l'evoluzione dell'uomo, come la vede Szymborska, pur nella sua casualità non per questo insignificante, è in primo luogo di natura culturale (*Appunto*, pp. 173-5):

Lo spazio di paragone
aperto da secoli
si è conservato bene.
[...]
Lui
ha trasformato in umana la nostra testa,
[...]
e ha aperto in noi
ciò che non ha palpebre

ovvero, come ha colto acutamente Legeżyńska (1996, p. 76), l'occhio della → Poesia.

Per come però Szymborska vede il mondo, l'evoluzione culturale, in quanto specifica dell'uomo, non è analoga a supremazia della specie umana sulle altre, né può legittimarla, anche se quella oscillazione tra i due poli della natura e della cultura ha generato una «ingiustificata megalomania», così la chiama appropriatamente Legeżyńska (1995, p. 57). Szymborska ne coglie insieme la reale limitatezza in tutto guardando se stessa («So che finché vivo niente mi giustifica/ perché io stessa mi sono d'ostacolo», *Sotto una piccola stella*, p. 337, qui pp. 105-6) e portandosi dietro (e dentro) il senso di colpa della sua piccolezza rispetto a se stessa e agli altri («Perdonatemi, deserti, se non corro con un cucchiaio d'acqua», *ibid.*). Ambizioni e limitatezza delle strutture concettuali stesse dello sguardo sul mondo dell'individuo, che avverte – fino alla fine della propria vita – la colpa per l'incapacità (o l'impossibilità?) di una «unione» integrale con il resto delle esistenze e l'inevitabile, singolare irripetibilità di ciascuno e il compianto per l'altro.

Anche se riesce a volte a trattarlo con ironia leggera e conciliante (*Uno spasso*, p. 261, → Tradizione), l'uomo, nella percezione che ha di se stesso nei confronti delle altre esistenze, specie quelle, come lui, animate, non fa per nulla una bella figura.

A cominciare da *Le due scimmie di Bruegel* (p. 75, → Ecfrasi), un capolavoro, nel giudizio mio, della poesia di tutti i tempi, dove la laconicità dell'enunciato contrasta sinistramente con il quieto e raggelante tintinnio della catena, a suggerire che l'evoluzione e la storia dell'umanità altro non sono che storia di schiavizzazione. Esercitata dall'uomo, e fin dalle origini, sulle altre forme di esistenza e sull'uomo stesso: la scimmia in verità è, di quell'uomo che l'ha incatenata al davanzale della finestra, l'antenato. Del resto, un antecedente di questo motivo già lo troviamo in una toccante poesia degli esordi «sociorealisti», ma che con quella poetica (se mai è esistita, e non è esistita, una poetica sociorealista) nulla e poi nulla ha a che fare, *Gli animali del circo* (p. 15, → Realismo socialista), che resi schiavi diventano il sollazzo degli spettatori umani:

Divertimento pessimo quel giorno:
gli applausi scrosciavano a cascata,
benché la mano più lunga d'una frusta
gettasse sulla sabbia un'ombra affilata.

Forse non avremmo remore a ripetere con Szymborska: «Mi vergogno molto, io – umano» (*ibid.*).

Difficile davvero resistere alla tentazione di leggere quel circo con gli animali addomesticati a eseguire i comandi impartiti da una frusta come metafora d'un regime autoritario che dispone a suo piacimento di una corte di buffoni ammaestrati «per confondere bene e peccato», scriveva nel 1950 Czesław Miłosz (*Tu, che hai oltraggiato*, Miłosz 1983b, p. 58), che Szymborska però difficilmente poteva allora conoscere. Certamente, e l'una e l'altra di queste due poesie di Szymborska possono essere lette pure proiettandole sullo sfondo della situazione politica della Polonia d'allora (il che vuol dire che Szymborska non aveva alcuna possibilità di diventare un poeta sociorealista), ma al tempo stesso, svincolate da una circostanza concreta, hanno valore esse per ogni epoca e frangente, che è poi la marca di universalità che decide della grandezza d'una poesia.

La poesia di Szymborska è popolata di animali, protagonisti, anche loro malgrado, della storia dell'uomo, o meglio, della storia dalla prospettiva dell'uomo, signore, così si ritiene, del mondo (→ Tradizione). Qualcuno scampa, perché all'uomo inutile, come il minuscolo primate delle Filippine (*Tarsio*, p. 245):

Io, tarsio, figlio di tarsio,
[...]
piccola bestiola, fatta di due pupille
[...]
scampato per miracolo ad altre trasformazioni,
perché come leccornia non valgo niente.

Per altri, come la scimmia, va davvero male (*La scimmia*, p. 103):

Commestibile in Cina, sul vassoio
fa smorfie arrostite o lessate.

> [...]
> Il suo cervello ha un sapore delicato,
> e qualcosa gli deve pur mancare,
> dato che nulla ha mai inventato.

Questo povero antenato dell'uomo che nelle favole «si burla di sé, ossia ci dà un buon esempio,/ come un parente povero che di noi tutto sa» (*La scimmia*, p. 105). Altri, un po' più scaltri, come lo Yeti (*D'una spedizione sull'Himalaya non avvenuta*, p. 85), hanno preferito prendere il largo dalla civilizzazione umana:

> Yeti, non solo crimini
> sono possibili tra noi.
> Yeti, non tutte le parole
> condannano a morte.
> [...]
> Oh Yeti, mezzo Uomo-luna,
> rifletti, torna!

Il simpatico e prudente discendente (coetaneo? equivalente?) di quel *Satiro, ovvero Uomo selvatico* (1564) di Jan Kochanowski cacciato dalle selve natie dalla civilizzazione dell'uomo, dell'uomo non ha nessuna intenzione di fidarsi. Chiare, certamente, le allusioni all'appena trascorso periodo dello stalinismo in Polonia («non tutte le parole/ condannano a morte», → Realismo socialista), ma altrettanto eloquente è la discrepanza tra natura e cultura («Yeti, Shakespeare abbiamo./ Yeti, il violino suoniamo»). Una separazione di fatto dall'una e dall'altra parte (*Lode della cattiva considerazione di sé*, p. 395):

> I piranha non dubitano della bontà delle proprie azioni.
> Il serpente a sonagli si accetta senza riserve.
>
> Uno sciacallo autocritico non esiste.
> [...]
> Non c'è nulla di più animale
> della coscienza pulita
> sul terzo pianeta del Sole.

Similmente, il cane del *Monologo di un cane coinvolto nella storia* (pp. 655-6), che per sua natura si affaccenda a dar la caccia ai gatti e a «tutto ciò che si muove inutilmente», occupazioni per lui pressanti come quelle che tengono lontano per molto tempo il suo padrone. Il lettore coglie immediatamente l'agghiacciante allusione a quella che dovrebbe essere l'occupazione del padrone, un'analoga caccia a «tutto ciò che si muove inutilmente»: ovvero la caccia a chi nel mondo è inutile, dal punto di vista del padrone, il quale però non è mosso dall'istinto naturale (e dunque neutrale) bensì, possiamo intuirlo, da una aberrante ideologia (se vogliamo spingerci al punto di scorgere, agevolmente in verità, dietro a quel «padrone» un gerarca nazista a caccia di ebrei, o magari lo stesso Hitler).

Tutti questi «animali» si comportano né più né meno secondo natura e se c'è qualcosa di disumano, è solo per noi umani, ma la *pointe* di Szymborska è recisa: una coscienza pulita è propria solo degli animali. Non dell'uomo, con la sua ipocrisia di «*homo sapiens innocens*» (*Avvenimento*, p. 641). O forse, giusto in un caso, nella folgorante ironia dell'aforisma di Jerzy Stanisław Lec (1998, p. 67):

> Aveva la coscienza pulita. Mai usata.

Ma alla fin fine, cosa lascerà, o dovrebbe lasciare, dietro di sé l'uomo? «*La forêt précède l'homme, le désert le suit*», scandiva sui muri un graffiante slogan del '68 francese, giusto a proposito dell'evoluzione. Il vuoto d'una caverna del Paleolitico che abbiamo abitato migliaia di anni fa (*Grotta*, p. 255):

> Qui è buio e fa freddo.
>
> Ma è buio e fa freddo
> dopo un fuoco spento.
> […]
> Nulla – ma dopo di noi,
> che qui siamo stati
> e i nostri cuori abbiamo mangiato
> e il nostro sangue abbiamo bevuto.

O frammenti sparsi di vestigia d'una civiltà che tra millenni l'Archeologia (proprio essa, non l'uomo che oggi se ne serve) ricostruirà da quel nulla (*Archeologia*, p. 421):

> Mostrami il tuo nulla
> che ti sei lasciato dietro,
> e ne farò un bosco e un'autostrada,
> un aeroporto, bassezza, tenerezza
> e la casa perduta.

Marcello Piacentini

# Caso

*Ogni caso*

Poteva accadere.
Doveva accadere.
È accaduto prima. Dopo.
Più vicino. Più lontano.
È accaduto non a te.

Ti sei salvato perché eri il primo.
Ti sei salvato perché eri l'ultimo.
Perché da solo. Perché la gente.
Perché a sinistra. Perché a destra.
Perché la pioggia. Perché un'ombra.
Perché splendeva il sole.

Per fortuna là c'era un bosco.
Per fortuna non c'erano alberi.
Per fortuna una rotaia, un gancio, una trave, un freno,
un telaio, una curva, un millimetro, un secondo.
Per fortuna sull'acqua galleggiava un rasoio.

In seguito a, poiché, eppure, malgrado.
Che sarebbe accaduto se una mano, una gamba,
a un passo, a un pelo
da una coincidenza.

Dunque ci sei? Dritto dall'attimo ancora socchiuso?
La rete aveva solo un buco, e tu proprio da lì?

Non c'è fine al mio stupore, al mio tacerlo.
Ascolta
come mi batte forte il tuo cuore.

> Ma all'improvviso... Nei racconti si trova spesso questo «all'improvviso». Gli autori hanno ragione: la vita è così piena di cose inaspettate.
>
> Anton Čechov, *La morte dell'impiegato*

Chi l'avrebbe mai detto che la piccola Ichna, figlia di Wincenty Szymborski, il fedele amministratore delle terre dei Zamoyski, una delle schiatte nobiliari fra le più antiche, ricche e potenti della vecchia Polonia, non sarebbe poi stata nota che a pochi col suo primo nome, Maria/Marysia (da cui il diminutivo Ichna), bensì col secondo nome, preso dal fiume più importante del suo paese, la Vistola (in polacco *Wisła*), e avrebbe attraversato oceani e continenti con le sue poesie, per esse ricevendo nel 1996 perfino quel premio Nobel del quale «vengono insignite persone dall'animo inquieto perennemente alla ricerca di qualcosa»? (*Opere*, p. 1043).

E chi l'avrebbe mai detto che la stessa persona, la giovane e bella Wisia, Wisełka (diminutivi di Wisława), subito dopo quella terribile guerra che aveva segnato tutta la sua generazione, si sarebbe ritrovata ad abitare a Cracovia col primo marito Adam Włodek, in un sottotetto della Casa dei letterati, la comune di via Krupnicza 22 dove, in stanze poverissime e malmesse, i cosiddetti «alloggi per letterati», abitavano molti altri grandi scrittori della Polonia dell'epoca precedente e successiva: Andrzejewski, Brandys, Peiper, Gałczyński, Szaniawski, Różewicz, Mrożek...

Un'altra scrittrice, Joanna Olczak-Ronikier (di una dozzina d'anni più giovane di Szymborska, e il cui bel libro *Nel giardino della memoria* racconta tanti simili casi strani e imprevisti che avevano toccato la sua grande famiglia), ricordando in un articolo gli «alloggi per letterati» di via Krupnicza 22, dove anche lei aveva vissuto da bambina, avrebbe così descritto quel luogo speciale:

> Tante persone diverse messe insieme dal caso, condannate a un'ininterrotta, fastidiosa vicinanza, che s'incrociavano di continuo nell'andito angusto. Ciascuna con una propria, terribile, esperienza dell'occupazione. Con la paura di non avere le forze per cominciare una nuova vita. Con lo sgomento per non riuscire a dare un senso a quella, di vita. Esaurimento fisico e nervoso,

mancanza di elementi primari dell'esistenza quali vestiti, scarpe, medicinali, soldi (cit. in *Cianfrusaglie*, p. 81).

Anche se non ha avuto vite così difficili e sorprendenti, ognuno di noi, quand'è forse più facile (ma a volte anche più doloroso) stendere resoconti sulla propria vita, si sarà ritrovato, un giorno o l'altro, a porsi domande più o meno simili: perché qua e non là? e per quale motivo le cose sono andate in un certo modo, e non diversamente? come mai quella volta esser passati proprio da quella parte del giardino, e non dalle scale? se si fosse nati in altro luogo o in altro momento, femmina o maschio, avremmo avuto uguale o diverso carattere? la stessa educazione? una vita completamente diversa o in fondo la stessa?

Wisława Szymborska quasi ossessivamente continua a porsi nella sua opera questo tipo di domande, ovviamente non trovandovi, ma neppure cercandovi mai una risposta, da subito, dalle prime poesie, e intitolerà la seconda raccolta postbellica «Domande poste a me stessa» (1954), restando poi fermi, fino alla fine, gli interrogativi di sempre (pp. 19-21):

Qual è il contenuto del sorriso
e d'una stretta di mano?
[...]
Con certezza tutto
afferri della gente?
[...]
i danni li hai calcolati?
[...]
Sai che l'amicizia va
concreata come l'amore?
[...]
E negli errori degli amici
non c'era tua colpa?
[...]
Quante le lacrime versate
prima che tu portassi aiuto?
Corresponsabile
della felicità di millenni –
forse ti è sfuggito
il singolo minuto
la lacrima, la smorfia sul viso?
Non scansi mai
l'altrui fatica?
[...]
Ma è tutto così semplice
nei rapporti fra la gente?

L'andamento interrogativo-dubitativo di molta parte della poesia di Szymborska costituisce uno dei tratti essenziali della sua poetica e visione del mondo. Almeno a partire dal crollo delle illusioni, nella fase matura della sua vita (e della sua opera), drammaticamente segnata dalla fatidica data del 1956, quando il «disgelo» cominciò a sciogliere i ghiacci e scoperchiare le menzogne che coprivano i milioni di morti dell'ideologia totalitaria alla quale anche la giovane poetessa aveva precedentemente aderito (→ Realismo socialista). Da quel momento il dubbio diventerà la vera chiave di conoscenza del mondo per la poesia di Wisława Szymborska. Lo dichiarerà lei stessa nel suo dolente, quanto sincero discorso intitolato appunto *Apprezzo il dubbio* in occasione del ricevimento del premio Goethe, a Francoforte, cinque anni prima del Nobel: «Io purtroppo ho ceduto a quella tentazione, come testimoniano le mie prime due raccolte poetiche» (cit. in *Cianfrusaglie*, p. 98), e in un'intervista di quello stesso 1991, immediatamente a ridosso, cioè, del tonfo miserando della «Grande Illusione» del cosiddetto socialismo reale:

> Appartengo a una generazione che ha creduto. Io ho creduto. E quando ho smesso di credere, ho smesso di scrivere poesie di quel tipo... Eseguivo i miei «compiti in versi» convinta di fare bene. È l'esperienza peggiore della mia vita (cit. in *Cianfrusaglie*, p. 99).

Fu così che da quella volta Szymborska smise di «fare i compiti», mentre al centro della sua visione subentrerà prepotentemente l'idea del «caso», di un mondo cioè non più «progettabile» (*Progetto un mondo*, pp. 97-9 → Realismo socialista, → Utopia), ma esprimibile solo attraverso i «segni particolari:/ incanto e disperazione» (*Il cielo*, p. 495, qui p. 92), che d'ora in poi saranno distintivi un po' di tutta la sua produzione poetica, e il continuo stupore per la casualità e irripetibile unicità di ogni esistenza (→ Incanto).

Sarà un caso – e ci si perdoni il banale gioco di parole – ma in quegli stessi anni del cosiddetto «disgelo» l'idea del «caso» entra prepotentemente anche nell'arte polacca. La pittura del periodo *informel* di Tadeusz Kantor degli anni 1956-63 nascerà infatti da una simile tensione a cogliere la realtà (del quadro) nel suo farsi, senza un'idea preconcetta del suo esito. Il pittore cracoviano, che proprio allora aveva fondato il suo teatro Cricot 2, in una successiva intervista con Wiesław Borowski, avrebbe infatti spiegato: «Il quadro era una registrazione, un segno dell'azione, e l'azione stessa suscitata dall'intervento del caso non era tanto ad esso subordinata, bensì un modo di dominarlo, una consapevole ammissione del suo ruolo» (cit. in Pleśniarowicz 1997, pp. 103-4). *Installazioni del caso*: si sarebbe così intitolato un ciclo di bozzetti per un film del 1957 autoprodotto da Kantor sul tema della sua creazione pittorica, purtroppo andato poi perduto. I bozzetti conservati, però, vengono così descritti da Krzysztof Pleśniarowicz: «Rappresentavano l'artista che dipingeva sulla tela o sul vetro con un frustino e ricopriva di colore la superficie di un tamburo che girava su se stesso» (*ibid.*, p. 108).

D'altronde a confermare questa nostra convinzione su una strana affinità e rilevanza del «caso» nell'estetica e nella visione del mondo di entrambi gli artisti cracoviani, sarà indirettamente lo stesso Kantor, in un testo importantissimo, quasi una sorta di sua ultima *ars poetica*, registrato per la radio ungherese nel 1989 e uscito postumo (Kantor 2005, p. 87):

> Il caso era considerato fin dagli inizi del surrealismo uno dei principali impulsi alla creatività: l'istinto, l'intuizione, il subconscio sono tutti elementi del processo di creazione che si manifestano attraverso il caso. E già a partire dal periodo *informel*, il caso è stato un motore importante nel mio teatro.

La materia verbale utilizzata da Szymborska ovviamente non avrebbe permesso il grado di astrattismo caotico concesso al pittore attraverso l'uso di corde o stracci sbattuti e incollati e la diretta spremitura del colore sulla tela o la disintegrazione dei dialoghi e della stessa trama della *pièce* nel suo teatro; e tuttavia – se qualcuno ha in seguito definito quella corrente artistica «astrattismo espressionista» o, in modo ancora più appropriato, «astrattismo lirico» – a posteriori potrebbe non essere del tutto forzoso usare una simile definizione e individuare una certa corrispondenza *inter artes* fra le ricerche dell'avanguardia pittorica cracoviana di quegli anni, e in ispecie di Tadeusz Kantor, e la nuova poetica di Wisława Szymborska: si trattava in fondo, in entrambi i casi, di mostrare l'altra faccia della medaglia, quella caotica, di un mondo la cui mancanza di «logica», nonché l'inferno reale verso il quale poteva portare un determinato «ordine» fittizio erano ormai stati fin troppo palesemente svelati.

E del resto si potrebbe perfino trovare una chiave biografica in questo imprevisto parallelo Kantor-Szymborska: il caso volle che verso la fine degli anni sessanta Wisława Szymborska si innamorasse e unisse felicemente con lo scrittore Kornel Filipowicz, che peraltro aveva più volte incontrato anche in precedenza e conosciuto sia come amico del suo primo marito, Adam Włodek, sia come marito di Maria Jarema (1908-

1958), pittrice co-fondatrice del Gruppo di Cracovia e del teatro Cricot 2 di Kantor: e questi «giochi» del caso, «non ancora del tutto pronto/ a mutarsi per loro in destino» (p. 535), sarebbero stati i protagonisti della stupenda poesia *Amore a prima vista* (→ Amore). Per un'altra strana coincidenza, Filipowicz, che era del 1913, sarebbe morto a Cracovia nello stesso anno della scomparsa di Tadeusz Kantor, il 1990.

Un'eco lontana, ma fedele, di quelle drammatiche riflessioni e ripensamenti fra politico e privato degli anni cinquanta, la ritroveremo in una celebre poesia degli anni ottanta (un periodo anche questo di profonda crisi e svolte storiche epocali), laddove, fra varie *Possibilità* (pp. 479-81) che la riguardano, la poetessa dichiara la sua ormai libera scelta:

Preferisco le eccezioni.
[...]
Preferisco avere delle riserve.
Preferisco l'inferno del caos all'inferno dell'ordine.
[...]
Preferisco non chiedere per quanto ancora e quando.
Preferisco prendere in considerazione perfino la possibilità
che l'essere abbia una sua ragione.

Ecco dunque che l'idea del caso, e – ad essa collegata – del caos e della non causalità degli eventi che l'arte non vuole certo dominare né spiegare, semmai prova a cercarne «una ragione», inquadrandoli per un *Attimo* (p. 565, qui p. 173) nel loro perenne flusso *Nel fiume di Eraclito* (p. 169), resterà a fondamento del pensiero poetico di Szymborska, fino all'ultima raccolta postuma, in cui la premio Nobel, all'apice del successo mondiale, avrebbe inserito i versi commoventi di *A una mia poesia* («Basta così», p. 41), includendo a pieno titolo nella generale casualità e fugacità del mondo anche la propria produzione poetica. E anche qui «il caso» volle che proprio questa fosse l'ultima poesia inviata per la pubblicazione al quotidiano «Gazeta Wyborcza» nel gennaio 2012 (Wisława Szymborska sarebbe morta di lì a pochi giorni, il 1° febbraio):

Nel migliore dei casi,
poesia, sarai letta attentamente,
commentata e ricordata.

Nel peggiore
sarai soltanto letta.

Terza eventualità:
verrai sì scritta,
ma subito buttata nel cestino.

Potrai approfittare di una quarta soluzione:
scomparirai non scritta,
borbottando qualcosa soddisfatta.

Il cestino a cui si fa riferimento nella «terza eventualità» descritta in questa poesia sulla poesia, in realtà, era sempre stato un fido compagno d'arte e di vita di Szymborska. In una delle poche interviste dell'immediato dopo Nobel avrebbe detto:

> Una poesia scritta la sera e riletta la mattina dopo non sempre sopravvive alla nottata. Una poesia scritta in primavera non necessariamente regge alla prova dell'autunno. Tengo a lungo per me ogni poesia per osservarla bene e in realtà scrivo molto più di quel che può sembrare. Ma per questo esiste il cestino (cit. in *Cianfrusaglie*, p. 180).

E in tutto questo lavorìo del tempo, della volontà e del gusto dell'autrice, ma anche del caso (che poteva portare ad esempio al recupero dopo anni, o persino decenni, di temi, motivi e interi versi già «buttati via»), riconosciamo uno dei fattori che contribuiscono alla straordinaria complessità e difficoltà, ammantata di semplicità e leggerezza, delle poesie di Wisława Szymborska. La loro costruzione spesso a collage (→ Poesia) se da una parte riconduce inaspettatamente – come dicevamo – a certe esperienze pittoriche post-dadaiste e post-surrealiste dell'avanguardia, anche polacca (ad esempio di Tadeusz Kantor col suo fondamentale «principio di realtà» e la fattura a collage sia delle sue opere pittoriche che poi soprattutto di quelle teatrali), dall'altra è una chiara evidenza del metodo compositivo di Szymborska, la quale del resto, in un'altra intervista del 2002, confessava apertamente:

> Io spesso comincio dalla fine. E vi dirò, non è facile, poi, risalire fino all'inizio. Alcune poesie hanno una gestazione lunga, e intanto ci ritorno sopra, le correggo. Di recente mi è capitato di distruggerne una, e di lasciarne nel taccuino un'unica frase (cit. in *Cianfrusaglie*, p. 188).

Si potrebbe anzi arrivare a dire a questo punto che, così come il caso è ambiguo e molteplice/polisemico per via dell'imprevedibile gioco di «cause ed effetti» (*La fine e l'inizio*, p. 505, qui p. 230) che ne sono la manifestazione visibile, così la poesia di Szymborska si nutre di una profonda ambiguità e pluralità di significati e strati di senso.

Lo vediamo bene attraverso le sue traduzioni che in molti «casi» non possono che essere una scelta tra più «possibilità» offerte dalla iniziale polisemia del testo di partenza (alle difficoltà della traduzione delle poesie di Szymborska sono dedicati diversi studi, fra cui un numero intero – 2003, 1 – della rivista «Przekładaniec»; e ne parlano ampiamente anche le due biografe nel capitolo «Traduttori e traduzioni, ovvero poesia che fai problema che trovi», in *Cianfrusaglie*, pp. 254-75).

Lo vedremo da ultimo anche qui, proprio sulla scorta della nostra poesia «eponima», intitolata in polacco *Wszelki wypadek* e in italiano, problematicamente, *Ogni caso*.

Al tema per così dire onniavvolgente del «caso» Szymborska torna spesso anche nella prosa delle «Letture facoltative», in cui si moltiplicano racconti e riflessioni su cose, fatti e persone che avrebbero potuto essere o non essere in modo completamente diverso da come in realtà si sono poi davvero manifestati, svolti o hanno vissuto:

> Sono sempre stata attratta dal caso e dalle sue imperscrutabili mosse. Migliaia di migliaia di generazioni, un vero Himalaya di ossa, scomparse senza lasciar traccia, ma ecco che, all'improvviso, un bel giorno in un certo luogo qualcuno lascia un'impronta nel fango, il fango, solidificandosi, preserva l'impronta e a causa di quell'impronta si terranno congressi (*Opere*, p. 842).

Magnifica e struggente anche un'altra «lettura facoltativa», dedicata alla traduzione polacca dei *Saggi* dell'adorato Michel de Montaigne, nella quale – dando voce a una sincera apprensione postuma per la vita precaria e messa più volte in pericolo dello scrittore francese, il quale, se la sorte avesse per lui vòlto in altra direzione, avrebbe potuto anche non scrivere o non portare a termine il suo capolavoro – Szymborska parla in realtà della precarietà della creazione e della conservazione nel tempo dell'opera d'arte, anch'essa – come tutto ciò ch'è umano – soggetta ai capricci del caso, ma anche, ovviamente, ai suoi prodigi:

> Propongo dunque di leggere i *Saggi* con meraviglia. Se il destino avesse vanificato la loro creazione, di certo sarebbe toccato a qualche altra opera o a più opere insieme rappresentare la suprema misura intellettuale del XVI secolo. E non avremo neppure sospettato che quel prestigioso piazzamento fosse dovuto a un banale forfait. Nella fitta trama della storia difatti non esistono buchi. O meglio, ci sono, ma non c'è modo di dimostrarne l'esistenza (*ibid.*, p. 828).

Szymborska insomma «insegna» (ma lei non avrebbe mai accettato questa definizione) la difficile arte di una saggia sopportazione del caos imprevedibile degli eventi (e chissà quanto le sarebbe piaciuto il *calembour* possibile solo in italiano caos/caso!), il cui «libro» – come per il Conrad del romanzo *Il caso* – sarà anche «già scritto dalla prima all'ultima pagina» (Conrad 2013, p. 126), ma per chi lo legge, o piuttosto lo scrive, tuttavia resta «sempre aperto a metà» (*Amore a prima vista*,

p. 537, qui p. 4). E in questo la sua poesia non è meno «stoica» e meno filosofica di quella di altri grandi poeti polacchi del Novecento, in particolare di Herbert e di Miłosz, non per caso anch'essi grandi amanti dell'opera di Montaigne. Anche se forse Szymborska non avrebbe mai sottoscritto la convinzione sul destino di Severino Boezio («Di tutte le sventure, il peggior fato è quello di esser stati felici»), la poetessa polacca appartiene però a pieno diritto a quella linea «consolatoria» che passa per tante e poi tante espressioni del pensiero e dell'arte umana: dal motivo della consolazione di Demetra nei misteri orfici al discorso evangelico delle Beatitudini, dallo stesso Boezio a Montaigne e altri grandi *essayistes* francesi, dal nostro Leopardi fin proprio a lei, la piccola Ichna, poi divenuta famosa col nome di Wisława Szymborska. Per lei infatti il caso non è nemico dell'uomo, ma un suo fedele compagno di vita, che «svela i suoi trucchi» e «per un attimo ancora» – proprio come nella più famosa poesia di Salvatore Quasimodo – può anche illuminarne il difficile cammino con un raggio di gioia (*Séance*, pp. 531-3):

> Il caso svela i suoi trucchi.
> [...]
> Fra le dita del caso lo spazio
> si srotola e si arrotola,
> si allarga e si restringe.
> [...]
> Il caso gira fra le mani un caleidoscopio.
> Vi luccicano miliardi di vetrini colorati.
> [...]
> Il caso è avvolto in un mantello.
> Vi si perdono e ritrovano le cose.
> [...]
> Il caso ci guarda a fondo negli occhi.
> [...]
> Ci vien voglia di ridere e piangere,
> è davvero incredibile –
> [...]
> Ci vien voglia di gridare:
> come è piccolo il mondo,
> come è facile afferrarlo
> a braccia aperte!
> E per un attimo ancora ci colma una gioia
> raggiante e illusoria.

Dalla coscienza della piccolezza del mondo nasce poi anche quella della assoluta casualità, e al tempo stesso assoluta individualità e irripetibilità di ogni singolo essere *Nella moltitudine* (p. 567), come titola una delle più belle poesie del volume «Attimo» (2002):

Sono quella che sono.
Un caso inconcepibile
come ogni caso.

Se dunque fra quelle offerte dalla natura e dalla vita, fra le tante possibilità dell'esistenza, una è quella data dal caso (*ibid.*, pp. 567-9),

In fondo avrei potuto avere
altri antenati,
e così avrei preso il volo
da un altro nido,
[...]
Potevo essere qualcuno
molto meno a parte.
Qualcuno d'un formicaio, banco, sciame ronzante,
una scheggia di paesaggio sbattuta dal vento.
[...]
Un filo d'erba calpestato
dal corso di incomprensibili eventi.
[...]
Potevo essere me stessa – ma senza stupore,
e ciò vorrebbe dire
qualcuno di totalmente diverso,

lo stupore per la varietà e molteplicità dei casi dell'esistenza – così fondante e centrale nella poetica di Wisława Szymborska (→ Incanto, → Z come Zen?) – rappresenta anche, di fatto, un inno alla diversità. Ed è proprio qui, nel suo afflato e tentativo di «comprensione cosmica» della diversità della Natura, a partire ovviamente dalla natura umana, che riconosciamo quella che non sapremmo altrimenti definire se non la profonda religiosità della poesia szymborskiana, una religiosità affatto laica, senza alcuna rivelazione se non quella data dalla meraviglia per i «casi» di ogni singolo essere e manifestazione dell'universo. Ed è per questo anche che, particolarmente legato ai temi del caso e dello stupore, come si è già avuto modo di notare anche qui (→ Amore), è ovviamente il tema amoroso. Tanto che i celeberrimi versi finali di *Ogni caso*: «Ascolta/ come mi batte forte il tuo cuore», estrapolati dal loro contesto (nei media, nei siti internet, nei blog, in lettere e messaggi privati e ad ogni piè sospinto), vengono ormai massicciamente citati come due dei più bei versi d'amore della lirica contemporanea. Mentre forse, in questa che potremmo perfino considerare una specie di criptoreminiscenza del celebre «*Je est un autre*» rimbaudiano, sembrerebbe che ciò che anche qui interessa davvero il soggetto lirico non è tanto il sentimento d'amore che prova, bensì un fatto assai più universale: la possibilità stessa e la realtà pressoché fisica di un'empatia quasi totale con l'Altro. Lo scrittore Roberto Saviano ama particolarmente quei due versi e, dando un notevole contributo alla diffusione in Italia di Szymborska, li ha ricordati in svariate occasioni, ad esempio il 5 giugno 2015, nella trasmissione televisiva *Amici* di Maria De Filippi, allorché terminò il suo monologo sull'«empatia delle donne», citando proprio i due versi finali di *Ogni caso* quale sintesi della sua idea dell'«essere donna»; nel frattempo la stessa frase campeggiava a scintillanti, luminosissimi caratteri cubitali nel gigantesco display elettronico sopra la sua testa fra il delirio del pubblico giovanile e prevalentemente femminile di quel fortunatissimo programma tv.

Il «caso» dunque ha voluto che la lirica della schiva, timida e agorafoba signora Wisława, in quella e in altre occasioni, si ritrovasse nel bel mezzo di una delle piazze virtuali più gremite e urlanti d'Italia. Scherzi del caso. E niente di più lontano, ovviamente, dall'intenzione, e probabilmente anche dall'occasione, intime e privatissime, che avevano ispirato i suoi versi. I quali infatti – ma pochi potrebbero accorgersene soprattutto a partire dalla traduzione italiana – parlano in primo luogo di un «incidente», probabilmente una grave sciagura occorsa a una persona amata: in polacco *wypadek* può essere, sì, sinonimo di *przypadek*, specie nel fraseologismo *na wszelki wypadek* – «ad ogni caso», «per ogni evenienza» – da cui anche il titolo della poesia, ma ha come primo significato quello generico di «evento», «fatto» e, come secondo, quello negativo di «infortunio», «disgrazia», «incidente». Difficile, anzi impossibile, perfino per un ottimo traduttore come Pietro Marchesani, trasporre in italiano l'ambiguità polisemica del termine polacco. Di qui la scelta di rendere comunque con «caso». Tanto più che la poesia in questione è eponima di tutta una raccolta («Wszelki wypadek», 1972), e sappiamo quanto Szymborska tenesse ai titoli delle sue poesie (figurarsi quello di un'intera raccolta) che apponeva dopo la fine della loro composizione, a volte anche molto tempo dopo e in seguito a vari ripensamenti. Le due biografe di Szymborska (*Cianfrusaglie*, p. 183) raccontano ad esempio le vicende del volumetto «Qui», l'ultimo uscito in vita della poetessa, che inizialmente avrebbe dovuto intitolarsi «Particolari». Spesso era proprio un caso a farle cambiare idea…

Per completare il quadro, si dovrà anche notare che normalmente, per esprimere il senso del «caso» in quanto avvenimento imprevisto, circostanza o possibilità fortuita, Szymborska impiega per l'appunto l'altro termine, *przypadek*, come ad esempio in *Amore a prima vista* (p. 535, qui p. 3):

| | |
|---|---|
| *Bardzo by ich zdziwiło,* | Li stupirebbe molto sapere |
| *że od dłuższego już czasu* | che già da parecchio tempo |
| *bawił się z nimi przypadek.* | il caso giocava con loro. |

Non vorremmo forzare troppo l'interpretazione di questa stupenda poesia, ma potrebbe perfino essere che la pulsazione del «cuore» che il soggetto lirico «si sente battere forte» provenga da una macchina artificiale. La cosa ovviamente non sminuirebbe affatto la potenza e la bellezza del discorso amoroso che vi è sotteso, ma vale forse la pena di osservare come ciò che interessi davvero la poetessa, anche in questo «caso», sia il terribile gioco della sorte che ha fortuitamente «salvato» da fine certa qualcuno e non un altro, ancorché quel qualcuno sia proprio la persona amata. E, come al solito, la poesia parla a tutti e a ciascuno, altrimenti non si capirebbe quell'«ogni» (*wszelki*) del titolo: come a dire che *ogni* accidente e fatto imprevisto o sciagurato che accada, «Poteva accadere./ Doveva accadere» a chiunque; ed è proprio a quel «chiunque» che in fondo – dopo una serie di significative ripetizioni e anafore (accadere, accaduto, ti sei salvato, perché, per fortuna) – è rivolta la domanda iniziale dell'ultima strofa: «Dunque ci sei?».

Rileggiamo ora l'ultimo verso della prima strofa: «È accaduto non a te», e forse ne capiremo più correttamente il senso universale e profondo.

Quell'«esserci», dunque (per cui non c'è fine al tacito stupore di chi osserva, nostro e degli altri), non è che un caso, un incidente di percorso, e quel «tuo cuore» che «mi batte forte» è il cuore di tutti.

Luigi Marinelli

# Donna

*Ritratto di donna*

Deve essere a scelta.
Cambiare, purché niente cambi.
È facile, impossibile, difficile, ne vale la pena.
Ha gli occhi, se occorre, ora azzurri, ora grigi,
neri, allegri, senza motivo pieni di lacrime.
Dorme con lui come la prima venuta, l'unica al mondo.
Gli darà quattro figli, nessuno, uno.
Ingenua, ma è un'ottima consigliera.
Debole, ma sosterrà.
Non ha la testa sulle spalle, però l'avrà.
Legge Jaspers e le riviste femminili.
Non sa a che serva questa vite, e costruirà un ponte.
Giovane, come al solito giovane, sempre ancora giovane.
Tiene nelle mani un passero con l'ala spezzata,
soldi suoi per un viaggio lungo e lontano,
una mezzaluna, un impacco e un bicchierino di vodka.
Dove è che corre, non sarà stanca?
Ma no, solo un poco, molto, non importa.
O lo ama, o si è intestardita.
Nel bene, nel male, e per l'amor di Dio.

Una riflessione sulla presenza e sul ruolo della donna e sul «tasso di femminilità» nella scrittura di Wisława Szymborska non può prescindere dalle sue stesse dichiarazioni su questo tema. Tanto rare e ben ponderate furono infatti le sue pubbliche esternazioni su se stessa e sulla propria poesia, quanto più preziose risultano oggi per leggerla e capirla meglio:

> Non so se nella mia poesia regni la donna: ci sono esseri umani di sesso femminile, nei miei versi, questo sì, e forse si possono rintracciare un paio di strofe scritte pensando a una donna, o a una donna dedicate, o che adottano il punto di vista di una donna... ma essendo io una donna, credo sia inevitabile che questo elemento emerga prima o poi. [...] Dirò di più, a volte nella poesia amorosa al femminile la donna ha il vizio di parlare sempre e solo di sé. E l'uomo che ne viene fuori è un perfetto manichino. L'uomo che scrive versi d'amore, invece, vede la donna. La vede. [...] Nella lirica al maschile spesso l'uomo si tiene in disparte come un artista dietro una tela, perché vuole far emergere l'oggetto della sua passione. In quella al femminile, lui rimane sempre nell'ombra: è un'ombra. Non ha contorni. Io ho provato a trattare l'uomo diversamente [...] con contorni piuttosto definiti. Anche loro, gli uomini, poveri disgraziati, sono tremendamente impauriti dalla vita, timorosi dei propri sentimenti. E le donne dovrebbero smetterla con l'autocommiserazione. [...] E a volte gli atteggiamenti di aperta rivalità, quando non di sadismo, andrebbero accantonati (*Opere*, p. 1065).

Per quanto ogni scrittore abbia pieno diritto di essere contraddittorio e perfino simulatorio nelle proprie dichiarazioni «autotematiche», non c'è alcun dubbio che quella di Szymborska non sia una poesia «femminista», forse della «differenza» fra uomo e donna, sì, ma soprattutto dell'empatia verso entrambi i soggetti della «differenza» in quanto «esseri umani», di sesso femminile e di sesso maschile. C'è stato anzi chi – come lo svedese Knut Andreas Grimstad – ha voluto cogliere un sostanziale antisessismo, o piuttosto intersessismo, nei versi di Szymborska, arrivando addirittura a supporre un suo orientamento *queer* sia per quanto riguarda le questioni di genere sia in generale la visione di un mondo mai dato per scontato e fatto «sembrare strano, tale cioè che permetta un'interpretazione che vada completamente al di là della questione della sensibilità di genere (*gendered sensibility*)», manifestandosi attraverso «un'identità trasgressiva» del soggetto lirico (Grimstad 2006, p. 81). Ma forse sarebbe più corretto dire che anche quelle problematiche, e *in primis* la «questione femminile» nel contesto della vita e della storia naturale e umana, appassionano l'autrice di *La moglie di Lot* soprattutto in quanto parte fondamentale del suo interesse primario per ogni forma di rapporto fra una (supposta) identità e una (supposta) alterità – in questo caso l'identità/alterità «uomo-donna», endiadi che rientrerebbe dunque a pieno titolo nell'insieme maggiore concernente l'identità/alterità «umano-non umano». Tutti binomi e sottobinomi che alla fine, nella visione di Szymborska – come cerchiamo di mostrare anche altrove (→ Z come Zen?) –, vengono ricondotti a una visione unitaria dell'Essere, anzi dell'Esserci (→ Qui e ora), per riprendere la distinzione heideggeriana di *Sein* e *Dasein*, che Szymborska non cita né forse avrebbe mai menzionato, se non forse scherzosamente in qualche conversazione privata o in qualche suo collage, ma che – anche solo indirettamente, involontariamente o casualmente – sta alla base della sua (non) filosofia, o – come altri l'hanno definita – «filosofia pratica» dell'esistenza.

La poesia qui scelta per introdurre il tema «donna», com'è nello stile di Szymborska, non è certamente «militante» o «impegnata», eppure il modo in cui tratta il soggetto rappresenta di per sé una chiara presa di posizione: più che un elogio, effettivamente un ritratto – astratto e al tempo stesso molto «dal vero» – della parte femminile del mondo. Astratto, perché – secondo il solito gioco ironico-accumulativo caratteristico dello stile szymborskiano – vi sono elencati svariati «casi» e «possibilità» della vita, fra cui i «capricci» dell'altro sesso, a cui – «a scelta» – una donna può o piuttosto deve sapersi adattare; dal vero, perché, come sempre, Szymborska ha di sicuro in mente modelli concreti di singole donne. E del resto questa dialettica per così dire «pittorica» a chiaroscuro di astratto e concreto, universale e particolare, si ripete in tutti i suoi componimenti dedicati a figure femminili (o maschili), sì, ma è una caratteristica ritornante di tutta la sua poesia *tout-court*.

Risultano insomma sostanzialmente inadeguati, o semplicemente erronei e di fatto sessisti, giudizi come quello che espresse nel 1969 il futuro premio Nobel polacco predecessore di Szymborska, Czesław Miłosz, nella sua *Storia della letteratura polacca*, secondo cui «i momenti più felici sono probabilmente quelli in cui la sua sensibilità femminile sopraffà l'impronta esistenziale del razionalismo» (Miłosz 1983a, pp. 431-2). Ed è pur vero che l'opinione di Miłosz si fondava principalmente sul volumetto «Sale», del 1962, dove apparentemente sono più presenti motivi intimi e autobiografici, i quali però, anche lì, non tolgono nulla all'universalità del ragionamento poetico di Szymborska, tanto che si potrebbe dire esattamente il contrario: «i momenti più felici sono probabilmente quelli in cui l'impronta esistenziale del razionalismo sopraffà la sua sensibilità femminile». In entrambi i casi, però, si direbbe solo una mezza verità, giacché siamo convinti che nell'opera di Wisława Szymborska «sensibilità femminile» e «impronta esistenziale del razionalismo» siano sostanzialmente la stessa cosa, e debbano dunque trovare un altro nome, atto a rappresentarle insieme.

Cerchiamo di mostrare quest'assunto e individuare quale sia dunque l'altro nome da dare a quel vettore della poetica szymborskiana che si esprime *anche* attraverso la sua «sensibilità femminile», leggendo altri componimenti che riguardano figure di donne – dell'arte, immaginarie, mitiche, e anche molto «reali» e vicinissime, come la sorella della poetessa o addirittura se stessa – tutte ovviamente, e in ispecie nell'ultimo caso, viste e descritte sotto un'angolatura molto particolare.

Ecco che in generale possiamo notare che certe tematiche che tradizionalmente vengono considerate caratteristiche della «poesia femminile», Szymborska le riprende, sì, ma il più delle volte per «parlar d'altro»: il corpo femminile è causa di divagazioni sulla relatività e storicità del gusto estetico (*Le donne di Rubens*, p. 143, → Ecfrasi); la fase acuta e travolgente dell'innamoramento dà adito a un'amara riflessione (che però potrebbe essere svolta anche «al maschile») sulla perdita di autenticità e libertà della donna per farsi a immagine e somiglianza dell'amato, nel contesto di una felicità tanto assoluta, quanto effimera e «incredibilmente immaginaria,/ immaginaria fino al midollo» (*Accanto a un bicchiere di vino*, p. 141); mentre l'*Amore a prima vista* (pp. 535-7) diviene un pretesto per parlare del «caso» (→ Amore, → Caso); il «giorno solenne» delle *Nozze d'oro* (p. 131) serve a sottolineare il reciproco progressivo assimilarsi di esseri umani che abbiano convissuto per così tanto tempo; viceversa il proprio autoritratto lirico da fanciulla dà spunto a una toccante riflessione filosofica sul tempo e sulla «trappola» dell'identità, quasi si trattasse di un'ironica glossa poetica al rimbaudiano «*Je est un autre*»: crescendo e invecchiando, si continua ad essere se stessi, sì, ma «così dissimili,/ che forse solo le ossa sono uguali,/ la calotta cranica, le orbite oculari» (*Un'adolescente*, p. 695). E indirettamente quest'ultima poesia riprendeva un concetto già sviluppato dall'autrice delle «Letture facoltative» in una scherzosissima, ma non meno seria, autorecensione: quello dello sdoppiamento della personalità di chiunque, tanto più se si tratti di una scrittrice, voglia o debba parlare ad altri di sé:

> Non è facile scrivere su una persona con la quale si sta insieme giorno dopo giorno fin dalla nascita, si mangia dallo stesso piatto e si calza un unico paio di scarpe. Lei mi conosce abbastanza bene da sapere che non riuscirà a incantarmi. Ma anch'io la conosco nient'affatto male, e so che non si aspetta da me un giudizio troppo severo (*Wln*, p. 571).

Così pure nella poesia *La moglie di Lot*, quello che interessa il soggetto lirico è elencare i possibili motivi (pp. 351-3) di quel guardare indietro di donna, di moglie, di madre, di vecchia, di fuggitiva, o piuttosto di tutte queste cose insieme, cioè – ancora una volta – di semplice, cioè complesso, essere umano vivente e senziente.

Quello che insomma sembra davvero interessare Szymborska non è l'altra faccia della luna, ma l'universo tutto intero, il più delle volte visto attraverso uno sguardo marginale, periferico, secondario. E anche nel suo famoso discorso per il Nobel *Il poeta e il mondo*, non si troverà il benché minimo accenno, né orgoglioso né tanto meno complessato, al fatto d'esser «poetessa» o anche semplicemente donna. Perfino nel riferirsi alla sua «connazionale» Maria Skłodowska Curie, una scienziata che nella carriera accademica come nella vita privata dové subire non pochi disagi e svantaggi, a inizio Novecento, per il fatto d'esser donna di genio, Szymborska non fa nessun'allusione a tali problematiche, perché ciò che in quel frangente le interessa sottolineare, perfino con una punta di enfasi per lei molto atipica, è che del premio Nobel «vengono insignite persone dall'animo inquieto perennemente alla ricerca di qualcosa» (*Opere*, p. 1043). Che tali persone siano di sesso maschile o femminile sembra proprio le sia alquanto indifferente, tant'è che anche in quel discorso del 7 dicembre 1996 i soli due altri nomi menzionati erano entrambi di uomini: Iosif Brodskij e Isaac Newton. E anzi, quando – nella rubrica della «Posta letteraria» – le capita di parlare in quanto tali di donne-scrittrici, lo fa con una buona dose della solita lieve ironia, giudicando la lettera di una lettrice su tale argomento «utilissima per il Giorno della Donna dell'anno prossimo», e dando al contempo una lezione straordinaria di anti-eurocentrismo in letteratura:

> Lei ha menzionato in modo abbastanza scrupoloso tutte le scrittrici europee più insigni, cominciando da Saffo fino a Hermenegilda Kociubińska [quest'ultima in effetti non autrice, ma personaggio dei microdrammi satirici del «Teatrino dell'Oca verde» di Konstanty Ildefons Gałczyński, raffigurante l'eroina femminile la cui sensibilità si esprime sempre e solo attraverso i sospiri]. Ma il mondo non finisce con l'Europa. In Giappone esisteva per esempio una moltitudine di poetesse straordinarie, e nei secoli X-XI vissero almeno tre eccellenti prosatrici, una delle quali creò il primo romanzo moderno, considerato fino a oggi il capolavoro dei classici giapponesi. Questa potenza di donna in kimono si chiamava Murasaki Shikibu, viveva alla corte imperiale e si guardava attorno con arguzia (*ibid.*, p. 1024).

«Si guardava attorno con arguzia»... Come non sentire un certo (auto)compiacimento di scrittrice e lettrice donna in questo elogio dell'autrice del *Genji Monogatari*? Tutto qui. E se l'arguzia, la leggerezza, l'ironia «venata di compassione, [...] vicina agli altri» (*ibid.*, p. 1058) sono forse caratteristiche più consone alla «sensibilità femminile», certamente a queste si deve il successo di Szymborska presso il grande pubblico, rispetto ad esempio – per rimanere nel solo ambito della poesia polacca contemporanea – al moralismo e all'ironia «un po' più altezzosa» (*ibid.*, p. 1057) di uno Zbigniew Herbert o alla posa in fondo ancora romantica di poeta-vate di un Czesław Miłosz, cui pure Szymborska si sente «molto più vicina», perché vede in lui «un altro indemoniato delle domande» (*ibid.*).

La categoria del «femminile» di per sé, insomma, non basta a comprendere la visione del mondo e la poetica di Wisława Szymborska.

«Sono quella che sono», inizia la sua poesia *Nella moltitudine* (p. 567; dal volume «Attimo», 2002), che sembra fare il verso a un celebre, identico incipit di una canzone di Jacques Prévert (*Je suis comme je suis*. Prévert 1995, p. 37):

Sono quella che sono
Sono fatta così
Che volete ancora
Che volete da me
Son fatta per piacere
Non c'è niente da fare
Troppo alti i miei tacchi
Troppo arcuate le reni
Troppo sodi i miei seni
Troppo truccati gli occhi.

Ma se la lirica di Prévert è in fondo una tipica caratterizzazione maschile del femminile, nell'autopresentazione di Wisława Szymborska sarà davvero difficile trovare epiteti e requisiti come quelli tradizionalmente attribuiti al «secondo sesso» (non solo dall'immaginario maschile, basti pensare al mondo poetico di un'Alda Merini), e infatti la nostra poetessa precisa immediatamente nei due versi successivi:

Un caso inconcepibile
come ogni caso.

Quello che le interessa, dunque, e «continua a commuoverla» nella moltitudine, è ancora una volta la «singolarità» (*Grande numero*, p. 341), la diversità e irripetibilità di ogni essere e forma di vita, femminile o maschile che sia, umana o animale, vegetale, foss'anche «una scheggia di paesaggio sbattuta dal vento» (*Nella moltitudine*, p. 567).

Del resto già nella poesia *Tentativo* di «Appello allo Yeti» (1957), primo volume della «maturità», aveva scritto (p. 89):

> ho un corpo singolo, non mutabile in nulla,
> sono monouso fino alle midolla.

Le costruzioni ipotetiche sull'identità del soggetto lirico di quella specie di autoritratto per antitesi e sottrazione che è la citata *Nella moltitudine* («In fondo avrei potuto avere...», «Potevo essere...», «Se al mondo fossi venuta...», «Poteva non essermi dato», «Poteva essermi tolta...», «Potevo essere me stessa – ma senza stupore», pp. 567-9) sono dunque più o meno della stessa natura di quelle del nostro iniziale *Ritratto di donna*, così come la raffigurazione di *In lode di mia sorella* (p. 375) si fonda tutta sul contrasto implicito fra la condizione del soggetto lirico e la rassicurante, prosastica quotidianità della vita di chi – come Nawoja, la amatissima sorella maggiore di Wisława – «non scrive poesie». E nuovamente sul contrasto si gioca l'autoritratto da ragazza che la poetessa tratteggia nei versi di *Un'adolescente* (pp. 695-7), poesia particolarmente toccante se si pensa che appartiene al volume «Qui», l'ultimo pubblicato in vita da Szymborska nel 2009, alla bellezza di 86 anni:

> Io – un'adolescente?
> Se qui, ora, d'improvviso, mi comparisse davanti,
> dovrei forse salutarla come una persona cara,
> benché mi sia estranea e lontana?

Nessun malinconico autocompiacimento o, peggio, autocommiserazione dunque, non la minima caduta in una forma benché blanda di nostalgico sentimentalismo, che possiamo invece cogliere nella lirica «maschile» del Miłosz delle postume «Ultime poesie», ancora ossessionato dal degrado del proprio corpo («Finiti i risvegli al mattino/ con la nerchia dritta/ che fa da guida e indica la strada», *Tarda senilità*; Miłosz 2006, p. 51) o nell'*Elegia per l'addio alla penna all'inchiostro alla lampada* di Zbigniew Herbert («mi è rimasto poco/ molto poco/ oggetti/ e compassione»; Herbert 1993, pp. 236-41), ma un realistico, affettuoso interesse per l'alterità di cui si compone l'identità della medesima persona nelle varie età della vita:

> Siamo così diverse,
> così diversi i nostri pensieri e le parole.

Quello che dunque interessa a Szymborska è «guardare con arguzia» la diversità dell'essere in tutte le sue forme e, il più delle volte, l'empatia con tante di quelle forme di vita o di non-vita, a prescindere se appartengano al mondo umano, animale, vegetale, minerale, della cultura, della fantasia... E ovviamente tale ironica arguzia nello sguardo concerne innanzitutto quell'io che – se visto nell'ottica della storia naturale e dell'evoluzione della specie – condivide la propria identità, o piuttosto quanto ne rimane, con tutto ciò che ha riempito e riempie la Terra e l'universo fin dal loro remotissimo inizio (*Discorso all'Ufficio oggetti smarriti*, p. 305):

> Mi stupisco io stessa del poco di me che è restato:
> una persona singola per ora di genere umano,
> che ha perso solo ieri l'ombrello sul treno.

Per questo ci può essere più considerazione e commozione per il sogno di una tartaruga, per uno scarabeo morto, per il silenzio delle piante, un granello di sabbia o un piccolo tarsio, che non per se stessa da adolescente: il mondo umano, e *in primis* l'io personale, non solo non le basta, ma limitarsi ad esso può creare smarrimento, paura, depressione. «Per resistere a una così radicale crisi di coscienza e crisi esistenziale – scrive la storica e critica letteraria Grażyna Borkowska in un bel saggio intitolato *Szymborska ex-centrica* – la poesia di Szymborska suggerisce almeno tre strategie [...] terapeutiche», ed è in queste strategie che «la poetessa entra a fondo nel suo ruolo biologico e sociale: diventa una donna e parla come una donna» (Borkowska 1996, p. 60). Tutte e tre queste strategie si rivelano però assai temporanee e in fondo infruttuose: la prima è infatti quella di una momentanea regressione verso la più semplice intimità del proprio io; la seconda è quella dell'amore con le sue possibili conseguenze distruttive; la terza e ultima strategia, ben visibile nel *Ritratto di donna* da cui siamo partiti o anche – indirettamente – ne *La moglie di Lot*, è quella della solidarietà femminile. In tutti e tre i casi si tratta infatti di surrogati o palliativi che non danno alcuna sicurezza e tanto meno una definitiva salvezza.

E paradossalmente è proprio in questo rifiuto di ogni certezza (universalistica e patriarcale) e di ogni astrazione (ideologica e ideale) – osserva ancora la citata Grażyna Borkowska (*ibid.*, p. 62) – che Szymborska si avvicina alle pratiche decostruzioniste del femminismo. Ma per lei (come per ogni scrittore e artista che sia davvero tale) vale sicuramente quello che Narcyza Żmichowska, un'altra poetessa polacca di oltre un secolo e mezzo prima, aveva scritto nella lirica *La fortuna del poeta*, che cioè, «interiorizzando le più diverse esperienze, il poeta non è e non può "essere né uomo, né donna"».

Torniamo dunque all'idea di una Szymborska *queer*, ripresa qui all'inizio da un bel saggio di Knut Grimstad? Forse no. Forse la «sensibilità femminile» di Szymborska tende semplicemente (e continuamente) a immedesimarsi empaticamente nell'Altro da sé (che sia un gatto o un vecchio cantante lirico o una pietra), e la difficoltà della traduzione in altre lingue di certi suoi attributi e forme grammaticali di genere non è che espressione di quell'empatia. Questo forse il nome da dare all'unione (o addirittura identità) in Szymborska di «sensibilità femminile» e «impronta esistenziale del razionalismo».

P. S.

C'è stato un momento in Italia in cui il verso di *Ritratto di donna* «È facile, impossibile, difficile, ne vale la pena» salì – come si suol dire – agli onori della cronaca, dacché spiccava stampato su un braccialetto di plastica rosa indossato, o piuttosto esibito, dall'allora ministra del Lavoro, prof. Elsa Fornero, divenuta subito famosa per un suo repentino scoppio di pianto televisivo, quindi per aver definito «schizzinosa» sul piano della prima scelta lavorativa (ma lo disse in inglese: «*choosy*») tutta una generazione di giovani precari e disoccupati, infine per una riforma del lavoro e del sistema pensionistico fra le peggiori mai pensate nell'Italia degli ultimi decenni. Siamo certi che Wisława Szymborska, poeta del dubbio, in questo caso non avrebbe esitato a dire che non ne valeva proprio la pena…

Luigi Marinelli

# Ecfrasi

*Gente sul ponte*

Strano pianeta e strana la gente che lo abita.
Sottostanno al tempo, ma non vogliono accettarlo.
Hanno modi per esprimere la loro protesta.
Fanno quadretti, ad esempio questo:

A un primo sguardo nulla di particolare.
Si vede uno specchio d'acqua.
Si vede una delle sue sponde.
Si vede una barchetta che s'affatica.
Si vede un ponte sull'acqua e gente sul ponte.
La gente affretta visibilmente il passo
perché da una nuvola scura la pioggia
ha appena cominciato a scrosciare.

Il fatto è che poi non accade nulla.
La nuvola non muta colore né forma.
La pioggia né aumenta né smette.
La barchetta naviga immobile.
La gente sul ponte corre proprio
là dov'era un attimo prima.

È difficile esimersi qui da un commento.
Il quadretto non è affatto innocente.
Qui il tempo è stato fermato.
Non si è più tenuto conto delle sue leggi.
Lo si è privato dell'influsso sul corso degli eventi.
Lo si è ignorato e offeso.

A causa d'un ribelle,
un tale Hiroshige Utagawa
(un essere che del resto
da un pezzo, e come è giusto, è scomparso),
il tempo è inciampato e caduto.

Forse non è che una burla innocua,
uno scherzo della portata di solo qualche galassia,
tuttavia a ogni buon conto
aggiungiamo quanto segue:

Qui è bon ton
apprezzare molto questo quadretto,
ammirarlo e commuoversene da generazioni.

Per alcuni non basta neanche questo.
Sentono perfino il fruscio della pioggia,
sentono il freddo delle gocce sul collo e sul dorso,
guardano il ponte e la gente
come se là vedessero se stessi,
in quella stessa corsa che non finisce mai
per una strada senza fine, sempre da percorrere,
e credono nella loro arroganza
che sia davvero così.

L'ecfrasi – termine che designa la descrizione in termini verbali di un'opera d'arte visiva – altro non è che una narrazione o illustrazione di immagini. Possiamo anche vederla come un particolare tipo di traduzione intersemiotica, ossia da un sistema di segni a un altro sistema di segni: l'autore di un'ecfrasi sarebbe dunque un traduttore *sui generis* che trasferisce l'«originale» – un'opera d'arte visiva, appunto – non da una lingua naturale a un'altra, come nella traduzione propriamente detta, bensì dal linguaggio delle arti figurative a quello della letteratura, così che il lettore, pur non avendo accesso all'opera d'arte in questione, possa comunque raffigurarsi mentalmente i particolari descritti, ritraducendo a sua volta le parole in immagini.

Sono molte le poesie di Szymborska che traggono spunto dalle arti visive. La pittura in particolare è una fonte frequente di ispirazione, basti citare alcuni titoli: *Le donne di Rubens*, *Le due scimmie di Bruegel*,

*Vermeer*, *Mosaico bizantino*, *Miniatura medioevale*, *Paesaggio*. Non mancano neppure i componimenti ispirati alla scultura, quali *Statua greca* e *Un feticcio di fertilità del paleolitico*, o anche a muse più moderne come la fotografia, alla quale rimandano – sempre per restare ai titoli – *Album*, *Negativo*, *La prima fotografia di Hitler* e *Fotografia dell'11 settembre*. Allora perché non indagare le idee di Szymborska sull'arte e non intitolare questa voce semplicemente «arte»? Tanto più che anche il cinema (*Film – Anni Sessanta*, *Commediole*), il teatro (*Sogno d'una notte di mezza estate*, *Il resto*, *Impressioni teatrali*) e l'opera in musica (*Opera buffa*, *Coloratura*, *Vecchio cantante*) le forniscono non di rado una fonte d'ispirazione. La ragione va cercata oltre i titoli, addentrandosi nella lettura delle poesie in questione. Si vedrà allora che non è l'opera d'arte in sé – ossia il motivo ispiratore – che conta, bensì proprio la descrizione (questo significa *èkphrasis* in greco) che Szymborska ne fa, i particolari su cui concentra la propria attenzione, e ancor più la funzione che ella assegna a tale descrizione.

L'ecfrasi classica, i cui esempi più illustri sono gli scudi di Achille e di Enea descritti rispettivamente da Omero e da Virgilio, mirava a porre l'oggetto sotto gli occhi del lettore con tale efficacia, con tanta forza espressiva, da poter rivaleggiare con l'opera originale. Era una sfida che l'arte della parola lanciava alle arti sorelle, misurandosi con esse sul loro stesso campo. *Ut pictura poësis*, secondo il motto oraziano. Scopo simile Szymborska si pone nella poesia *L'acrobata* (p. 251) – con la specificità che l'oggetto della descrizione non concerne un'arte statica come la pittura, bensì un'arte dinamica come quella degli acrobati circensi, di cui la poetessa tenta di riprodurre con mezzi verbali proprio il movimento:

> Da trapezio a
> a trapezio, nel silenzio dopo
> dopo un rullo di tamburo di colpo muto, attraverso
> attraverso l'aria stupefatta, più veloce del
> del peso del suo corpo che di nuovo
> di nuovo non ha fatto in tempo a cadere.

La curiosa genesi di questa poesia e dell'espediente che utilizza per «evidenziare» il movimento ci viene rivelata dall'autrice stessa in un'intervista del 1973:

> Stavo leggendo un volume di poesie in cui, per un errore redazionale, una congiunzione era stata messa due volte, alla fine di un verso e all'inizio del verso successivo [...]. Notai che quella ripetizione produceva un effetto come di dondolio. E allora mi venne in mente di scrivere una poesia sulla fatica e in-

sieme la leggerezza delle evoluzioni acrobatiche, e che proprio quell'oscillazione di congiunzioni poteva rappresentare in qualche modo un equivalente del movimento del trapezio (*Cianfrusaglie*, p. 176).

Vale la pena aggiungere che la duplicazione evoca non soltanto il dondolio, il moto oscillante del trapezio, ma anche – per effetto della brusca troncatura della frase – il «fiato sospeso» con cui osserviamo le piroette degli acrobati, quasi che l'intervallo tra verso e verso corrispondesse al tempo che intercorre tra il distacco da un'altalena e l'approdo a un'altra.

Non sempre però il passaggio da un'arte all'altra riesce, cosa di cui Szymborska è ben conscia e che non manca ironicamente di far notare. La fotografia di Isadora Duncan descritta in *Movimento irrigidito* (p. 321) non conserva niente della grazia del ballo che le valse la fama e l'ammirazione dei contemporanei; privata del veicolo di tale grazia, il movimento, essa non è che una «falsa testimonianza», e il gesto in cui la danzatrice è immortalata – «un passo dall'arte eterna all'eternità artificiale». «Meglio di niente», conclude con ironica rassegnazione la poetessa. Analogo fallimento testimonia la poesia *Vecchio cantante* (p. 373): come la fotografia, arte statica, non può veicolare il movimento, così la parola scritta – costretta nello spazio insonorizzato di una pagina di carta – non può registrare i toni e le note musicali. Il risultato è il medesimo: una «traduzione» imperfetta, che pone davanti agli occhi e alle orecchie del lettore qualcosa che non assomiglia neppure lontanamente all'originale, e che la sua fantasia non può sperare di ricomporre in immagini e suoni. La mediazione fra oggetto e lettore offerta dalla parola scritta è destinata in questo caso all'insuccesso, come suggerisce ironicamente la goffaggine della trascrizione:

> «Lui oggi canta così: trala tra la.
> E io cantavo così: trala tra la.
> Sente la differenza, signora?».

Una goffaggine intenzionale e magistralmente oscillante tra il patetico e il compassionevole, che sta a significare il dissolvimento dell'arte nella voce del vecchio cantante come sulla pagina scritta della poetessa. Esattamente il contrario del virtuosismo con cui Szymborska evoca i gorgheggi di una cantante lirica in *Coloratura* (p. 145).

Arguzia e maestria dell'invenzione poetica caratterizzano le numerose ecfrasi szymborskiane. Nella maggioranza di esse la descrizione non esaurisce tuttavia la finalità del componimento; non è cioè fine a se stessa, nemmeno quando è realizzata con grande virtuosismo, bensì è in funzione della riflessione – talora sull'arte stessa, più spesso su altro. C'è in *Possibilità* un verso che dice: «Preferisco parlare con i medici d'altro» (p. 479). Potremmo parafrasarlo in: «Preferisco trarre spunto dall'arte per parlare d'altro». L'esperienza visiva costituisce il punto di partenza per un'esperienza riflessiva. È semplicemente il pretesto, il motivo ispiratore. Vedere – pensare – scrivere: l'opera di Szymborska nasce per lo più dalla successione di questi tre momenti. Tra i cinque sensi la vista, anche per la poetessa polacca, è quello più determinante (seguito a grande distanza dall'udito), come si evince indirettamente da *La cortesia dei non vedenti* (p. 653), dove l'autrice si preoccupa di come possano essere recepite le sue poesie da un pubblico che non ha accesso ai riferimenti visivi di cui essa abbonda.

Prendiamo il componimento intitolato *Le donne di Rubens* (p. 143). Qui la descrizione, caratterizzata da straordinaria inventiva linguistica e metaforica, potrebbe dare l'impressione di costituire un mero esercizio di stile. In realtà è al servizio di una riflessione sulla mutevolezza dei canoni della femminilità. Ciò che ci viene messo sotto gli occhi non è un quadro in particolare, bensì un'immagine sintetica, una quintessenza dei molti nudi femminili di Rubens, il quale rappresenta a sua volta una quintessenza dello stile barocco: le «figlie del barocco» raffigurate nelle sue opere sono possenti («Ercolesse»), quasi animalesche («fauna femminile»), disinibite e gaudenti («nude come...» – si noti la similitudine sinestesica – «...il fragore di botti», «Fanno il nido in letti calpestati»), «esorbitanti» nella loro fisicità fino a essere paragonate – in un'apoteosi dei sensi in cui ai piaceri dell'alcova si intrecciano i piaceri del mangiare – a «grasse pietanze d'amore». Nella seconda parte della poesia, per contrasto, ci viene presentato un canone di femminilità opposto, ascetico: «magre», addirittura emaciate («costole contate», «scapole sporgenti»), le sue rappresentanti sono «esiliate dello stile», il loro posto è sul «lato non dipinto della tela». Al tempo di Rubens nessuno più le dipinge, lo stile dominante le ha bandite. «Il Duecento gli avrebbe dato un fondo d'oro», cioè le avrebbe prese come modelle per la pittura religiosa. «Il Novecento – uno schermo d'argento», allusione al cinema e, per estensione, al mondo dello spettacolo in genere (per esempio la moda), con il suo canone di bellezza asciutta, persino anoressica. «Ma il Seicento non ha nulla per chi è piatto».

Affini a *Le donne di Rubens* per tema e modalità di svolgimento sono *Miniatura medioevale* (p. 369) e *Mosaico bizantino* (p. 219). In tutte e tre l'opera d'arte è vista come rivelatrice di norme e convenzioni sociali, in tutte e tre la lingua di Szymborska è «mimetica», in quanto mira a riprodurre lo stile pittorico con espedienti verbali.

L'idealizzazione della cultura cortese feudale che costituisce la sovrastruttura di *Miniatura medioevale* – ispirata, parrebbe, a una qualche miniatura dei fratelli Limbourg – è rispecchiata stilisticamente dall'autrice tramite una serie di arcaismi e superlativi che forzano la grammatica e la logica («nel più equestre dei cortei,/ coi più setosi dei mantelli.// Verso un castello dalle sette torri,/ ciascuna la più alta» ecc.), imprimendo all'intera descrizione del corteo principesco una sfumatura ironica che sfocia nella caustica osservazione:

Chi è invece triste, stanco,
strabico e con un gomito stracciato,
manca nel modo più evidente.

Nessunissimo problema
borghese o contadino
sotto il più azzurro dei cieli.

Si noterà, qui come nelle *Donne di Rubens*, l'occorrenza di un procedimento frequente: la composizione dell'assenza, che nella grammatica della fantasia di Szymborska è ipostasi di una più generale attrazione per le possibilità non realizzate e al tempo stesso variante di quella «inclinazione a confrontare» che lei stessa indica come caposaldo – insieme allo stupore – della sua poetica (*Nella moltitudine*, p. 569).

*Mosaico bizantino*, a sua volta, mette al centro un motivo già presente nelle *Donne di Rubens* – quello dell'ascetismo come norma imposta dal costume sociale di una determinata epoca. Tutto, dalla stilizzazione arcaica del linguaggio alla caricaturalità dei tratti, contribuisce a indirizzare la ricezione verso una parodia dell'ideale di vita ascetico. La bellezza sta nel viso magro, non florido però ma «smunto»; nel colore «livido», non vermiglio, delle labbra; nella gracilità del corpo, non nella floridezza delle forme (forme che la veste a campana – enorme, quasi impossibile da togliere, allusione alla difficoltà del contatto fisico – nasconde, a differenza dei vestiti attillati di oggi che le esaltano); nella mortificazione («squisita» – un accostamento che noi percepiamo come ironicamente ossimorico) del corpo, ridotto a un'ombra. La descrizione non è data in modo diretto, ma è veicolata attraverso un dialogo: possiamo immaginare che lo spunto le sia stato offerto dalla visione di un qualche mosaico bizantino raffigurante una coppia imperiale in posa ieratica – e rigorosamente senza prole, che non aveva diritto di cittadinanza nell'arte del tempo – ma Szymborska sceglie di animare la scena con la sua fantasia («Nella poesia è la descrizione stessa che deve accadere», raccomandava nella «Posta letteraria»; *Opere*, p.

971), dando voce ai due personaggi e immaginandoli in una delicata situazione esistenziale. Eccoli dunque scambiarsi complimenti in terza persona come gli amanti del Cantico dei Cantici, con l'unica differenza che il loro ideale di bellezza è anti-corporeo (le mani sono esaltate paragonandole a «palmette secche»); un Cantico dei Cantici *à rebours* che è solo un preambolo «stilistico» al vero argomento del discorso: alla coppia è nato un bel bambino e la donna non sa come dirlo all'uomo. Non sa come dirglielo perché il bambino è... paffutello come un porcellino, vivace, «tutto fossette e pieghe», vorace, candido, come tutti i bambini quando nascono; ma questa ai loro occhi è «laidezza». La prospettiva è esattamente capovolta rispetto alla nostra: nella prima parte della poesia si descrive una bellezza che per noi è laidezza, nella seconda una laidezza che per noi è bellezza; il bambino, che per noi è un angelo, l'immagine dell'innocenza, qui invece è «diabolico»; una nascita, che per noi è la gioia più grande, è vista come «orrore». Lei si consola dicendo che è pur sempre possibile «il miracolo della metamorfosi» – be', certo, se non gli danno da mangiare il miracolo accadrà facilmente! L'ironia del componimento è evidente.

L'opera di Szymborska presenta un'ampia casistica di riflessioni collocate in uno spazio ecfrastico. Un altro tra gli esempi più celebri è *Le due scimmie di Bruegel* (p. 75). La poesia prende spunto da un famoso quadro di Pieter Bruegel il Vecchio, *Due scimmie incatenate* (1562), oggi conservato alla Gemäldegalerie di Berlino, che raffigura le due protagoniste – l'una di fronte, l'altra un po' di profilo, con la testa china – accovacciate in catene sopra il davanzale di una finestra oltre la quale si vedono il mare, su cui veleggia qualche barca, e il cielo, dove volano alcuni uccelli. Certe interpretazioni dell'opera di Bruegel vi leggono un'allusione politica all'asservimento delle province fiamminghe alla Spagna oppure un'allegoria morale della colpa e del peccato. Niente di tutto questo in Szymborska, che non a caso elimina dalla descrizione proprio i particolari – il porto di Anversa visibile sullo sfondo e i pezzi di gusci di noce sparsi sul davanzale – che legittimerebbero le suddette interpretazioni del quadro, mentre descrive con precisione il resto:

> sul davanzale due scimmie incatenate,
> fuori svolazza il cielo
> e fa il bagno il mare.

Non solo con precisione, a ben vedere, ma in modo originale: «svolazza il cielo» e «fa il bagno il mare» sono infatti due metonimie – il contenente, cielo e mare, per il contenuto, uccelli e barche – capaci di dinamizzare e animare elementi all'apparenza statici e sempre uguali a se stessi, come il mare e il cielo, rivelandoceli – quali sono – in continuo movimento: un movimento da sé a sé.

La chiave interpretativa della poesia sta tuttavia nella cornice esperienziale in cui tramite l'incipit – «questo di maturanda è il mio gran sogno» – la descrizione ecfrastica viene collocata: il sogno dell'esame di maturità. Uno dei «sogni tipici» per Freud, che così lo spiega nell'*Interpretazione dei sogni*:

> Chiunque abbia concluso con l'esame di maturità i suoi studi superiori si lamenta dell'ostinazione con cui è perseguitato dal sogno angoscioso di essere stato respinto, di dover ripetere un anno, eccetera. Per chi invece possegga un titolo accademico, questo sogno tipico è sostituito da un altro, che gli rinfaccia di non aver superato l'esame di laurea; [...] sogniamo la maturità o l'esame di laurea – e chi non ha tremato allora, pur appartenendo alla schiera dei giusti? – ogniqualvolta crediamo che l'esito ci punirà perché non abbiamo fatto bene, o non siamo riusciti a fare una cosa; ogni volta che sentiamo la pressione di una responsabilità (Freud 1985, pp. 258-9).

Szymborska, avendo interrotto gli studi universitari, non possedeva un titolo accademico; aveva invece la maturità, conseguita nel 1941. La scena rappresentata nel quadro di Bruegel prende vita, «accade», e si fonde con l'esame di maturità e il suo carico di angoscia. Ma quale può essere il timore cui esso, stando a Freud, sarebbe collegato? Quale la responsabilità di cui Szymborska sentirebbe la pressione? Un segnale importante al riguardo è certamente la materia in cui viene interrogata:

> In storia dell'uomo
> balbetto e arranco.

Ricordiamo che la poesia è inclusa in «Appello allo Yeti» (1957), la raccolta della svolta ideologica. La storia era stata la grande passione dei giovani poeti a cavallo tra gli anni quaranta e gli anni cinquanta: una storia intesa non come somma di avvenimenti, ma come teleologia del divenire, che si vedeva regolato dal conflitto delle classi e necessariamente lineare, secondo la teoria del progresso inarrestabile. In gioventù anche Szymborska aveva cantato con convinzione le magnifiche sorti e progressive dell'umanità: «appartengo a una generazione che ha creduto. Io ho creduto. [...] Dopo la guerra ci parve che quello che stava accadendo fosse migliore», raccontava (*Cianfrusaglie*, p. 99). A metà degli anni cinquanta, però, la fiducia nel radioso avvenire prospettato dall'ideologia socialista e dal regime che pretendeva di incarnarla era ormai venuta meno. La «storia dell'uomo» non le appariva più così luminosa. Di qui la difficoltà e l'angoscia del sogno.

Secondo il padre della psicanalisi il sogno della maturità, che si presenta in momenti di prova in cui rischiamo di fare brutta figura, sarebbe peraltro un espediente autoconsolatorio, tranquillizzante, poiché l'inconscio sa che malgrado l'angoscia quel lontano esame è stato superato. Non è dunque irrilevante che la crisi della visione storica, effetto della disillusione politica e motivo di trepidazione, venga collocata proprio nella cornice del sogno della maturità.

Ma torniamo al quadro e al suo intreccio col sogno, perché Szymborska si figura che le due scimmie assistano all'esame e reagiscano al suo momento di difficoltà: una osservandola con espressione ironica, l'altra suggerendole la risposta con il tintinnio della catena (*cichym*, ovvero «silenzioso» – ossimoro spiegabile col fatto che si tratta pur sempre della descrizione di un quadro). Come interpretare questa scenetta? La scimmia che, nel contesto di un esame in «storia dell'uomo», scuote la catena, pare essere un'allusione alla teoria darwiniana dell'evoluzione della specie (→ Biologia). È un'alternativa al modo di pensare alla «storia dell'uomo» che l'autrice aveva praticato fino a quel momento. La scena muta evidenzia esattamente il momento di crisi, il difficile punto di passaggio tra il vecchio sguardo sulla storia e un nuovo possibile sguardo, che le viene suggerito dalla scimmia. Da questo momento in poi Szymborska privilegerà in effetti la riflessione sul passato alla visione del futuro, in una prospettiva non più politica ma biologica: la fede cieca lascia il posto all'ironico scetticismo, la celebrazione della marcia del progresso alla constatazione della permanenza. Vale la pena sottolineare come l'evoluzionismo assuma in Szymborska una valenza ironica, nella misura in cui, più del progresso (pur implicito nel concetto stesso di evoluzione), ella preferirà accentuare la continuità, l'atavismo, la perpetuazione del passato. La raccolta successiva, «Sale» (1962), sarà aperta significativamente da una poesia dedicata proprio alla scimmia, «parente povero che di noi tutto sa», per la quale Szymborska mostrerà sempre una predilezione speciale, perché «si burla di sé, ossia ci dà un buon esempio» (*La scimmia*, p. 105).

Non è quasi mai un'esperienza estetica ciò che le ecfrasi di Szymborska testimoniano. Anche la poesia appena commentata fu composta quando la poetessa non era ancora stata a Berlino, pertanto deve essere stata ispirata non dall'originale del quadro di Bruegel, ma da una riproduzione vista chissà dove. Visione che si fa motore di una riflessione: questo sono, come detto, le ecfrasi szymborskiane nella gran parte dei casi. Un'eccezione è *Vermeer* (p. 733), riflesso di un'esperienza autenticamente estetica suscitata da un quadro, *La lattaia*, ammirato nel luglio del 2008 in occasione di un viaggio appositamente compiuto ad Amsterdam. La poetessa aveva già espresso la sua ammirazione per l'opera del maestro olandese in un altro componimento, *Elogio dei sogni* (dall'incipit «In sogno/ dipingo come Vermeer», p. 327, qui p. 193), e in una «lettura facoltativa»: «Descrivere a parole i quadri di Vermeer è fatica sprecata. Sarebbe molto più adeguata la musica» (*Opere*, p. 701). E infatti in *Vermeer* non si ha propriamente una descrizione del quadro, ma solo l'evocazione del gesto della protagonista fissato per sempre sulla tela. Szymborska coglie il paradosso di un'arte che vince il tempo pur restando immersa nel tempo: la lattaia ripete lo stesso gesto «giorno dopo giorno» per chi la guarda, così come la donna alla spinetta dell'omonimo quadro di Vermeer «sono trecento anni che guarda così tutti noi» (*ibid.*, p. 703). Non sorprende in fondo apprendere che la frase a effetto con cui si chiude la poesia – «il Mondo non merita/ la fine del mondo» – ha in realtà la sua origine in una precedente epifania, vissuta all'interno della cattedrale di Siena (*Cianfrusaglie*, p. 165). *La lattaia* rappresenta ogni opera d'arte, ogni esperienza estetica – provata di fronte alla medesima opera da diverse generazioni, o di fronte a opere diverse dalla medesima persona.

Che cosa è l'arte e che cosa è la contemplazione estetica costituisce l'argomento specifico della poesia con cui abbiamo aperto questa voce. Qui l'ipotiposi è dettagliata ed estesa, occupando l'intera seconda strofa. Il «quadretto» descritto è una stampa di Utagawa Hiroshige, celebre incisore giapponese dell'Ottocento, i cui paesaggi ispirarono gli impressionisti e post-impressionisti europei, tra cui Van Gogh, che realizzò un *d'après* proprio di quella stampa. Ma chi è che lo descrive? Chi è il soggetto lirico, colui che parla nella poesia? Non certo l'autrice, piuttosto un personaggio a cui ella presta la voce. Dall'incipit – «Strano pianeta e strana la gente che lo abita» – si direbbe addirittura che sia qualcuno che non abita sulla Terra, qualcuno venuto da un altro pianeta. Un extraterrestre, dunque? Forse, visto che anche dopo parla di galassie. Certamente un essere altro, appartenente a un mondo diverso da quello dell'uomo: poco importa quale sia tale mondo, ciò che conta è che guarda al nostro di mondo da un'altra prospettiva. Ne troviamo molti di questi «esseri altri» nelle poesie di Szymborska: può trattarsi di una pietra o di un granello di sabbia, di uno strano animaletto (*Tarsio*, pp. 245-7) o anche di un essere di fantasia come lo Yeti (*D'una spedizione sull'Himalaya non avvenuta*, pp. 85-7). La loro funzione è sempre la stessa: deautomatizzare la nostra percezione del mondo, presentando cose ordinarie, fenomeni noti, opinioni comuni, da un punto di vista estrinseco, distaccato e provocando così in chi legge un effetto di straniamento. Qui Szymborska se ne serve per sviluppare una riflessione sull'ontologia dell'arte e sulla sua fruizione estetica. A differenza di *Miniatura medioevale*, *Mosaico bizantino* o *Le donne di Rubens*, l'ecfrasi fornisce l'abbrivio per riflettere non su costumi, idee o convenzioni sociali, ma sull'arte stessa.

L'essere altro osserva l'opera d'arte, e osserva la gente che osserva l'opera d'arte. La sua attenzione si appunta su due aspetti che gli paiono incomprensibili, e che contesta con piglio da burocrate cosmico. Il primo è il rapporto dell'arte con il tempo: l'opera d'arte ferma il tempo, sottraendo il proprio oggetto alle leggi del divenire che tutto consuma; è una «protesta», e il suo autore un «ribelle» che ha giocato uno scherzo al tempo – anche se subito una parentesi ironica ci informa della sua dipartita in piena conformità alle leggi del vivere nel tempo. Il secondo aspetto sono le reazioni che l'arte provoca: apprezzamento, ammirazione, commozione, immedesimazione. Grazie a quel surrogato dei cinque sensi che è l'immaginazione, che permette di «udire» – il fruscio della pioggia –, di «sentire» – il freddo delle gocce sul collo –, di «guardare» – il ponte e la gente –, l'arte ci fa vivere ciò che non entra nell'orbita dei nostri sensi.

Anche *Gente sul ponte*, così come *La gioia di scrivere*, presenta l'arte come una rivolta metafisica contro le leggi del mondo: protesta, ribellione, «vendetta d'una mano mortale» (*La gioia di scrivere*, p. 185, qui p. 156) sono tutte «parole patetiche» (*Sotto una piccola stella*, p. 337, qui p. 106), se prese isolatamente dal contesto in cui appaiono; e tuttavia, secondo la dichiarazione di poetica con cui si chiude *Sotto una piccola stella*, proprio il contesto ironico consente di farle apparire leggere. Non sono idee originali, hanno una lunga tradizione alle spalle, ma il modo in cui Szymborska le riveste è certamente nuovo e avvincente. L'arte ha il «potere di perpetuare» (*La gioia di scrivere*, p. 185, qui p. 156), ossia di sottrarre una scheggia di mondo al divenire e con ciò al suo destino perituro; quella scheggia salvata dall'arte – «attimo eterno» la chiama Miłosz – ha il potere di destare ammirazione e commuovere generazione dopo generazione; e ci riesce perfino quando, come in *Statua greca* (p. 674), il tempo ha lavorato quasi con successo per distruggere ciò che ad esso si voleva ribellare, lasciando solo un «busto» cui spetta di trasmettere «tutta la grazia e la gravità/ di quanto si è perduto». L'arte, la bellezza che essa testimonia insegnano che «il Mondo non merita/ la fine del mondo».

Andrea Ceccherelli

# Fugacità

*Metafisica*

È stato, è passato.
È stato, dunque è passato.
In una sequenza sempre irreversibile,
poiché tale è la regola di questa partita persa.
Conclusione banale, inutile scriverne,
se non per il fatto incontestabile,
un fatto per i secoli dei secoli,
per l'intero cosmo, qual è e sarà,
che qualcosa è stato davvero,
finché non è passato,
persino il fatto
che oggi hai mangiato gnocchi con i ciccioli.

Può essere un caso – quel → Caso che spunta incessante nella versione del mondo costruita da Szymborska con le sue poesie – se *Metafisica* è la lirica con cui la poetessa suggellò la raccolta «Qui» (2009), l'ultima che diede alle stampe ancora in vita; una raccolta in cui si addensano interrogativi, fors'anche qualche certezza, inseguiti lungo tutta la sua riflessione poetica sull'esistenza del mondo e dell'uomo, una sorta di *summa* del suo modo di vedere e intendere lo svolgersi del breve attimo della vita.

Può essere un caso, o almeno a noi pare oggi, che quella lirica sembri davvero un suggello. E tuttavia è un fatto «incontestabile» – s'intende, per chi scrive queste righe – che già alla lettura dell'incipit lo sguardo, guidato dagli occhi del soggetto lirico, venga reindirizzato all'indietro non solo ad astratte questioni metafisiche, ma anche, in primo luogo direi, all'opera concreta che sinora ha letto (dal punto di vista dell'autore – che sinora ha composto), suddivisa in capitoli, in unità dotate di senso autonomo, da cui ci si allontana con l'avanzare del tempo (loro stanno sempre ferme lì). Ma proprio il fatto di percepirle come passate ci assicura che sono esistite.

In poche linee di versi Szymborska pone con limpida semplicità una delle poche certezze su cui possiamo contare, una verità banale forse, è vero, che scaturisce dalla lingua stessa con cui diamo forma alla realtà e la ordiniamo secondo una logica che è peculiarmente nostra («È stato, è passato»): se qualcosa è stato, vuol dire che è passato e può passare solo quello che è stato, che è esistito (anche qui Szymborska smonta, per rimontarlo di bel nuovo, un antico adagio, «*było, minęło*» che suona, come in italiano, «Quel che è stato è stato»). Un'identità dunque tra esistere e trascorrere, e solo in quest'ordine di successione, vale a dire, non esiste il Tempo senza chi allo scorrere del tempo è soggetto. Conclusione in verità per nulla banale. Sorprendente invece a prima vista può essere la chiusa della poesia: un banalissimo, questo sì, consumare una delle più usuali pietanze quotidiane, che conclude un discorso metafisico dai toni gravi sul problema del Tempo e dell'Esistenza.

Un tratto inconfondibile della poetica di Szymborska è quello di attenuare la gravità degli interrogativi posti riconducendo il discorso alla più usuale consuetudine della vita quotidiana (→ Lingua), cosicché chi è partecipe della normalità della vita possa riconoscere, specchiandovisi attraverso la sua poesia, i dilemmi che l'ordinaria vita quotidiana contiene, non scorti appieno o solo intuiti, e che ne superano i limiti. Quegli «gnocchi con i ciccioli» sortiscono questo effetto «attenuativo», senza però sminuire la penetrante riflessione sul tempo dell'esistenza, ponendone come valore assoluto la quotidianità, anche nel suo svolgersi fisiologico che ne è il fondamento.

Si vedrà bene in tutte le voci di questo *Alfabeto* come la peculiarità dello sguardo di Szymborska sul mondo trasformi la materia dell'ordinarietà in evento straordinario, unico, i cui singoli elementi, gesti, comportamenti, anche se ripetuti, mai sono uguali a se stessi (*Nulla due volte*, p. 45):

> Nulla due volte accade
> né accadrà. Per tal ragione
> si nasce senza esperienza,
> si muore senza assuefazione.
> [...]

Non c'è giorno che ritorni,
non due notti uguali uguali,
né due baci somiglianti,
né due sguardi tali e quali.

Le strofe di *Nulla due volte* sono certamente tra le più conosciute e ammirate, e in Italia hanno dato il titolo a un singolare e valido libro uscito una decina d'anni or sono nel quale gli autori si servivano acutamente delle poesie di Szymborska per chiosare (e criticare) lo spersonalizzante *management* dei tempi nostri (Minghetti - Cutrano 2006).

È la Szymborska degli esordi, o meglio del nuovo esordio della raccolta «Appello allo Yeti» (1957), dove all'amarezza e al rammarico si affiancano entusiasmo e ottimismo capaci di cogliere la mutevolezza sorprendente della vita, ancora con i versi di *Nulla due volte* (p. 45):

Perché tu, malvagia ora,
dài paura e incertezza?
Ci sei – perciò devi passare.
Passerai – e qui sta la bellezza.

Nella visione szymborskiana il volgere del tempo ha dunque un suo risvolto positivo. Si porta via anche l'attimo infelice, al pari di quel che per un momento poteva, o pareva, esserci di bello nella vita (*ibid.*):

Ieri, quando il tuo nome
qualcuno ha pronunciato,
mi è parso che una rosa
sbocciasse sul selciato.

Oggi, che stiamo insieme,
ho rivolto gli occhi altrove.

Una disposizione conciliante dunque, nei confronti del susseguirsi degli eventi, senza rincorrere il passato cullandosi nell'illusione di poterlo ricreare, non diversamente in fondo da quanto cantava un poeta assai caro a Szymborska, Bolesław Leśmian (1877-1937, *Se t'incontrassi ancora...*):

Se per la prima volta t'incontrassi ancora
In un giardino altro, in un diverso bosco
D'altra voce forse fruscerebbe a noi la foglia
[...]
Forse dalle labbra inconsapevoli cadrebbero
Altre parole forse, parole altre...

E non solo nulla accade due volte, ma quell'unica volta irripetibile, come è la vita nel suo complesso e nei momenti che la compongono, è affrontata senza possibilità di «provare» la parte, come a teatro (*Una vita all'istante*, pp. 397-9):

Una vita all'istante.
Spettacolo senza prove.
[...]
Non conosco la parte che recito.
So solo che è mia, non mutabile.
[...]
E qualunque cosa io faccia,
si muterà per sempre in ciò che ho fatto.

Ma la vita, appunto, teatro non è (→ Qui e ora), seppure recitiamo improvvisando la nostra parte sulla scena del mondo per un istante, e un istante sempre troppo breve per saziarsi della sua ricchezza: «Sono qui un istante, un solo minuto:/ non saprò del dopo, non l'avrò vissuto» (*Compleanno*, p. 309).

Del futuro, certo, è arduo sapere, ma nel tempo che passa l'uomo fa i conti con la memoria fin dove gli è dato di tornare, ché (*Non occorre titolo*, p. 497):

Anche l'attimo fuggente ha un ricco passato,
il suo venerdì prima del sabato,
il suo maggio prima di giugno.

Conti che vengono presentati all'incasso uno dopo l'altro proprio nell'ultima raccolta chiusa da *Metafisica* – e neppure questo forse è un caso. Ricordi che sfumano, anche di chi è stato più familiare e amato, di cui si è persa la più vitale delle peculiarità: «Da dove se anche gridasse/ non giungerebbe la voce?» (*Ritratto a memoria*, p. 719). Debiti insostenibili con la memoria allettante e scomoda e invadente della stupenda *La vita difficile con la memoria* (p. 699):

A volte ne ho abbastanza della sua compagnia.
Propongo di separarci. Da oggi e per sempre.
Allora compassionevole sorride,
sa che anche per me sarebbe una condanna.

Emozionanti intrusioni dell'adolescenza passata, nello sfavillante specchio di *Un'adolescente* (p. 695), intrisa di pungente autoironia e d'un sereno, stupefacente humour pacato nel riconoscere, a dispetto delle differenze puntigliosamente sciorinate in un divertente elenco, la continuità tra l'adolescente d'un tempo e l'adolescente (già, sempre la stessa) d'oggi (*ibid.*, p. 697):

Una sciarpa di pura lana,
a righe colorate,

che nostra madre
ha fatto per lei all'uncinetto.

La conservo ancora.

Con appena una differenza con l'adolescente d'un tempo:

Sul suo modesto orologio
il tempo è ancora instabile e costa poco.
Sul mio è molto più caro ed esatto.

Non mi azzarderò a dire che anche questa poesia, verso dopo verso, è tra le più belle mai scritte da mano mortale, perché, a darmi retta, un futuro ipotetico canone sarebbe saturato dalle poesie di Szymborska. Ma non sarebbe colpa mia.

Certamente, tornando all'argomento di questa voce, la fugacità della vita è angoscia che accompagna l'uomo fin dalla sua coscienza di esserci, in una corsa senza posa col tempo (*La vita breve dei nostri antenati*, p. 441):

L'infanzia durava quanto quella dei cuccioli di lupo.
Bisognava sbrigarsi, fare in tempo a vivere
prima che tramontasse il sole
[...]
un attimo prima non c'erano, già non ci sono più.
I capi dell'infinito si univano in fretta.

E dai nostri antenati – che arrivavano in pochi a trent'anni – a oggi, che si arriva in molti al doppio e anche ben più, il corso naturale sempre quello resta, tra una fine, un inizio e di nuovo una fine, un «Intervallo nell'infinito per il cielo sconfinato!» («Il nulla si è rivoltato anche per me», p. 335, qui p. 131), una parentesi di tempo che una volta chiusa non lascerà aggiungere più nulla («La vita, per quanto lunga, sarà sempre breve./ Troppo breve per aggiungere qualcosa». *La vita breve dei nostri antenati*, p. 443).

Szymborska però aggiunge qualcosa, non fuori parentesi, alla millenaria inquietudine dell'uomo di fronte alla fugacità della vita umana, incalzata da quel volare del tempo che il suo inarrivabile conterraneo Mikołaj Sęp Szarzyński (1550[?]-1581) aveva raffigurato vorticante nel travaglio dell'angoscia metafisica pre-barocca nel sonetto *Sulla brevità e incertezza della vita umana nel mondo* (Sęp Szarzyński 2007, p. 228):

Ahi, con qual frenesia gli archi rotanti
E Titano spingono i tempi al volo,
E agognando troncar gioia con duolo
La morte, ecco, si fa in fretta avanti!

Quel nuovo è la leggerezza del suo discorso, che nasce da uno sguardo sostanzialmente stoico sull'esistenza umana e per nulla disposto a coprire con il velo dell'apprensione metafisica, tanto meno segnata da una fede religiosa, l'incanto e il valore della vita che da «centomila anni almeno» fugge all'uomo. Corteggiare la vita e provare a trattenerla almeno per un po' afferrandola per una foglia, chi altro ha saputo infondere tanta delicatezza (e aggiungerò, femminile) a questioni così essenziali del sentire umano e alle sue ansie (*Allegro ma non troppo*, pp. 315-7)?

Sei bella – dico alla vita –
è impensabile più rigoglio
[...]
Da centomila anni almeno
sorridendo ti corteggio.

Tiro la vita per una foglia:
si è fermata? Se n'è accorta?
Si è scordata dove corre,
almeno per una volta?

A leggere l'intera sua produzione poetica ben si vede come Szymborska sia affascinata dall'enigma del tempo in cui è immersa l'esistenza umana, apparentemente in movimento, ma invero immobile nell'incessante fluire del fiume eracliteo (*Nel fiume di Eraclito*, p. 169). Lontana da posizioni idealiste, non perde mai di vista la concretezza tangibile di un intervallo di tempo misurabile tra un inizio e una fine, lasciando «l'oziosa eternità» al mondo dell'astrazione matematica, a quell'infinito srotolarsi dei numeri decimali del «Pi greco» (*Pi greco*, p. 407).

Szymborska tira da ogni lato le fila di un discorso, che è d'ognuno, sull'esistenza e sul suo tempo. Un discorso (anche il suo, certamente) che origina tutto dalla coscienza dell'esistere, costruito dall'uomo e per se stesso attraverso una lingua che è sua propria, capace di elaborare ed esprimere strutture concettuali astratte a partire dal concreto dell'esperibile fino a porre sotto il segno dell'equivalenza, nella percezione comune, eternità e immortalità. L'una pertinente alla dimensione metafisica, l'altra alla dimensione fisica, materiale. Szymborska ne ha saputo cogliere, con penetrante perspicacia, il punto di giunzione attraverso un paradosso che è linguistico e concettuale insieme («Non c'è vita/ che almeno per un attimo/ non sia stata immortale», *Sulla morte senza esagerare*, pp. 429-31): nella realtà dell'esistenza materiale l'eternità coincide allora, per noi come per i nostri antenati, con la durata dell'attimo sfuggito di mano al tempo (→ Morte), un tempo di sua natura sempre avaro con l'uomo (*La vita breve dei nostri antenati*, p. 441):

> Il tempo, così prodigo con una qualunque stella del cielo,
> tendeva loro una mano quasi vuota
> e la ritraeva in fretta, come pentito.

Non diversamente Jan Kochanowski quattrocento anni prima («Frammenti», *Ode* VI):

> Non a tutto il tempo sé concede egualmente,
> E come tutto porta, così tutto riprende
> [...]
> L'albero che ora di sue foglie è adorno,
> Spoglierà l'avvento del gelido inverno.
> Peggio va ahimè per l'uomo, dacché si rifanno
> Del perso alberi e fiori al volger dell'anno,
> Giovani di nuovo, ma invero per l'uomo
> Come il verno di neve imbianca il suo capo,
> Primavera non torna, passato il disgelo.

«Strano pianeta e strana la gente che lo abita./ Sottostanno al tempo, ma non vogliono accettarlo», così Szymborska inizia un'altra delle sue più famose poesie, *Gente sul ponte* (p. 487, qui p. 51), in certo modo rispondendo a quel vacuo e ricorrente modo di dire del nostro discorso quotidiano: fermare il tempo, non fosse che il mondo reale esiste però e vive, paradossalmente, del tempo e solo nel tempo.

C'è però un mondo in cui l'uomo può fermare il tempo, il mondo che l'uomo costruisce con l'arte, di cui Szymborska aveva inteso magistralmente il potere demiurgico di «perpetuare» l'attimo e sospendere il tempo a piacimento, a cominciare dalla bellissima poesia che dà il titolo alla raccolta adelphiana *La gioia di scrivere* (→ Poesia). Sospeso è il tempo de *Il gatto in un appartamento vuoto* (p. 523 → Morte), ma è nell'arte pittorica (→ Ecfrasi) che Szymborska coglie con penetrante perspicacia la mirabile illusione di poter fermare il tempo fuggente del mondo, paradossalmente attraverso la fissazione del movimento. Come in *Gente sul ponte*, dove ecfrasi, simbologia (il fiume eracliteo del tempo su cui è sospeso il ponte), illusione di quanti contemplando il quadro vedono lì se stessi in un tempo fermato «e credono nella loro arroganza/ che sia davvero così» (*Gente sul ponte*, p. 489, qui p. 52), e ribellione, anzitutto dell'artista contro le leggi del tempo, si fondono in una delle più perfette e affascinanti poesie d'ogni tempo, appunto.

Così è nel quadro di Vermeer, dove l'attimo fissato per sempre è quello ripetuto nel tempo della donna che «giorno dopo giorno versa/ il latte dalla brocca nella scodella» (*Vermeer*, p. 733); e dura fino a noi nel tempo, paradossalmente, l'attimo fermato «Nel paesaggio dell'antico maestro» dell'altrettanto affascinante *Paesaggio* (pp. 189-91), dove in un canto «dietro al tavolo siede un uomo ossuto/ e aggiusta un orologio», il Tempo, a rammentare come quel che è stato inceppato con l'artificio riprenderà, riparato, a scandire le ore che segnano il tempo dell'esistenza reale, che solo l'arte può annichilire:

> «La vendetta di una mano mortale», che impugna una penna: è di certo l'unica forma di vendetta di cui disponiamo contro le leggi della Natura,

scriveva ancora uno dei maggiori poeti polacchi del dopoguerra, Stanisław Barańczak (1990, p. 11), nel suo «autocommento» alla poesia *A Grażyna* (Id. 2007, p. 286) (→ Morte), citando *La gioia di scrivere*.

Il tempo e l'attimo percorrono l'intera poesia di Wisława Szymborska e abbastanza si è scritto sulle convergenze con la filosofia di Heidegger (→ Nulla). Una delle raccolte di Szymborska si intitola appunto «Attimo», e include la lirica *Bagaglio del ritorno* (p. 609), tra le pochissime poesie di Szymborska segnate da un così profondo sconforto, una sconsolante sfilata di sepolcri di fanciulli, negazione, in fondo, dell'ottimismo sarcastico di *Sulla morte senza esagerare* (p. 429, → Morte):

> Che dire poi di un giorno di vita,
> di un minuto, di un secondo:
> buio, s'accende una lampadina, di nuovo buio?

Tale è il paradosso del Tempo, crescita e annichilimento insieme per l'uomo, come per ogni vivente, che trova risposta solo nella lingua di Eraclito (*Bagaglio del ritorno*, p. 611):

> KOSMOS MAKROS
> CHRONOS PARADOXOS
> Solo il greco sulla pietra ha parole per questo.

Marcello Piacentini

# Gioco

*Intervista a un bambino*

È poco che il Maestro è tra noi.
Perciò fa la posta da tutti gli angoli.
Si copre il volto e guarda tra le dita.
Ha la faccia rivolta al muro, poi si gira di scatto.

Il Maestro respinge con disgusto l'assurdo pensiero
che un tavolo perso di vista debba restare un tavolo,
che una sedia alle sue spalle stia nei confini d'una sedia,
e nemmeno cerca di approfittare dell'occasione.

Vero, è difficile sorprenderlo diverso, questo mondo.
Il melo torna sotto la finestra prima d'un batter d'occhio.
I passeri iridati scuriscono sempre in tempo.
Le orecchie del secchio catturano ogni fruscio.
L'armadio notturno finge la passività di quello diurno.
Il cassetto cerca di convincere il Maestro
che lì c'è solo ciò che v'era stato messo prima.
Perfino nel libro di fiabe aperto all'improvviso
la principessa torna sempre per tempo sull'illustrazione.

Sentono in me un forestiero – sospira il Maestro –
non vogliono che un estraneo giochi con loro.

Come è possibile che tutto ciò che esiste
debba esistere in un solo modo,
in una situazione orribile, senza uscita da sé,
senza pausa e mutamento? In un umile da qui – a lì?

Mosca acchiappata in una mosca? Topo intrappolato in un topo?
Un cane mai liberato da una catena celata?
Un fuoco che altro non può fare
se non scottare di nuovo il dito fiducioso del Maestro?
È questo quel mondo vero, definitivo:
ricchezza sparsa che non si può raccogliere,
sfarzo inutile, possibilità vietata?
No – grida il Maestro e batte tutti i piedi
di cui dispone – con una tale disperazione
che non basterebbero le sei zampe d'un coleottero.

Szymborska non sopportava la noia. La scongiurava con l'attenzione – che considerava fonte di stupore raccomandata addirittura dal «savoir-vivre cosmico» (*Disattenzione*, p. 673) – oppure con il gioco. C'era qualcosa di sapientemente infantile in questo suo atteggiamento; era come un bambino curioso e irrequieto, sempre in cerca di nuove scoperte e divertimento. Ho avuto occasione di osservarla da vicino durante un paio di suoi viaggi in Italia e posso citare alcuni aneddoti.

Era la primavera del 2009. Il giorno dopo il celebre incontro, fortunatissimo e spossante, nell'aula magna dell'Università di Bologna, espresse il desiderio di riposarsi ammirando i mosaici di Ravenna. Stavamo viaggiando in autostrada quando notò, al lato della carreggiata, una vasta distesa di alberi di un rosa sgargiante. Ci fermammo a un autogrill per osservarli meglio; incuriosita voleva sapere che alberi fossero. Un frutteto in fiore che diventa uno di quei «miracoli comuni» cui amava dare ospitalità nei suoi versi – la szymborskiana poetica dello stupore vista all'opera nella vita reale (→ Incanto). Poco dopo, al ristorante, il poeta Jarosław Mikołajewski menzionò un modo di dire serbo-croato che la divertì molto: «essere l'ultimo buco del piffero», equivalente del nostro «essere l'ultima ruota del carro»; fu un attimo inventare un gioco in cui ciascuno doveva dire «l'ultimo cosa di che cosa» non avrebbe mai voluto essere. Similmente il giorno prima, sorseggiando un caffè in piazza Maggiore col pensiero alla serata d'autore che l'attendeva di lì a poche ore, si figurò che, se fosse finita all'Inferno, il suo contrappasso sarebbe stato quello di firmare senza posa autografi alle anime dei dannati; e ciascuno dei presenti fu invitato a immaginare che cosa avrebbe fatto se fosse a sua volta finito all'Inferno.

Aneddoti che ricordano i divertimenti che Szymborska organizzava quando invitava gli amici a cena: le lotterie i cui premi erano svariati oggetti kitsch riportati dai viaggi o che gli amici stessi le avevano regalato; il gioco chiamato «il cadavere verde», che consisteva nell'aggiungere – alla cieca – gli aggettivi mancanti a una storiella appositamente composta; o i vari scherzi che escogitava per puro amore di divertimento, come quello ricordato da Ewa Lipska:

> Guardavo a quella generazione con ammirazione [...]. Erano come il libro di Huizinga: *homo ludens*. Profondevano lo stesso impegno nell'ideare un telegramma spiritoso e nello scrivere un testo umoristico. Ricordo una cena in cui Wisława aveva messo in tavola i funghi marinati, ma per servirsi gli ospiti avevano solo un cucchiaino ancora incellofanato e così i funghi scivolavano da tutte le parti (*Cianfrusaglie*, p. 226).

L'amore per il divertimento caratterizza non solo la vita, ma tutta l'arte di Szymborska. Nell'opera poetica traspare ad esempio, oltre che nella frequente tonalità scherzosa (→ Humour), nella predilezione per i giochi di parole (→ Lingua), sovente spiritosi: il poeta come condannato «ai valéry forzati» (*Serata d'autore*, p. 149); *Thomas Mann* (p. 243) come «mammifero/ con la mano prodigiosamente pennuta d'una Waterman»; il protagonista di *Prologo a una commedia* che cammina «con la Terra al piede» (p. 153); l'io lirico «per ora di genere umano» di *Discorso all'Ufficio oggetti smarriti* (p. 305) che, al culmine – temporaneo – dell'evoluzione della vita sulla Terra, constata: «Da tempo ho chiuso su tutto ciò il mio terzo occhio,/ ci ho messo una pinna sopra, ho scrollato le fronde». Ma esso è tutt'uno anche con la passione del ritaglio e del collage, che attinge alle medesime fonti della sua scrittura: il paradosso, l'associazione insolita, il contrasto. E lo stesso gusto del divertimento pervade anche le prose pubblicate nelle due rubriche da lei tenute nel corso della sua vita: la «Posta letteraria» e le «Letture facoltative». Rileggendo a distanza di anni le risposte date agli aspiranti scrittori, Szymborska dichiarava di avere l'impressione «che in questa Posta il gioco prevalga sui valori didattici» (*Opere*, p. 950). Mentre la seconda rubrica nasceva dal puro piacere della lettura, «il più bel passatempo mai escogitato dall'umanità»:

> L'*Homo ludens* danza, canta, si produce in gesti pieni di significato, assume pose, si acconcia, banchetta e celebra elaborate cerimonie. Non voglio sottovalutare l'importanza di simili passatempi – senza, la vita umana scorrerebbe con una monotonia inimmaginabile e forse andrebbe allo sbando. Tuttavia si tratta di azioni di gruppo su cui aleggia, più o meno percettibile, quel certo odore da addestramento militare collettivo. Con un Libro in mano, l'*Homo*

*ludens* è libero, almeno nella misura in cui gli è concesso esserlo. È lui a stabilire le regole del gioco, obbedendo soltanto alla propria curiosità. [...] È libero di non leggere un libro sino alla fine e di cominciarne un altro dall'ultima pagina, risalendo verso l'inizio. È libero di farsi una risatina là dove non è previsto, o di soffermarsi inaspettatamente su parole che poi ricorderà per tutta la vita (*Opere*, p. 688).

Anche dietro ai molti travestimenti che caratterizzano l'opera di Szymborska, siano essi stilizzazioni (ve ne sono di ogni genere, da quelli letterari a quelli giornalistici, come *Recensione d'una poesia non scritta*, pp. 381-3, fino al *Foglietto illustrativo*, p. 285) o *alter ego* vari (l'ombra della regina – e la regina stessa – nell'*Ombra*, p. 115; l'ammazzata di *Ballata*, pp. 137-9; fino al gatto di una delle sue poesie più celebri, pp. 523-5, qui pp. 121-2), è possibile intravedere un'inclinazione al gioco – nella fattispecie, al gioco di ruolo – che ha forse le proprie radici lontane nel tempo in cui, ragazzina, Wisława si divertiva con le amiche a recitare, a travestirsi, ad assumere pseudonimi (*Cianfrusaglie*, pp. 48-9), fantasie adolescenziali di cui si sente un'eco diretta in *Un attimo a Troia* (pp. 111-3).

Sotto la categoria di «gioco» (che in polacco corrisponde a due termini di significato prossimo ma distinto: *gra*, «gioco in cui valgono determinate regole», e *zabawa*, «gioco in cui conta soprattutto il divertimento») rientrano d'altra parte molte cose importanti nella visione del mondo di Szymborska: la vita stessa, innanzitutto, che in *Disattenzione* definisce un «gioco/ con regole ignote» (p. 673)! E poi la poesia, che – scrive nella «Posta letteraria» – «(qualunque altra cosa se ne possa dire) è stata e sarà un gioco, e non ci sono giochi senza regole. Lo sanno i bambini. Perché gli adulti lo dimenticano?» (*Opere*, p. 979). Anche la rima, nella poesia moderna, è vista come un gioco con il lettore: «la rima si recupera quasi solo nel momento in cui si desidera trasmettere al lettore un messaggio come "divertiamoci", o "si tratta di un gioco"» (*ibid.*, p. 1053).

Un gioco sono certamente le rime raccolte nel volume intitolato «Rymowanki dla dużych dzieci» (Filastrocche per bambini grandi), pubblicato nel 2003. Le origini di questi divertimenti poetici risalgono a oltre mezzo secolo prima e si collocano nell'ambiente della Casa dei letterati di Cracovia, dove la giovane poetessa visse dal 1948 al 1963. In quel luogo e in quel tempo specifici Szymborska si familiarizzò con il genere del *limerick*. Il suo maestro, Maciej Słomczyński, rievocava «quei discreti simposi in via Krupnicza, dove chiunque poteva lanciare un nome geografico, e trovare un volontario che, nel giro di pochi secondi, gli rispondeva con un *limerick*» (*Cianfrusaglie*, pp. 86-7) – un meccanismo di improvvisazione poetica simile a quello che, in Italia, conosciamo per la forma dello stornello. Molti anni dopo, nel 1994, quegli antichi divertimenti saranno rinnovellati durante una serata organizzata in onore di colui che, se non rischiasse di suonare riduttivo, potremmo definire il massimo giocoliere poetico polacco del Novecento, Stanisław Barańczak, appena rientrato dal Nord America. Ecco Szymborska dare l'abbrivio con il distico «Un tipo come tanti in Manitoba/ teneva come un matto alla sua roba»; e Barańczak tener bordone alle sue rime dando vita fulmineamente a un magnifico *limerick*: «al punto che quando perdeva la testa/ se poi la ritrovava faceva gran festa/ e si teneva entrambe: la vecchia e la nuova» (*Cianfrusaglie*, p. 281). Per effetto combinato del Nobel a Szymborska e del successivo suo palesamento come poetessa giocosa, lo scherzo poetico, e il genere del *limerick* in particolare, assurgeranno in Polonia a una popolarità inaudita, con autentiche punte di massa toccate in occasione di appositi concorsi promossi dal più diffuso quotidiano nazionale, «Gazeta Wyborcza».

Szymborska componeva spesso *limerick* in collaborazione, per lo più in viaggio, ispirati dal nome di qualche località. Frequente coautore era il segretario Michał Rusinek, lui stesso dotato di un formidabile senso dell'umorismo. Ecco un *limerick* della ditta Szymborska-Rusinek, nato durante il viaggio in Sicilia del 2008 (*Cianfrusaglie*, p. 166):

> C'è un paese detto Trabbìa,
> dove accoppano i turisti per la via,
> quindi li fanno a fette e una volta squartati
> li irridono, benché ormai trapassati,
> chiedendo: «la gambuccia è tua o è mia?».

Appassionata del *Padrino* e di Al Pacino, e giocando consapevolmente con la ben nota immagine stereotipata della Sicilia, Szymborska in quell'occasione volle farsi portare fino a Corleone per il solo gusto di posare sotto l'insegna del paese e leggere un *limerick* appositamente composto (*ibid.*):

> Nella ridente città di Corleone
> ti prendono a mazzate sul groppone.
> Questa brutta abitudine chi nasce
> l'assimila col latte, ancora in fasce,
> e dunque, si può dire, è un vizio d'alimentazione.

Talvolta i *limerick* erano il frutto di un vero e proprio divertimento di gruppo, come quello nato a casa di Szymborska in occasione di una cena organizzata per la sua traduttrice americana Clare Cavanagh ai tempi dello scandalo Clinton-Lewinsky (*Cianfrusaglie*, p. 327):

Una certa Monica di Washingtòn
non rispettava le norme del bon ton.
Per questo nella stanza ovale
si adoperava in senso orale,
al suono di un vecchio «gramophone».

Szymborska è stata la maggiore cultrice polacca – con Stanisław Barańczak e Maciej Słomczyński – di questa «erbetta capricciosa nata nel giardino della letteratura inglese» (*Rymowanki*, p. 5), come la definisce nelle «Filastrocche». Ma le «Filastrocche per bambini grandi» contengono anche altri generi di poesia giocosa oltre al *limerick*. In primo luogo i cosiddetti *moskaliki* (che abbiamo reso in italiano come «etnigrammi»), che affondano anch'essi le radici nei divertimenti collettivi della Casa dei letterati. Il modello è una quartina del semisconosciuto poeta e patriota romantico Rajnold Suchodolski (1804-1831), morto durante l'antirussa Insurrezione di novembre, in un'epoca in cui un certo pathos non doveva risuonare così grottesco come sembra oggi alle nostre orecchie:

Chi sostiene che anche i russi
son fratelli dei lechiti,
io lo ammazzo dalle busse
nella chiesa dei serviti.

Gli etnigrammi sono travestimenti parodistici di quella originaria quartina, secondo uno schema fisso che prevede rime alterne e, nel primo verso, il nome di un popolo, nel secondo una sua caratteristica contestata dal soggetto lirico, nel terzo la conseguenza drastica e per lo più cruenta di tale contestazione, nel quarto l'ambientazione – sempre sacra – del drammatico evento. Ecco un paio di esempi, tratti dalle *Cianfrusaglie del passato* (p. 325):

Chi sostiene che i cinesi
sono un popolo evoluto
lo rinchiudono sei mesi
nella cripta San Canuto.

Chi presenta l'italiano
come un gran lavoratore
io gli stritolo una mano
nel convento delle suore.

Più recente l'origine degli altri generi, questi di conio tutto szymborskiano. Le «megliodie» (*lepieje*), ad esempio, nascono da un episodio avvenuto in una trattoria fuori Cracovia, quando Szymborska notò sulla carta del menù una scritta apposta accanto alla voce «trippa»: «tremenda». Trovando molto utile l'avvertimento, raccontava, «decisi di fornire anch'io qualche utile avviso alla clientela, e niente è più adatto a tale scopo di una breve poesiola facilmente orecchiabile» (*ibid.*, p. 326):

Meglio assai la prigionia
che l'aringa in questa trattoria.

Meglio rompersi due arti
che mangiare questi scarti.

Le «alcolette» (*odwódki*) a loro volta sono varianti dell'adagio polacco «*od wódki rozum krótki*», che potremmo tradurre alla lettera come «chi beve vodka ha poco cervello», o anche «la vodka rimpicciolisce il cervello», mentre in rima potrebbe essere reso con «chi beve vodka prima o poi sbrocca» oppure, con consonanza più piena: «chi con la vodka abbonda perde la trebisonda». Eccone alcune (*ibid.*):

Chi esagera col brandy
poi fa gesti tremendi.

Chi beve troppo porto
lo prende lo sconforto.

Chi strafà coi negroni
finisce carponi.

Chi beve vino
finisce pelatino.

Alle origini degli «altrudistici» (*altruitki*) vi è invece uno slogan della seconda metà degli anni cinquanta, che così esortava: «Risparmia a tua moglie il lavoro. Mangia la pasta precotta al pomodoro». Nelle varianti scherzose inventate da Szymborska la cosa importante, come lei stessa sottolineava, «non era tanto la pubblicità in sé, quanto l'appello alle riserve di altruismo latenti in noi» (*Cianfrusaglie*, p. 324):

Risparmia alla tua amante anche il minimo sforzo,
bevi il tuo tè dentro la tazza sporca d'orzo.

Non spillare il latte ai poveri bovini,
mungi piuttosto parenti e vicini.

Non disturbare il personale ospedaliero,
trova da solo la via del cimitero.

Un'altra sezione delle «Filastrocche» è intitolata *Galleria degli scrittori cracoviani*, una sorta di caricature in versi. Riportiamo i distici relativi ai due scrittori più famosi, entrambi premi Nobel: Miłosz e Szymborska stessa (*Cianfrusaglie*, pp. 339, 437). Tanto vate lui:

Incede Miłosz, severo, assorto.
Prostrati e recita un *Padrenostro*,

quanto autoironica lei:

Szymborska: un busto in gesso. Compassionevole, il caso
l'ha un po' sbeccucciato, soprattutto il naso.

E infine le «origliature» (*podsłuchańce*) – non poesie, ma frasi realmente ascoltate, «spezzoni di realtà». Sembrano sketch di un qualche cabaret comico odierno (*Rymowanki*, pp. 40-1):

*Alla radio*

«I depravati assalgono solo le donne. Be', a meno che qualcuno non sia poco normale».

*A passeggio*

«Di Lenin non ho letto tutto. D'altronde, neanche lui ha scritto tutto».

Sapientemente infantile, dicevo all'inizio di questa voce. Ma possono sapienza e infanzia andare insieme? Torniamo un attimo alla poesia di apertura e riflettiamo: chi è il Maestro di cui si parla? Il termine «maestro» equivale a «sapiente»; normalmente si tratta di un adulto che trasmette un determinato sapere, o anche un determinato modo di comportarsi, di vivere, ai propri allievi. Qui però il Maestro si comporta in modo strano: si apposta negli angoli, fa finta di coprirsi gli occhi con le mani, si volta di scatto. Qual è il motivo di questo stravagante comportamento? Lo spiega il «bambino» che parla: il Maestro vorrebbe cogliere in flagrante il mondo nella sua diversità, vorrebbe «sorprenderlo diverso». Curiosa espressione. Diverso da cosa? – viene da chiedersi. Da se stesso – è la risposta.

Il Maestro di questa poesia è un adulto che non si rassegna all'evidenza del mondo che egli stesso dovrebbe insegnare ai bambini, alle regole che, conosciute, rendono prevedibile ogni cosa, ogni fenomeno. Una cosa è la trasmissione di un sapere, di una sapienza codificati; altra cosa è l'esperimento, atteggiamento innato al vivere fanciullesco e premessa di ogni scoperta, come in *Una bimbetta tira la tovaglia* (p. 585):

> È da più d'un anno che si è al mondo,
> e a questo mondo non tutto è stato studiato
> [...]
> Ora sono sotto esame le cose
> che non possono muoversi da sole.
>
> Bisogna aiutarle a farlo,
> [...]
> È interessante,
> quale movimento sceglieranno
> quando ormai vacilleranno sul bordo:
> un viaggio lungo il soffitto?
> un volo intorno alla lampada?
> un salto sul davanzale e di lì sull'albero?
>
> Il signor Newton non ha ancora nulla a che fare con questo.
> Guardi pure dal cielo e agiti le braccia.
>
> Questo esperimento deve essere fatto.
> E lo sarà.

Il Maestro è un adulto che tenta di riacquistare lo sguardo pieno di fantasia e stupore proprio dei bambini, la loro capacità di pensiero magico che permette a ogni cosa – sia non vivente, come un oggetto (tavolo, sedia, secchio, armadio, cassetto, libro) o un fenomeno (fuoco), sia vivente, appartenente al mondo vegetale (melo) o animale (passero, mosca, topo, cane) – di «uscire da sé» e non restare imprigionata nei limiti della propria natura, di «mutare» e animarsi.

Il mondo magico dei bambini è tuttavia destinato a restare inaccessibile agli adulti: «Non vogliono che un estraneo giochi con loro», sospira il Maestro. Viene in mente l'io lirico di *Tentativo* (p. 89), che voleva fiorire come una rosa, avere foglie, ma deve rassegnarsi a «un corpo singolo, non mutabile in nulla», a essere «monouso fino alle midolla»; non c'è niente da fare, «La materia sta sull'attenti», ovvero «vigila i destini innati» (*Senza titolo*, p. 127).

Il Maestro non accetta i limiti oggettivi – tempo, spazio, principio d'individuazione – cui è sottoposto il vivere terreno. La sua opposizione ricorda tanto quella del «ribelle» Hiroshige in *Gente sul ponte* (p. 487, qui p. 52) e dell'io lirico di *Progetto un mondo* (pp. 97-9, qui pp. 181-2). È una rivolta metafisica contro l'ordine del mondo, che

Szymborska raffigura senza pathos, con delicato umorismo e autoironia. Hiroshige era un pittore, l'io lirico di *Progetto un mondo* uno scrittore. Torniamo allora alla domanda: chi è questo Maestro? E ricordiamo che «maestro» è un termine che vale tradizionalmente anche a indicare l'artista. «Arcimaestro» era il poeta per Adam Mickiewicz – arcimaestro egli stesso del romanticismo polacco.

Se dunque consideriamo il Maestro di *Intervista a un bambino* come l'artista che, secondo una certa lezione romantica, si oppone al mondo che lo circonda e insieme aspira a riacquistare l'ingenuità dello sguardo infantile, non può non colpire che la poesia finisca comunque senza accenti di ribellione prometeica, né di schilleriana «poesia sentimentale»: ma solo con il pestare i piedi tipico dei bambini capricciosi, che si dissolve nella scherzosa assimilazione del Maestro a un coleottero. Trasformazione ironica di un motivo. Eppure...

Eppure ci resta il senso della ribellione metafisica. E proprio qui sta il segreto dell'ironia di Szymborska, che prende immagini comuni dell'artista – come maestro e come bambino qui, come demiurgo in *La gioia di scrivere* (pp. 183-5, qui pp. 51-2), come ribelle in *Gente sul ponte* (pp. 487-9, qui pp. 155-6) –, le sottopone a un trattamento di scetticismo immergendole nel solvente del mondo reale che le spoglia di ogni incrostazione di falso pathos, di coturnata autocelebrazione, e ce le restituisce nude – eppure ancora più commoventi nella loro assurda, disarmata protesta.

Andrea Ceccherelli

# Humour

*La cipolla*

La cipolla è un'altra cosa.
Interiora non ne ha.
Completamente cipolla
fino alla cipollità.
Cipolluta di fuori,
cipollosa fino al cuore,
potrebbe guardarsi dentro
senza provare timore.

In noi ignoto e selve
di pelle appena coperti,
interni d'inferno,
violenta anatomia,
ma nella cipolla – cipolla,
non visceri ritorti.
Lei più e più volte nuda,
fin nel fondo e così via.

Coerente è la cipolla,
riuscita è la cipolla.
Nell'una ecco sta l'altra,
nella maggiore la minore,
nella seguente la successiva,
cioè la terza e la quarta.
Una centripeta fuga.
Un'eco in coro composta.

La cipolla, d'accordo:
il più bel ventre del mondo.
A propria lode di aureole
da sé si avvolge in tondo.
In noi – grasso, nervi, vene,
muchi e secrezione.
E a noi resta negata
l'idiozia della perfezione.

Wisława Szymborska ha praticato per molti anni la poesia giocosa in privato, componendo versi divertenti cui ha dato, ma solo da un certo momento in poi, diffusione pubblica e infine anche dignità di stampa. Quel momento è stato – paradossalmente – il premio Nobel, sigillo massimo di grandezza «seria» apposto alla sua opera letteraria. Come non ricordare le polemiche suscitate, giusto l'anno successivo, dall'assegnazione del premio al «giullare» Dario Fo? E invece proprio il Nobel ha portato alla luce questa parte, rimasta prima in ombra, dell'opera di Szymborska. Come e perché ciò sia avvenuto, lo spiegano bene le sue biografe, Anna Bikont e Joanna Szczęsna: la schiva poetessa di Cracovia, dovendosi rassegnare a vestire i panni del personaggio pubblico, volle almeno scegliere la maschera con cui presentarsi, e così «si risolse a mostrarsi da un altro lato, meno serio e meno personale» (*Cianfrusaglie*, pp. 294-5). Già il 18 novembre del 1996, a poco più di un mese dalla notizia (e prima ancora della consegna) del premio, si presentò sul palco dello Stary Teatr per partecipare a una festa in suo onore a base di... *limerick*. E nel 2003 diede alle stampe una raccolta di poesie scherzose intitolata «Filastrocche per bambini grandi» (→ Gioco).

L'inclinazione alla poesia giocosa ha radici antiche, risalenti addirittura all'infanzia della futura poetessa. È il padre che la educa a unire poesia e sorriso, come lei stessa racconta nella prima intervista televisiva dopo il Nobel, il 3 ottobre 1996:

> Ogni volta che scrivevo una poesiola che piaceva a mio padre – una breve strofa, un distico, ma doveva essere sempre qualcosa di spiritoso – mi dava [...] venti centesimi. Perciò ho cominciato molto presto a guadagnare come scrittrice (Balbus - Wojda 1996, p. 21).

Saranno poi gli anni passati nella Casa dei letterati di via Krupnicza a cementare questa inclinazione. Tempi bui, in cui la pressione del regime sugli scrittori è opprimente – e in cui, per reazione, fiorisce una produzione faceta che ricorda quell'«allegria sull'altalena dell'orrore» di cui la poetessa parla in una sua poesia (*Commediole*, p. 549). Qui il futuro premio Nobel compone i primi *limerick* alla scuola di Maciej Słomczyński; qui partecipa a quel gioco poetico che, a distanza di mezzo secolo, ella stessa si premurerà di sottrarre all'oblio ufficializzandolo con il nome di *moskaliki* («etnigrammi»); qui si familiarizza con i generi di poesia burlesca più svariati ed estemporanei, fino alle «poesiole da Wc» (*Cianfrusaglie*, p. 85). In questo contesto lo scherzo, il gioco, lo humour funzionano come un potente meccanismo di difesa dallo squallore, dalla coercizione, e persino dalla paura – una temporanea via di fuga, un minimo spazio di spensieratezza e di libertà, come spiegava l'amica e poetessa Ewa Lipska:

> Tutti i nostri passatempi, giochi di società, limerick [...] erano una forma di autodifesa da ciò che ci circondava, dall'assurdità della vita quotidiana, dalla censura, dalla noia e dalla volgarità del telegiornale. Non eravamo affatto degli sciocchi buontemponi (*Cianfrusaglie*, p. 245).

Ma la capacità di destare il riso o il sorriso non caratterizza solo la poesia scherzosa di Szymborska in quanto filone separato rispetto alla sua produzione principale. Lì la comicità si manifesta in forma pura, come *pure nonsense*; miscelati con altri ingredienti di gusto variamente amaro, riso e sorriso sono però presenti anche in molta parte della sua poesia «seria», suscitati con quella umana partecipazione, indulgenza e simpatia che sono qualità proprie del grande umorismo. Bolesław Prus (1847-1912), uno dei maggiori umoristi polacchi di tutti i tempi, lo paragonava al cardo selvatico, che ferisce le bocche delicate, ma è una gioia per gli asini. Proprio quel Prus, autore del celebre romanzo *La bambola*, che viene evocato – con un (amaramente) ironico malapropismo che lo confonde con l'autore della *Recherche* – nella poesia *Del non leggere* (p. 717):

> In libreria con l'opera di Proust
> non ti danno un telecomando,
> non puoi cambiare
> sulla partita di calcio
> o sul telequiz con in premio una volvo.
> [...]
> Sette volumi – pietà.
> Non si potrebbe riassumerli, abbreviarli
> o meglio ancora mostrarli in immagini?
> Una volta hanno trasmesso un serial, *La bambola*,
> ma per mia cognata è di un altro che inizia con la P.

«L'umorismo è il fratellino minore della serietà», scriveva Szymborska in una delle sue «Letture facoltative» (*Opere*, p. 721), prendendone le difese a fronte del pregiudizio d'inferiorità di cui, nella storia della nostra civiltà, esso ha sempre sofferto rispetto alla seconda. E un suo implicito elogio troviamo anche nella già citata *Commediole* (pp. 547-9), vera poesia «metaumoristica» in cui l'autrice immagina che l'arte cui gli angeli («se esistono», *ça va sans dire*) si appassionano non sia quella che raffigura con toni patetici la condizione umana («romanzi sulle speranze deluse», «poesie risentite con il mondo», pièce teatrali piene di «strilli» e «strazi»), quella di chi si lamenta, «si strappa le vesti», o «digrigna i denti», bensì le «commediole/ dell'epoca del cinema muto», per cui «Cento catastrofi/ sono cento divertenti capriole/ su cento abissi».

Metaumoristica e insieme metapoetica, poiché in fondo, indirettamente, ci dice molto proprio dell'arte di Szymborska stessa, la cui rinuncia al patetico in favore dell'umoristico, dell'*Allegro ma non troppo* (pp. 315-7), poggia anche sulla convinzione che, dato che «Gli esseri umani sono tristi per natura» (*Sorrisi*, p. 361), l'unico modo per sopravvivere alla propria e all'altrui disperazione sia non prenderla, e non prendersi, troppo sul serio. Non è un caso che adorasse Woody Allen, i cui personaggi – affermava nel documentario *La vita a volte è sopportabile* – «sono eroici nei loro divertentissimi snobismi, entusiasmi, speranze, delusioni e tentativi di capire il mondo». E non è un caso che Allen ne ricambiasse l'ammirazione, poiché – diceva – Szymborska corrispondeva perfettamente al suo ideale di artista: profonda e al tempo stesso conscia del proprio dovere di divertire il lettore. E certamente uno dei motivi del suo successo italiano sta proprio in questa sua serietà comica e comicità seria – «allegria sull'altalena dell'orrore» (*Commediole*, p. 549) e «lacrima del riso» (*Nell'arca*, p. 475) – che la rende particolarmente congeniale a interpreti dotati di un raffinato senso del comico come Tita Ruggeri, splendida protagonista dello spettacolo *Cipolla*, da lei stessa ideato insieme a Corinna Rinaldi e messo in scena per la prima volta a Bologna nel 2007.

La poesia di Szymborska si rivolge assai presto a quel «dio dello humour» che invocherà poi esplicitamente per ben due volte nel finale di *Film – Anni Sessanta* (p. 237). Persino nei primi anni cinquanta, tempo semmai di satirici livori, un tono sorridente, delicatamente scherzoso, accompagna le scenette rappresentate in poesie come *In rime banali* (p. 13) o *La Musa in collera* (pp. 23-5), incluse in raccolte dove a dominare sono toni tutt'affatto diversi (→ Realismo socialista), o nella di poco posteriore *Opera buffa* (pp. 49-51). E non può non strappare il sorriso una battuta come «Nessuno sta bene alle quattro del mattino./ Se le formiche stanno bene alle quattro del mattino/ – le nostre congratulazioni» (*Le quattro del mattino*, p. 91), o l'arcinota e spiritosissima *In lode di mia sorella* (p. 375):

> Mia sorella non scrive poesie,
> né penso che si metterà a scrivere poesie.
> Ha preso dalla madre, che non scriveva poesie,
> e dal padre, che anche lui non scriveva poesie.
> [...]
> E quando mia sorella mi invita a pranzo,
> so che non ha intenzione di leggermi poesie.
> Fa minestre squisite senza secondi fini.

Autoironia e humour vanno spesso a braccetto nella sua opera. Sono i luoghi comuni sulla poesia e i rituali ad essa legati, gli attributi cui un immaginario diffuso associa la figura del poeta, che Szymborska ama mettere in ridicolo. Non la → Poesia in sé, sulla cui essenza lei non deroga mai dal salvifico (*zbawienny*) principio del «non so» al quale si (at)tiene (*trzyma się*) come al «corrimano» di una ringhiera (*poręcz*) che le impedisce di cadere (*paść*), sorte toccata, nell'originale polacco, alle risposte barcollanti (*chwiejne*) tentate da altri. Invece la «poesia» che, nel manifesto annunciante una sua serata d'autore, è scritta pomposamente «con lo svolazzo liberty d'una P maiuscola,/ iscritta nelle corde d'una lira alata», la fa sospirare e commentare ironicamente: «dovrei, più che entrare, arrivare volando», mentre si ritrova seduta a un «tavolino/ da seduta spiritica» con indosso «scarpe da quattro soldi,/ pesanti, scricchiolanti» (*Tremarella*, p. 411). La sublimità di un'autorevole tradizione che da secoli accomuna poesia e mistero trasformata in (t)rito kitsch (peraltro amatissimo da Szymborska proprio per i suoi involontari effetti comici). E un'altra «serata d'autore» viene così presentata nell'omonima poesia (p. 149):

> O Musa, essere un pugile o non essere affatto.
> Ci hai lesinato un pubblico in tumulto.
> Ci sono dodici persone ad ascoltare,
> è tempo ormai di cominciare.
> Metà è venuta perché piove,
> gli altri sono parenti. O Musa.
> [...]
> In prima fila un vecchietto dolcemente sogna
> che la moglie buonanima, risorta,
> gli sta per cuocere la crostata di prugne.

Con calore, ma non troppo, ché il dolce non bruci,
cominciamo a leggere. O Musa.

Il mistero dell'ispirazione poetica ritorna in altra forma, ma sempre in tono scherzoso, come soggetto di *Un'idea* (pp. 691-3). E a proposito di autoironia e umorismo, non fa forse sorridere l'arguta *pointe* di *Epitaffio* (p. 151), con quel «passante» del futuro che, trovandosi di fronte alla tomba dell'autrice, è invitato a riflettere sulla sua sorte con il proprio *mózg elektronowy* – che per mantenere il gioco di parole occorrerebbe senz'altro tradurre «cervello elettronico» – appena estratto dalla borsa?

L'elemento comico-burlesco in Szymborska è solitamente associato a un sorriso bonario, indulgente. Solo in pochi casi esso lascia il posto ad accenti più o meno sarcastici, come in *C'è chi* («Basta così», p. 19), o addirittura di risentimento morale, quando il tema è l'ipocrisia degli statisti sempre sorridenti (*Sorrisi*, p. 361) o degli pseudo-eremiti che posano per i turisti (*L'eremo*, p. 377).

Nel 1991 dichiarava in un'intervista:

In verità volevo diventare una caricaturista. [...] Provavo un'autentica invidia per chi sa, con pochissimi tratti, cogliere una somiglianza e al tempo stesso prendere un po' in giro. Avrei voluto disegnare una caricatura del mondo intero, se solo ne fossi stata capace (*Cianfrusaglie*, p. 374).

L'umorismo nasce dalla percezione di un difetto, di un'incongruenza, o comunque di una qualche bizzarra particolarità che, evidenziata come tale, può suscitare ilarità. Quell'umorismo che consiste nel «ridere dell'infelicità altrui» è però sempre «di qualità scadente», ammoniva nella «Posta letteraria» (*Opere*, p. 1028). A differenza della satira, il grande umorismo non è mai disgiunto da un atteggiamento di simpatia o addirittura di pietà verso il suo oggetto. Diverte e spesso commuove, come nella scena con cui si chiude *La cortesia dei non vedenti* (p. 653):

Ma grande è la cortesia dei non vedenti,
grande la comprensione e generosità.
Ascoltano, sorridono e applaudono.

Uno di loro persino si avvicina
con il libro aperto alla rovescia,
chiedendo un autografo che non vedrà.

Nella «Posta letteraria» dava il seguente consiglio a un giovane aspirante scrittore:

> Le consigliamo – almeno per qualche mese – di leggere solo grandi scrittori umoristici. Non sarà tempo perduto perché, com'è noto, ciò costituisce un enorme piacere e un riposo per l'immaginazione stanca del proprio lirismo, e infine una buona lezione sulla ridicolaggine di ogni eccessiva serietà (*Opere*, p. 1019).

In *Concorso di bellezza maschile* (p. 147), sotto l'occhio divertito della poetessa finiscono le ostentazioni di virilità:

> In tensione da mascella a tallone.
> Su di lui brilla olio a profusione.
> [...]
> Ingaggia una zuffa con un orso nero,
> minaccioso (ma comunque non vero).
> [...]
> Divaricato e accosciato è divino.
> La sua pancia ha facce a dozzine.
> Lo applaudono, lui fa un inchino
> e ciò grazie alle giuste vitamine.

Anche se poi alle sue biografe confessava, raccontando di aver assistito una volta a una gara di sollevamento pesi:

> Vidi pesisti accostarsi per tre volte alla sbarra e ritirarsi. Vidi un gigante che aveva fatto fiasco e singhiozzava disperato tra le braccia dell'allenatore. Un anno di allenamenti, di sacrifici, di dieta, e poi tutto si decide in qualche frazione di secondo. E pensai: «Santo cielo, forse avrei dovuto scrivere una poesia diversa su questi poveri colossi, una con la lacrimuccia all'occhio» (*Cianfrusaglie*, p. 147).

«È vivo, [dunqu]e può sbagliare» (*Numero sbagliato*, p. 271) sembra l'*ergo* preferito di Szymborska. Non sono pochi i versi in cui esprime indulgenza nei confronti del difetto, dell'errore, dell'imperfezione, così come non sono pochi quelli in cui evidenzia l'elemento distopico e fondamentalmente inumano racchiuso in ogni smania di perfezione, sia essa politica o personale. Sono due facce della stessa medaglia. *La cipolla* è solo la più nota tra le sue poesie che irridono «l'idiozia della perfezione», insieme a *Utopia* (p. 405, qui p. 211), «Isola dove tutto si chiarisce», dalla topografia concettuale indefettibile, ma «deserta», perché la vita è altrove (→ Utopia); a *L'orribile sogno del poeta* (pp. 663-5), sogno – o meglio incubo – di un linguaggio perfetto nel quale «domina l'incondizionale» e «I nomi aderiscono strettamente alle cose», «e questo vuol dire che non c'è poesia,/ né filosofia, e neppure religione»; ad *Avvertimento* (pp. 385-7), dove non a caso vengono evocati proprio tre maestri dell'umorismo comico come Esopo con la sua favola del *Corvo e la volpe*, Jaroslav Hašek con *Il buon soldato Švejk* e Aleksander Fredro (1793-1876), autore della *Scimmia nel bagno*, classico della poesia per ragazzi polacca:

Non portate i burloni nel cosmo,
non ve lo consiglio.
[...]
Il cosmo è quel che è,
ossia perfetto.
[...]
Tutti saranno ammirati,
loro sbadiglieranno.
[...]
Sorrisi acidi,
disturbi del sonno e di equilibrio,
discorsi stupidi:
che il corvo col formaggio nel becco,
che le mosche sul ritratto di Sua Maestà
o la scimmia nel bagno
– be', sì, quella era vita.

Nella storia dell'evoluzione delle specie – e l'umana è solo una di queste (→ Biologia) – Szymborska predilige gli scherzi, le deviazioni dalla strada lineare del progresso, le «piccol[e] bestiol[e], fatt[e] di due pupille/ e d'un resto di stretta necessità» quale il tarsio (p. 245), o i pesci volanti e «l'ornitorinco che allatta i suoi piccoli» della poesia dedicata a Thomas Mann (p. 243), in cui il grande scrittore tedesco viene presentato come una di queste felici «distrazioni» della natura e descritto, in virtù di un gioco di parole (Mann/Waterman), come «un mammifero/ con la mano prodigiosamente pennuta d'una Waterman». Nella lunga enumerazione di «possibilità» che costituiscono la poesia omonima non può mancare – e non manca – «Preferisco le eccezioni» (p. 479). Ed emblematica – o potremmo meglio dire «esemplare» – è anche la breve poesia intitolata *Esempio* (p. 713), che trae spunto da una bufera che ha lasciato sul ramo di un albero un'unica fogliolina, per concludere:

Con questo esempio
la Violenza dimostra
che certo –
a volte le piace scherzare un po'.

«La natura non sbaglia, ma ama gli scherzi», scriveva in *Scheletro di dinosauro* (p. 297). Non si prendeva troppo sul serio Szymborska, memore forse del detto del suo maestro di scetticismo Michel de Montaigne, per il quale «anche sul trono più elevato del mondo, si è pur sempre seduti sul proprio sedere». Né prendeva troppo sul serio le conquiste del progresso di un uomo che, sebbene capace di tenere conferenze «sull'omeostasi/ nella cosmonautica metagalattica» (*Ritorni*, p. 291), resta pur sempre fragile come ai primordi della sua esistenza come singolo e come specie. Osservato dall'alto, con distacco, l'uomo con tutte le sue «voglie» e nevrosi, con la sua smania di felicità, di verità, di eternità, le appariva «uno spasso» (*Uno spasso*, pp. 261-3). Vale la pena soggiungere che questo «spasso» nella versione originale del titolo ha a che fare con la consolazione: l'espressione idiomatica «*sto pociech*» significa infatti alla lettera «cento consolazioni». Il riso, dunque, come consolazione. È questa qualità che fa sì che lei non disprezzi nessun tipo di umorismo, neppure quello volgarotto di un Benny Hill:

> La comicità di Benny Hill non rientrava nell'ambito di quelle particolarmente raffinate. Non si tratta di un rimprovero. Se per qualche strano caso l'umanità avesse prodotto un solo tipo di umorismo, ossia solo un umorismo ricercato, sofisticato, sottile, eccetera, almeno l'ottanta per cento delle persone si congederebbe da questo mondo senza essersi mai fatto una bella risata (*Opere*, p. 837).

Al suo, di umorismo, certamente non faceva difetto il «sale». Szymborska condiva tutti i temi, anche i più seri, che affrontava con quel *quid* – arguzia, spirito, o comunque lo si chiami – che conferiva loro un particolare sapore. E proprio «Sale» è il titolo di una delle sue raccolte, uscita nel 1962: l'unico tra tutti i titoli di quelle pubblicate in vita a non essere collegato a uno specifico componimento (in modo diretto o indiretto, giacché «Appello allo Yeti» rimanda a *D'una spedizione sull'Himalaya non avvenuta*, pp. 85-7, e «Due punti» a *In effetti, ogni poesia*, pp. 677-9). Perché dunque «Sale»? Sarà anche una coincidenza che un anno prima, nel 1961, fosse uscita la raccolta di Zbigniew Herbert «Studio di oggetto», che conteneva una prosa poetica, *Dalla mitologia*, in cui si parlava di una statuetta di sale raffigurante il dio dell'ironia. Ma è certamente singolare che proprio in «Sale», e mai nelle raccolte ad essa precedenti né in quelle successive, Szymborska includa alcune prose poetiche – ben quattro – e tutte sotto il segno dell'ironia; così come è un fatto che proprio da questa raccolta la sua produzione poetica si ponga decisamente sotto quell'egida.

È soprattutto nelle «Letture facoltative» che l'umorismo di Szymborska scorrazza libero tra praterie di paradossi, di *pointe* spiritose, di commenti arguti. Possiamo chiudere questa voce proprio con una di esse, dedicata ad Albert Einstein, tra le cui qualità preferite la poetessa annoverava «la tendenza a filosofeggiare, [...] un'inesausta curiosità nei confronti del mondo, [...] una capacità di formulare giudizi cristallini e [...] il senso dell'umorismo» (*Opere*, p. 879). Non c'è dubbio che Einstein avrebbe potuto dire esattamente le stesse cose di lei.

Andrea Ceccherelli

# Incanto

*Il cielo*

Da qui si doveva cominciare: il cielo.
Finestra senza davanzale, telaio, vetri.
Un'apertura e nulla più,
ma spalancata.

Non devo attendere una notte serena,
né alzare la testa,
per osservare il cielo.
L'ho dietro a me, sottomano e sulle palpebre.
Il cielo mi avvolge ermeticamente
e mi solleva dal basso.

Perfino le montagne più alte
non sono più vicine al cielo
delle valli più profonde.
In nessun luogo ce n'è più
che in un altro.
La nuvola è schiacciata dal cielo
inesorabilmente come la tomba.
La talpa è al settimo cielo
come il gufo che scuote le ali.
La cosa che cade in un abisso
cade da cielo a cielo.

Friabili, fluenti, rocciosi,
infuocati e aerei,
distese di cielo, briciole di cielo,

folate e cumuli di cielo.
Il cielo è onnipresente
perfino nel buio sotto la pelle.

Mangio cielo, evacuo cielo.
Sono una trappola in trappola,
un abitante abitato,
un abbraccio abbracciato,
una domanda in risposta a una domanda.

La divisione in cielo e terra
non è il modo appropriato
di pensare a questa totalità.
Permette solo di sopravvivere
a un indirizzo più esatto,
più facile da trovare,
se dovessero cercarmi.
Miei segni particolari:
incanto e disperazione.

Wisława Szymborska non ha avuto figli (ma un'indiretta testimonianza di quanto pensasse sull'argomento ce l'ha lasciata nella toccante «lettura facoltativa» di un libro polacco sull'adozione infantile; *Wln*, pp. 462-3). E forse – chissà? – per chi nella vita non ha la responsabilità di crescere un altro, può essere più facile conservare e coltivare quella fervida immaginazione che gli adulti vedono (e magari rimpiangono) nei bambini. Eppure avrebbe detto:

> Non è vero che i bambini hanno una fantasia più sviluppata. La fantasia cresce insieme con la persona, solo certe esperienze, il dolore, la sofferenza, le aprono nuove dimensioni. I bambini non pensano a tenere a mente qualcosa, ad ammirarlo perché un attimo dopo è già passato. Non apprezzano il miracolo dell'esistenza delle cose. Da bambina non ero affascinata del mondo come adesso (*Cianfrusaglie*, pp. 44-5).

In questa sconfessione di un luogo comune sull'immaginativa puerile, che contiene tanta Szymborska da poter essere considerata quasi una dichiarazione di poetica (fantasia, esperienza, dolore, memoria, attimo, miracolo dell'esistenza, fascinazione del mondo), c'è però qualcosa che non va, tanto più se leggiamo i versi di *Intervista a un bambino* (pp. 311-3 → Gioco), che – come notarono le sue due biografe –

è un vero e proprio «peana alla fantasia dei bambini e all'incanto che provano dinanzi al mondo» (*Cianfrusaglie*, p. 45). In quella poesia il Maestro (con la maiuscola, come si usava un tempo) viene sentito come «un forestiero», «un estraneo» rispetto ai «giochi» dei bambini; e infatti dopo questa parola-chiave – «giochi» – la poetessa lancia una delle sue più esemplari e ardue sfide ontologiche:

> Come è possibile che tutto ciò che esiste
> debba esistere in un solo modo,
> in una situazione orribile, senza uscita da sé,
> senza pausa e mutamento? In un umile da qui – a lì?
> [...]
> È questo quel mondo vero, definitivo:
> ricchezza sparsa che non si può raccogliere,
> sfarzo inutile, possibilità vietata?

Il principio ludico risulta così una delle pietre angolari della visione del mondo e della poetica di Wisława Szymborska, forse la più semplice chiave di comprensione di quell'endiadi finale, «incanto e disperazione» della poesia *Il cielo*: l'incanto è quello del «bambino»; la disperazione, dell'«adulto». Entrambi, drammaticamente, ma non ossimoricamente, compresenti nella stessa persona. E del resto la frase precedentemente citata parla chiaro: il dolore e la sofferenza, e tutte le altre esperienze dell'età adulta, per Szymborska non smorzano, anzi accendono e accrescono la fantasia umana.

Vengono così in mente altri importanti «casi» della letteratura e cultura polacca (e ovviamente non solo), in cui il gioco e l'immaginario infantili sono presi molto sul serio e assurgono a principi costruttori di mondi altri, ma non per questo meno «reali», in quanto «possibili»: il piccolo protagonista delle *Botteghe color cannella* di Bruno Schulz che ricrea continuamente mitiche realtà alternative a quella degradata che lo circonda, e non per caso ispirerà un altro capolavoro sulla potenza creativa e catartica della fantasia infantile come *Vedi alla voce: amore* di David Grossman; i vecchietti-bambini della *Classe morta* di Tadeusz Kantor – uno degli spettacoli teatrali più belli e importanti del secondo Novecento, cui forse potrebbe ispirarsi la poesia di Szymborska *Intrighi con i morti* (p. 461) – i quali, sfiniti, sognano di poter ripetere all'infinito i giochi, i gesti e le scoperte della loro infanzia...

A Wisława Szymborska, che in una delle poesie degli ultimi anni avrebbe descritto con grande tenerezza l'incontro tra Dio e la sua amatissima Ella Fitzgerald (*Ella in cielo*, p. 731), sarebbe di sicuro piaciuto molto il fatto che l'etimologia della parola «incanto» (che unita a «disperazione» chiude la poesia *Il cielo*) venga proprio dal «canto» – «in-cantare» in quanto intensivo di *canere*, «cantare in versi», e anche «vaticinare», «fare incantesimi» –, giacché la sua poesia è davvero un canto incantato del mondo. La parola polacca che usa lei però – *zachwyt* – ha tutt'altra etimologia (*chwyt* = presa, morsa, stretta; o anche: trucco, artificio, inganno) e semmai ha più a che fare con l'estasi, l'attrazione e il rapimento. La stessa parola ricorre ad esempio in quell'altra stupenda dichiarazione di amore per la vita che è la poesia *Allegro ma non troppo* (p. 315), e anche qui Marchesani la rende coerentemente con «incanto»:

> Sei bella – dico alla vita –
> [...]
> Cerco di accattivarmela,
> di blandirla, vezzeggiarla.
> [...]
> Le taglio la strada da sinistra,
> le taglio la strada da destra,
> e mi innalzo nell'incanto,
> e cado per lo stupore.

Ecco: la poesia di Szymborska non è sciamanica e incantatoria (come invece aspira a essere quella dell'altro premio Nobel polacco, Czesław Miłosz, il quale parla spesso del proprio *daimonion* e di un «secondo spazio» – «Druga przestrzeń», come nel titolo di una delle sue ultime raccolte poetiche –, quello invisibile che celerebbe la «realtà vera» dell'essere). Per Szymborska invece «è impensabile più rigoglio,/ più rane e più usignoli,/ più formiche e più germogli» (p. 315) di quelli già offerti nello spazio della nostra vita. E allora, per capire la fondamentale differenza di poetiche e temperamenti dei due poeti, basterà forse leggere i versi iniziali di una lirica tratta dalla raccolta postuma di Miłosz e intitolata allo stesso modo: *Niebo* (Miłosz 2006; trad. it. in Marinelli - Cappellari 2011, p. 35), e che per forza di cose – cioè per il riferimento esplicito al catechismo cattolico e alla preghiera del *Padre nostro* – in italiano è stato reso col plurale *Cieli*:

> Per quanto lontano mi spinga con la memoria, ho sempre voluto esser nei cieli.
> Qui ho vissuto, sapendo di esserci solo nel frattempo.
> Che un giorno mi sarebbe stato dato di tornare alla mia patria celeste.

Fra riferimenti danteschi alla «patria celeste» e, nei versi successivi, a «i santi e i profeti, i costruttori di templi, i sapienti e i poeti», e insomma a «tutto ciò in cui si esprime la nostra somiglianza con l'Inesprimibile, il nostro Padre nei cieli», quello di Miłosz è alla fin fine un discorso teologico, o quanto meno metafisico. Al contrario Szymborska rimane sempre coi piedi per terra, perché quello che le interessa davvero è l'ontologia, o meglio, la poesia e lo stupore dell'essere *hic et nunc* (→ Qui e ora), cioè proprio quell'«esserci solo nel frattempo» di cui parla Miłosz. Razionalmente, illuministicamente, o piuttosto proustianamente, Szymborska vuol quindi «cercare di veder più chiaro nel proprio rapimento» (in *Du côté de chez Swann*: «*tâcher de voir plus clair dans mon ravissement*»; ma purtroppo nessuna delle versioni italiane ha voluto cogliere l'elemento «estatico» insito nel termine *ravissement*, come pure di quello strano e quasi-magico «*zut, zut, zut, zut*» che lo precede, rendendolo variamente, ma forse anche impropriamente: *ebbrezza* [De Michelis], *ebrezza* [Ginzburg], *trasporto* [Raboni], *entusiasmo* [Nessi Somaini]). Giacché – per Szymborska, così come per Proust – il prodigio e l'incantesimo maggiore è quello più comune e a tutti visibile in quella «fiera dei miracoli» che è la vita, nelle sue più svariate manifestazioni naturali, anche di morte.

A Proust del resto la poetessa avrebbe dedicato una straordinaria poesia della raccolta «Qui» (l'ultima in vita), intitolata *Del non leggere* (p. 717), una «incantata e disperata» difesa della lentezza della lettura di contro alla velocità e alla sciatteria del nostro tempo:

> E poi, tra parentesi, chi era mai costui.
> Scriveva, dicono, a letto, per interi anni.
> Un foglio dopo l'altro,
> a velocità ridotta.
> Noi invece andiamo in quinta
> e – toccando ferro – stiamo bene.

E si rilegga allora – meglio se nell'originale francese, ma lo citeremo anche nella bella versione di Eurialo De Michelis – il brano di *Combray* a cui ci riferivamo, dove senza indugio in quel *ravissement* di Proust (o piuttosto del protagonista ancora fanciullo della prima parte del suo ciclo), ci sembra proprio di sentire lo stesso afflato e «disperato incanto» per il mondo manifestato nello *zachwyt* di Szymborska o piuttosto del suo io lirico il quale, d'altra parte, molto di rado si affaccia direttamente alla ribalta nei suoi versi, e tanto più prepotentemente in *explicit*, come in questo caso:

> Le toit de tuile faisait dans la mare, que le soleil rendait de nouveau réfléchissante, une marbrure rose, à laquelle je n'avais encore jamais fait attention. Et voyant sur l'eau et à la face du mur un pâle sourire répondre au sourire du

> ciel, je m'écriai dans mon enthousiasme en brandissant mon parapluie refermé: «Zut, zut, zut, zut». Mais en même temps je sentis que mon devoir eût été de ne pas m'en tenir à ces mots opaques et de tâcher de voir plus clair dans mon ravissement.
>
> Il tetto di tegole dava al lago, che il sole aveva reso di nuovo specchiante, una striatura rosa, alla quale, prima, non avevo mai prestato attenzione. E vedendo sull'acqua e sulla facciata del muro un pallido sorriso rispondere al sorriso del cielo, gridai, preso dall'entusiasmo, brandendo il mio ombrello arrotolato: «Accidenti, accidenti, accidenti». Ma immediatamente sentii che sarebbe stato mio dovere non accontentarmi di quell'opaca esclamazione e cercare di veder più chiaro nella mia ebbrezza.

Non diversamente per Szymborska: «Da qui si doveva cominciare: il cielo», oppure altrove, e in modo ancor più diretto e chiaro (*La fiera dei miracoli*, p. 485):

> Un miracolo, basta guardarsi intorno:
> il mondo onnipresente.

Mondo e cielo sono in tal senso quasi sinonimi per Szymborska: qui il «secondo spazio» di Miłosz non ha ragion d'essere, perché tutto vive (e muore) nel primo spazio, il nostro – quello della vita e della morte, appunto, che comprende e abbraccia tutto l'universo, il cielo, le stelle, sì, ma anche un ritratto di Vermeer, «una piccola nuvola svolazzante» (p. 483), le mucche, le «meno di sei», «però più di quattro» dita di una mano, quello che «chiamiamo granello di sabbia» (p. 423, qui p. 17) o perché no?, persino la cipolla, così «Completamente cipolla/ fino alla cipollità» (p. 389, qui p. 81)... E così *Una lezione di stupore per il mondo* si sarebbe intitolata la prima intervista televisiva con Szymborska subito dopo il Nobel, condotta dalla sua carissima amica e nota studiosa Teresa Walas (sul primo canale Tvp, programma *Pegaz* del 3 ottobre 1996, cit. in Balbus - Wojda 1996, pp. 20-4).

Nonostante la formazione cattolica, o magari proprio in virtù di quella, Wisława Szymborska è atea («Prima che cominciassero i dubbi – avrebbe detto – ho passato anche un periodo in cui ero molto religiosa. [...] I miei dubbi avevano presupposti di tipo razionalistico». *Cianfrusaglie*, p. 55). E però mi pare si possa dire che – in un modo tutto suo, grazie alla fortissima dimensione etica laica – la poesia di Szymborska risulti profondamente religiosa, perché – proprio attraverso quel suo «disperato incanto», e pienamente consapevole com'è anche del male e delle brutture del mondo (→ Orrore) – cerca una chiave per ricucire, rivoltando la manica del → Nulla, «ri-legare» (*religio*), ri-unire *chaos* e *kosmos* sotto un unico cielo: il nostro. E il cielo reale – con tutta la sua vastità – a quel punto non può che essere una figura di molto altro: una parte, un sinonimo, dal quale forse è più facile o comunque «si doveva» cominciare, ma che resta pur sempre una sineddoche, una metonimia, un'allegoria, anzi, una tautologia:

Mangio cielo, evacuo cielo.
Sono una trappola in trappola,
un abitante abitato,
un abbraccio abbracciato,
una domanda in risposta a una domanda.

Se cioè il cielo (della poesia) è dappertutto, davvero non c'è più differenza tra il segno e il suo referente, tra tenore e veicolo del tropo. La parte e il tutto sono correlativi e commutativi. E quindi il linguaggio poetico – che opera per metafore, metonimie, traslati, similitudini – sembra essere quello che si avvicina il più possibile a una qualche verità. Il gioco di Szymborska qui si fa molto serio. Né si deve con ciò assolutamente pensare che la sua sia una poesia «buonista» che non voglia o non sappia vedere il male, e nelle sue manifestazioni più esplicite e crudeli. Al contrario! La poesia di Szymborska nasce sempre da una calibrata, lucidissima combinazione di raziocinio e commozione, pensiero ed emozione. E se qualcuno l'ha definita «consolatoria», si può credere che essa lo sia proprio per quella straordinaria capacità di tenere insieme gli opposti, rovesciandoli, o meglio non contentandosi mai di qualsivoglia forma di «vulgata», luogo comune o corrente *Versione dei fatti* (pp. 555-9).

Uno dei suoi procedimenti più tipici a tal fine è – come si sarà inteso – l'antifrasi: «la forma più scoperta, aggressiva e ingenua di ironia», secondo il *Dizionario di linguistica* di Gian Luigi Beccaria (2004), che opera secondo un rovesciamento della consueta prospettiva fra la parte e il tutto, l'astratto e il concreto, il quotidiano e lo straordinario, la norma e l'eccezione (→ Lingua). Nella lirica *Il cielo* abbiamo una netta concretizzazione dell'astratto («Il cielo mi avvolge ermeticamente/ e mi solleva dal basso// [...] distese di cielo, briciole di cielo,/ folate e cumuli di cielo»...); altrove avviene il contrario (si veda ad esempio la menzionata «cipollità»). Lo straniamento così ottenuto serve ad avvicinare il più possibile il lettore, a «rapirlo», «attrarlo», facendolo compartecipare all'«incanto» del poeta per un mondo in cui

La divisione in cielo e terra
non è il modo appropriato
di pensare a questa totalità.

Che meravigliosa, sconvolgente ironia in questa dichiarazione di «inappropriatezza» per la «divisione fra cielo e terra», cui siamo abituati fin dalla primissima infanzia! Quanto significato e valore aggiunto nel fatto che proprio questa poesia – il cui *incipit* è «Da qui si doveva cominciare: il cielo» – dia inizio a una raccolta intitolata «La fine e l'inizio», quasi che cielo e terra, fine e inizio non fossero che «sottoinsiemi» biunivoci di un «tutto» spazio-temporale inarrivabile (che poi «è solo un seguito», p. 537 → Amore), che l'abitudine, la comodità e la pigrizia ci fanno distinguere impropriamente in parti! E quanto – a suo modo – profondamente religioso il sentimento panico della vita che traspare da quel voler «pensare a questa totalità»!

Una sorta di «spiazzamento» assai simile a quello che troviamo spesso nei versi di Szymborska lo ritroviamo all'inizio di un bel libro italiano intitolato *Matematica, stupore e poesia* (D'Amore 2012). Per pagine e pagine, infatti, la premessa di questo libro è fatta da una lunghissima sfilza di numeri, fino a giungere a pagina 17, dove finalmente leggiamo: «Impressionante, vero? Eppure quest'elenco è solo una briciola, rispetto all'infinito...». E si può esser certi che questo commento e in genere il libro sarebbero piaciuti molto alla premio Nobel polacca, la cui immaginazione «se la cava male con i grandi numeri» (*Grande numero*, p. 341), ma non certo coi numeri «naturali» e con quelli infinitesimali («Il corteo di cifre che compongono il Pi greco/ non si ferma sul bordo del foglio», avrebbe scritto nella sua poesia *Pi greco*, p. 407), che sembrano aderire molto alla sua visione «minimalista» e «naturale» del mondo. Szymborska pare anzi provare una grande simpatia per la matematica, e casomai un grosso sospetto verso la statistica (si legga il suo feroce *Contributo alla statistica*, p. 602). Le sarebbe quindi piaciuto soprattutto il rapporto diretto che il citato commento del libro *Matematica, stupore e poesia* instaura tra «l'infinito» e il concreto di quella «briciola», in realtà composta da un numero chilometrico (così come una briciola o un granello di sabbia reali sono composti da milioni e milioni di atomi e altre particelle). È infatti alla relatività (né relativismo, né assolutezza quindi, ma relazionalità) di ogni forma di vita (o di nonvita), a partire dalla propria stessa, che Szymborska attribuisce un valore straordinario, facendone motivo di un continuo «stupore» (→ Vita). In un'altra di quelle rarissime liriche in cui sembra parlare direttamente di sé stessa (*Nella moltitudine*, pp. 567-9), concluderà infatti:

> Potevo essere me stessa – ma senza *stupore*,
> e ciò vorrebbe dire
> qualcuno di totalmente *diverso*.

La poesia inizia peraltro con una di quelle banali frasi fatte care alla nostra poetessa:

> Sono quella che *sono*.

Ma nella spiegazione che segue, la tautologia, entrando in quell'altro campo concettuale così fondante di tutto il pensiero poetico di Wisława Szymborska (→ Caso), scopre immediatamente l'altro lato – perturbante – della medaglia:

> Un caso inconcepibile
> come ogni *caso*.

Nelle precedenti citazioni, abbiamo voluto sottolineare col corsivo quattro parole-concetti che, all'inizio e alla fine di questa poesia, racchiudono in sé molto della visione del mondo e della poetica szymborskiana, e che la poetessa (e il suo ottimo traduttore Pietro Marchesani) mette in clausola di verso: stupore (*zdziwienie*), diverso (*inny*), sono (*jestem*), caso (*przypadek*).

Non v'è dubbio che qui risieda uno dei bordoni, ma forse addirittura *il* motivo portante del poetare di Szymborska: nel suo «incanto e disperazione», al tempo stesso infantile e adulto, di fronte alla molteplice casualità e diversità dell'esistenza. Come pure è facilmente assodabile che questa poesia sfrutti in tutte le sue possibilità ermeneutiche il campo semantico offerto in polacco dalla notevole ricchezza dei sinonimi di «stupore» (qui *zdziwienie*, altrove *Zdumienie*, p. 306, il già incontrato *zachwyt*) di fronte alle meraviglie dell'esistenza (*La fiera dei miracoli*, pp. 483-5). Da questo punto di vista, se – come è stato notato – la poesia di Czesław Miłosz è, in modo esplicito e dichiarato, debitrice del pensiero di Jeanne Hersch, si potrebbe senz'altro dire che, tanto più e, al solito, senza alcun riferimento espresso ad essa, lo è non tanto la poesia, ma la *forma mentis* di Szymborska che, forse neanche conoscendole, avrebbe potuto scrivere lei stessa le parole dell'*Avvertenza* introduttiva alla *Storia della filosofia come stupore*:

> In che modo e davanti a che cosa certi uomini furono colti da stupore, da quello stupore da cui è nata la filosofia?
>
> Quale fu la natura, quale l'occasione di quello stupore? Come si manifestò?
>
> In questo libro non mi sarà possibile seguirne le tracce in modo continuo, darne un resoconto relativamente completo; farò quindi volutamente una scelta per concentrarmi sui punti di riferimento in cui uno sguardo più nuovo o più ingenuo fece sorgere le poche domande fondamentali, quelle domande che continuiamo a porci ancora oggi non appena rinunciamo a nasconderle sotto le chiacchiere e la banalità. [...]

È questo nell'uomo il processo della creazione, in grado di portare il lettore a pensare come un filosofo. [...]

Lo stupore è essenziale alla condizione dell'uomo. Non basta essere i contemporanei di grandi scienziati per sfuggire all'ignoranza. Persino tra gli stessi fisici ce ne sono che continuano a stupirsi [...]: le loro opere sono piene di uno stupore filosofico e metafisico, simile a quello dei bambini.

«Come i bambini», dice la Bibbia: così dobbiamo diventare se vogliamo capire cosa sia; dobbiamo spogliarci dell'arroganza degli adulti che considerano tutto il passato con un atteggiamento di sufficienza, dall'alto dello splendore della scienza moderna. [...] Avremo quindi a che fare con filosofi capaci di provare stupore, capaci cioè di andare al di là di ciò che, nella vita quotidiana, appare evidente per porre domande fondamentali (Hersch 2002, pp. 1-2).

Il 7 dicembre 1996, nel suo famoso discorso per il Nobel, *Il poeta e il mondo* (*Opere*, pp. 1037-45), riprendendo a suo modo un motivo caro alla poesia di tutti i tempi (forse in particolare a quella classica e neoclassica, ma in fondo già socratico) – *nescio quid*; *je ne sais quoi* – Szymborska spiegò nel modo più semplice, e con una chiarezza davvero cartesiana, questa sua «poetica dello stupore». Vale la pena di una citazione quasi per esteso della parte finale di quel bellissimo discorso:

Il mondo, qualunque cosa noi ne pensiamo, spaventati dalla sua immensità e dalla nostra impotenza di fronte a esso, amareggiati dalla sua indifferenza alle sofferenze individuali (di uomini, animali, e forse piante, perché chi ci dà la certezza che le piante siano esenti dalla sofferenza?), qualunque cosa noi pensiamo dei suoi spazi trapassati dalle radiazioni delle stelle, stelle intorno a cui si sono già cominciati a scoprire pianeti (già morti? ancora morti?), qualunque cosa pensiamo di questo smisurato teatro, per cui abbiamo sì il biglietto d'ingresso, ma con una validità ridicolmente breve, limitata dalle due date categoriche, qualunque cosa ancora noi ne pensassimo – questo mondo è stupefacente.

Ma nella definizione «stupefacente» si cela una sorta di tranello logico. Dopotutto ci stupisce ciò che si discosta da una qualche norma nota e generalmente accettata, da una qualche ovvietà, alla quale siamo abituati. Ebbene, un simile mondo ovvio non esiste affatto. Il nostro stupore esiste di per se stesso e non deriva da paragoni con alcunché.

D'accordo, nel parlare comune, che non riflette su ogni parola, tutti usiamo i termini: «mondo normale», «vita normale», «normale corso delle cose»... Tuttavia nel linguaggio della poesia, in cui ogni parola ha un peso, non c'è più nulla di ordinario e normale. Nessuna pietra, e nessuna nuvola su di essa. Nessun giorno, e nessuna notte che lo segua. E soprattutto nessuna esistenza di nessun essere di questo mondo (*ibid.*, pp. 1044-45).

Ecco perché la poetessa apprezza «tanto due piccole paroline: "non so". Piccole, ma alate. Parole che estendono la nostra vita in territori situati dentro noi stessi e in territori in cui è sospesa la nostra minuscola Terra» (*ibid.*, p. 1043).

Da allora in poi Wisława Szymborska è diventata per molti la poetessa del «non so» (in polacco: *nie wiem*). E in questo suo «sapere di non sapere» – che coraggiosamente oppone al «Nulla di nuovo sotto il sole» del pur amatissimo Ecclesiaste – risiede la saggezza, l'«apertura», la comprensibilità per tutti della poesia szymborskiana, e forse anche gran parte di quel carattere «consolatorio» di cui si diceva. È peraltro molto interessante che, con la sfida affettuosamente lanciata all'Ecclesiaste,

> «Nulla di nuovo sotto il sole» hai scritto, Ecclesiaste. Però Tu stesso sei nato nuovo sotto il sole. E il poema di cui sei autore è anch'esso nuovo sotto il sole, perché prima di Te non lo ha scritto nessuno [...]. Anche il cipresso, alla cui ombra stavi seduto, non cresce qui dall'inizio del mondo... (*ibid.*, p. 1044),

Szymborska recuperi un tema e una fascinazione che all'inizio della sua carriera poetica, da ventenne e in tempo di guerra, le avevano dettato una poesia, puerile e bruttina anzi che no, ma in fondo piena di futuri presentimenti, intitolata proprio *Nihil novi sub sole* (*Cianfrusaglie*, p. 63):

> Nulla è mai nuovo, tutto è già stato.
> Il sole nasce come sempre è nato
> [...]
> Non fa eccezione una guerra crudele,
> a cominciare fu Caino con Abele.
> [...]
> C'è sempre uno che muore, uno che nasce,
> e uno che va a scuola tra le ambasce.
>
> Perché se mai fa un compito sbagliato,
> a scuola come a casa vien menato.

Almeno in questo caso, si dovrebbe allora dar ragione alla poetessa sul fatto che «la fantasia cresce insieme con la persona», e certamente nel suo rovesciamento del punto di vista dell'Ecclesiaste (pensando cioè che «Nulla due volte accade/ né accadrà», p. 45), la poesia di Szymborska restituisce senso al mondo, sottraendolo a quella «vanità di ogni agire umano» (*Opere*, pp. 1043-44), irrevocabilmente assegnatagli dal suo grande predecessore veterotestamentario. Giacché – lo abbiamo visto – nella poesia,

> in cui ogni parola ha un peso, non c'è più nulla di ordinario e normale. Nessuna pietra, e nessuna nuvola su di essa. Nessun giorno, e nessuna notte che lo segua. E soprattutto nessuna esistenza di nessun essere di questo mondo (*ibid.*, p. 1045).

Queste parole di *Il poeta e il mondo* testimoniano dunque di una caparbia fedeltà della poetessa alla propria «poetica dello stupore», se in uno fra i suoi versi più famosi, di quelli sempre citati (e a volte fraintesi) – *Nulla due volte*, p. 45, appartenente alla prima raccolta della «maturità», «Appello allo Yeti» (1957) – ne leggiamo una sorta di archetipo poetico, che è sia una poesia sulla fine dell'amore (→ Amore), sia, al tempo stesso, una prima straordinaria confutazione delle parole dell'Ecclesiaste:

> Non c'è giorno che ritorni,
> non due notti uguali uguali,
> né due baci somiglianti,
> né due sguardi tali e quali.

Il socratico «non so» di Wisława Szymborska, la sua *docta ignorantia*, è dunque diretta derivazione del suo stupore e amore per il mondo. Lo stesso del sommo poeta del Rinascimento polacco Jan Kochanowski che in una sua celebre lettera del 6 ottobre 1571 diceva della poesia «*nescio quid blandum spirans*» («che spira un non so che di seducente»); nonché, in fondo, lo stesso già di Plinio il Vecchio che nella sua *Naturalis historia* (XXXVI, 128) usa le parole «*inane nescio quid*» («un non so che d'indefinito») riferendosi a una pietra particolare, il magnete, includendolo fra le cose meravigliose (*mirabilia*), per la sua forza di attrazione del ferro in un amplesso ben simile a quello degli amanti.

> Quid ferri duritia pugnacius? pedes ei inpertivit et mores trahitur namque magnete lapide, domitrixque illa rerum omnium materia ad inane nescio quid currit atque, ut propius venit, adsilit, tenetur amplexuque haeret.

> Cosa più tenace della durezza del ferro? Gli dette piedi e consuetudini, infatti è attratto dalla pietra magnete, e quella materia dominatrice di tutte le cose corre verso un non so che d'indefinito e, appena viene più vicino, assale, è catturata e s'avvinghia nel contatto.

E lo stesso sarà quasi quattro secoli dopo nell'epillio *Magnes* di Claudiano, che narra dell'attrazione esercitata da una statuetta di Venere (magnete) su quella di Marte (ferro). Ed è proprio quel principio di attrazione magnetica che ha irresistibilmente «attratto» fin dall'antichità filosofi e poeti. Così il matematico e fisico zaratino Simone Stratico (*Osservazioni sopra alcuni fenomeni magnetici*, online), nell'età di Mesmer e delle grandi scoperte moderne sul magnetismo, riassumeva i punti di vista in proposito di Platone, il quale nel suo *Ione* fa del magnete il simbolo dell'ispirazione poetica, e di Lucrezio:

> Platone la chiamò una forza divina, cioè superiore all'umana intelligenza. Lucrezio adduce la stessa sperienza dove ragiona del magnete [...]. Conghiettura egli che il magnete esali fuor di sé molti corpicelli, eccitandosi in esso un fervore (che esprime con la parola *oestrus*) che tutta l'aria urti e discacci la quale è tra il ferro ed esso.

Ecco. Fatti tutti i dovuti distinguo: *theia dynamis* in Platone, *oestrus* in Lucrezio, *ravissement* in Proust, *étonnement* in Hersch, *zachwyt* in Szymborska sono tutti sinonimi di un comune, incontenibile sentimento di incanto e di amore che la poesia e il pensiero umano possono, vogliono e a volte sanno esprimere verso il mondo. Ed è sempre lo stesso «stupore», quello del Ciàula pirandelliano, il povero «caruso» di miniera che «sbucato, di notte, dal ventre della terra», scopre la Luna:

> E Ciàula si mise a piangere, senza saperlo, senza volerlo, dal gran conforto, dalla grande dolcezza che sentiva, nell'averla scoperta, là, mentr'ella saliva pel cielo, la Luna, col suo ampio velo di luce, ignara dei monti, dei piani, delle valli che rischiarava, ignara di lui, che pure per lei non aveva più paura, né si sentiva più stanco, nella notte ora piena del suo stupore (*Ciàula scopre la Luna*).

Dalla poetica szymborskiana dello stupore trapela la stessa emozione e commozione cosmica, fondata sulla meraviglia e su un pervicace attaccamento, un'attrazione magnetica per la vita, per gli esseri, le cose, i pensieri di questo mondo. E non per caso una delle più belle dichiarazioni d'amore della lirica contemporanea (→ Amore) la ritroviamo nella poesia sul «nulla», o piuttosto su quella sconfitta/rovesciamento del «nulla» che lo stupore dell'esistenza (e dell'amore) rende possibile («Il nulla si è rivoltato anche per me», p. 335, qui p. 131):

> E a me è capitato di esserti accanto.
> E davvero non vedo in questo nulla
> di ordinario.

Il «non sapere» incantato di Szymborska ha dunque tante sfaccettature – filosofiche, letterarie, biografiche –, ognuno può coglierne di diverse, così come ognuno della stessa realtà può intendere i sensi più svariati e molteplici, ed esserne più o meno rapito, preso, «attratto».

C'è infatti anche una chiave molto più intima e privata, ma come al solito ben dissimulata e protetta, della «poetica dell'incanto» in Szymborska. Le sue biografe riportano l'opinione del critico Tadeusz Nyczek, autore nel 1993 del libro *22 × Szymborska* (rivisto e ampliato nel 2005 col titolo *27 × Szymborska e ancora recentemente 30 × Szymborska*), secondo il quale fu l'incontro a fine anni sessanta e l'amore struggente con Kornel Filipowicz, pescatore, scrittore e filosofo della pesca, a far sì che, a partire dalle raccolte «Ogni caso» e «Grande numero», nella poesia di Szymborska «acquisti sempre maggiore rilievo il senso dell'infinità del mondo e l'idea che tutto sia importante, la natura come la cultura, perché tutto, tranne vigliaccherie e crimini, contribuisce al suo splendore. Era una filosofia cara a Kornel Filipowicz, la cui prosa trasmette anch'essa l'idea che ogni vita sia importante, poiché fa parte del paesaggio del mondo» (*Cianfrusaglie*, p. 201).

Col suo solito, garbato, ironico sorriso, riferendosi commossa alla sua grande connazionale Maria Skłodowska Curie, nel ricevere quello stesso premio Nobel del quale «vengono insignite persone dall'animo inquieto perennemente alla ricerca di qualcosa», Szymborska avrebbe così semplicemente concluso il suo stupefacente discorso su *Il poeta e il mondo* (*Opere*, p. 1045):

> A quanto sembra, i poeti avranno sempre molto da fare.

Luigi Marinelli

# Lingua

*Sotto una piccola stella*

Chiedo scusa al caso se lo chiamo necessità.
Chiedo scusa alla necessità se tuttavia mi sbaglio.
Non si arrabbi la felicità se la prendo per mia.
Mi perdonino i morti se ardono appena nella mia memoria.
Chiedo scusa al tempo per tutto il mondo che mi sfugge a ogni
istante.
Chiedo scusa al vecchio amore se do la precedenza al nuovo.
Perdonatemi, guerre lontane, se porto fiori a casa.
Perdonatemi, ferite aperte, se mi pungo un dito.
Chiedo scusa a chi grida dagli abissi per il disco col minuetto.
Chiedo scusa alla gente nelle stazioni se dormo alle cinque del
mattino.
Perdonami, speranza braccata, se a volte rido.
Perdonatemi, deserti, se non corro con un cucchiaio d'acqua.
E tu, falcone, da anni lo stesso, nella stessa gabbia,
immobile, con lo sguardo fisso sempre nello stesso punto,
assolvimi, anche se tu fossi un uccello impagliato.
Chiedo scusa all'albero abbattuto per le quattro gambe del tavolo.
Chiedo scusa alle grandi domande per le piccole risposte.
Verità, non prestarmi troppa attenzione.
Serietà, sii magnanima con me.
Sopporta, mistero dell'esistenza, se tiro via fili dal tuo strascico.
Non accusarmi, anima, se ti possiedo di rado.
Chiedo scusa al tutto se non posso essere ovunque.
Chiedo scusa a tutti se non so essere ognuno e ognuna.
So che finché vivo niente mi giustifica,

perché io stessa mi sono d'ostacolo.
Non avermene, lingua, se prendo in prestito
parole patetiche, e poi fatico per farle sembrare leggere.

I versi finali di questa poesia racchiudono uno dei più grandi segreti della poesia szymborskiana. Una programmatica leggerezza, che non è futilità o inconsistenza, bensì intenzionale sottrazione di peso – qualcosa di simile a quelle leghe metalliche che, trattate con tecniche sofisticatissime, dissimulano la propria solidità dietro una levità con essa apparentemente inconciliabile; e così fanno volare gli aerei. Sofisticata e solida è la lingua di Szymborska, tanto leggera da sconfiggere la «forza di gravità» di qualsivoglia tema, anche il più intrinsecamente pervaso di pathos, persino la morte. Czesław Miłosz (1996c, p. 37) coglie questo tratto quando, commentando a caldo il Nobel, definisce le poesie di Szymborska come «opere così spensieratamente danzanti che sembrano scritte senza sforzo». Sembrano, appunto. Viene in mente, a definire questa grazia tutta szymborskiana, quello che Baldassar Castiglione (1965, p. 44) – in un'epoca, il Rinascimento, che proprio della grazia aveva fatto il suo ideale estetico – raccomandava al suo cortigiano: di «usar in ogni cosa una certa sprezzatura, che nasconda l'arte e dimostri ciò che si fa e dice venir fatto senza fatica e quasi senza pensarvi». È un'arte, quella di Szymborska, talmente raffinata da dissimulare la complessità dietro un'apparente semplicità e naturalezza, e da fare proprio della leggerezza lo strumento in grado di potenziare l'effetto estetico ed emotivo. «È non solo uno dei più raffinati poeti viventi, ma anche uno dei più leggibili», ha detto di lei Charles Simić.

Osservando la lingua di Szymborska, la prima caratteristica che salta all'occhio è la trasparenza semantica. Vi è la tendenza in poesia, soprattutto da un paio di secoli a questa parte, a considerare come profondo ciò che non è del tutto chiaro. Ci viene detto che è il prezzo da pagare alla ricerca dell'inesprimibile, allo scavo nei meandri di un io che è un pozzo senza fondo. Non è la stessa cosa che intorbidare le acque per celare un fondale sin troppo basso; viene però da chiedersi chi mai possa avere interesse nell'esprimere un pensiero in modo chiaro, se la chiarezza espone a maggior rischio che l'oscurità. Eppure ecco che cosa dichiarava Szymborska in una delle sue prime interviste:

> Vorrei che tutto ciò che scrivo fosse chiaro, comprensibile e mi preoccupo molto quando qualcuno non capisce qualcosa (Nastulanka 1975, p. 305).

Si preoccupava di essere comprensibile... «come virgola antiquata» (*Epitaffio*, p. 151), davvero. E chi sfoglia le sue «Letture facoltative» non mancherà di imbattersi in giudizi taglienti che smascherano chi «scrive [...] con uno stile così criptico che non si renderà mai ridicolo agli occhi del pubblico per qualche castroneria» (*Opere*, p. 810) o chi «servendosi di un codice scientistico ha espresso qualche dozzina di ovvietà» (*Wln*, p. 488).

È certamente singolare e suggestiva, alla luce di questa dichiarata ricerca di chiarezza e comprensibilità, la polemica letteraria che, a fine 1948, oppose la venticinquenne poetessa in erba a una classe di liceali di Rzeszów. Alla loro richiesta di spiegazioni su una poesia intitolata *Una domenica a scuola* che avevano letto sulle pagine di «Dziennik Literacki», l'autrice rispose sulla medesima rivista decifrando pazientemente l'allegorismo profetico-rivoluzionario del proprio componimento; ma di fronte all'ulteriore critica del loro insegnante di lettere che ribatteva come senza quella spiegazione nessuno l'avrebbe potuto capire e la invitava a seguire l'esempio di Majakovskij, che «entusiasma e sbalordisce per la semplicità del suo stile» su cui non devono scervellarsi un pastore del Kazachstan o un tagliaboschi della Repubblica dei Komi, non poté che convenire sull'importanza di criteri come «la comprensibilità e la semplicità». Anni dopo, a parti invertite, lei stessa avrebbe ammonito gli aspiranti scrittori a rammentare che in poesia servono soprattutto «semplicità e tangibilità dell'esperienza autentica» (in «Życie Literackie», 1965, 61).

È evidente che una categoria come la trasparenza non può avere un valore assoluto, ma ha senso solo se considerata da un punto di vista pragmatico, ossia all'interno di un processo comunicativo e in relazione al suo destinatario. Il codice, lo strumento principale che contribuisce a tale trasparenza – e grazie al quale, soprattutto, Szymborska si è dimostrata capace di conquistare, in Italia più che altrove, un pubblico così vasto di lettori non specializzati –, è un linguaggio riconosciuto come comune: termini di uso quotidiano, colloquialismi lessicali e sintattici, modi di dire diffusi, riferimenti culturali appartenenti a un normale bagaglio scolastico (dai nomi di Dante e Shakespeare all'oraziano *non omnis moriar* che ricorre in diverse poesie), frequenti anch'essi nel parlare comune. Un parlare comune che, come un alchimista, Szymborska riesce però a rivitalizzare e, con gli opportuni accorgimenti stilistici, a trasformare in un efficace veicolo di percezione estetica e di rivelazione intellettuale. Non è insomma solo il cosa, ossia i temi che tratta (quel «ma come fa a conoscermi così bene» che

Pietro Marchesani raccontava di pensare ogni volta che ne traduceva una poesia), ma anche il come li tratta che le attira lettori, rassicurati e gratificati da una poesia che non li lascia disorientati, poiché non esplora mondi misteriosi ai limiti dell'esprimibile, ma piuttosto deautomatizza e rinnova la percezione del nostro di mondo, quello di tutti i giorni, grazie a un sottilissimo «equilibrio tra banalità e rivelazione, quotidianità e straordinarietà, colloquialità e poeticità, tra ciò che viene detto e come viene detto» (Barańczak 1996, p. 313).

Un esempio tra i più emblematici è *Vestiario* (p. 427), breve componimento che in un linguaggio assolutamente «semplice» descrive una «esperienza autentica» che qualunque lettore ha fatto almeno una volta nella vita: l'apprensione di una visita medica e il sollievo nell'udire il responso che dissolve tutti i timori. Due sono gli espedienti stilistici su cui si regge l'equilibrio di cui parla Barańczak: l'enumerazione di cose e azioni diverse, o compiute da soggetti diversi, che suona per il lettore come un invito all'immedesimazione, a riconoscere tra le alternative quella più vicina alla sua personale esperienza (invito raccolto da Woody Allen, noto ipocondriaco, del quale proprio *Vestiario* è la poesia preferita); e la reticenza, il non detto, che funziona da cassa di risonanza della rivelazione. Rivelazione che si verifica in due momenti precisi, coincidenti peraltro con gli unici due versi che, valendo per tutti e per ciascuno, non contengono enumerazioni: il settimo («per adesso, dice il medico, nulla di serio»), quando il lettore capisce il senso di quello svestirsi, il cui contesto ambulatoriale inizialmente era stato taciuto; e – dopo una triplice ripresa delle enumerazioni, relative rispettivamente alle parole del medico, al pensiero che corre ai timori che accompagnavano la visita e al rivestirsi «con mani ancora tremanti» – l'ultimo, la *pointe*, il finale acuto, con quella sciarpa «sgualcita, a pois, a righe, a scacchi, a fiori» che appare «riutilizzabile per protratta scadenza». Nascosta sotto questa prosaica formulazione c'è una parola – morte – che non compare nella poesia, ma che viene qui chiaramente evocata, completando implicitamente le frasi poco prima lasciate a mezzo: «vedi, e tu pensavi, e noi temevamo,/ e voi supponevate, e lui sospettava». Semantica del silenzio, senza pathos, con leggerezza.

Simile è il procedimento adottato in *Ogni caso* (p. 267), in cui si evocano una serie di scampati pericoli (letteralmente il titolo significa «qualunque incidente») affidando sempre all'enumerazione e alla *pointe* il compito di redimere il linguaggio comune, portandolo a un livello espressivo superiore. E anche in *Stupore* (p. 306) l'enumerazione – che stavolta è una sequenza di domande sul perché della propria esistenza qui, ora, con questa identità – appare come il principale strumento poetico. La malattia e la morte, il pericolo e il caso, gli interrogativi ultimi sul nostro essere al mondo: così, tramite il linguaggio comune combinato in modo non comune, Szymborska riflette e fa riflettere sul mistero dell'esistenza – senza pretendere di spogliarlo, ma tirando via appena qualche filo dal suo strascico, secondo la bellissima metafora che troviamo nella poesia citata all'inizio di questa voce.

Il linguaggio comune funziona come un paravento rassicurante che attira il lettore non con immagini insolite, ma con vedute quotidiane, invitandolo però a guardare oltre. Che cosa c'è di più comune del modo di dire «*było, minęło*» (è stato, è passato), che vale a un dipresso come il nostro «quel che è stato è stato»? Eppure proprio su di esso, decostruendolo e ricostruendolo, Szymborska fonda – certo, non senza ironia – la propria riflessione metafisica nell'ultima poesia dell'ultima raccolta pubblicata in vita (*Metafisica*, p. 735). «La poesia deve superare l'ovvietà, deve darle un'altra dimensione», diceva nella stessa intervista citata sopra (Nastulanka 1975, p. 306), completando il pensiero sulla chiarezza e comprensibilità. Il lettore della poesia di Szymborska sa – o altrimenti sappia – che non deve mai dare niente per scontato; dopo il primo rassicurante impatto non tarderà ad accorgersi che la lingua di Szymborska è chiara, ma non esplicita; comprensibile, ma non in maniera immediata. Richiede una partecipazione attiva del lettore, chiamato a colmare i luoghi di indeterminazione, a ricostruire il non detto, a sciogliere le allusioni di tipo linguistico o culturale, a decifrare il senso celato di ciò che legge. Richiede intelligenza, e in cambio offre meraviglia.

Possiamo descrivere alcuni dei modi in cui, operando sulla lingua, Szymborska ottiene questo «superamento dell'ovvietà», dal quale deriva poi in fondo la sua grande forza poetica. Ci concentreremo in particolare su tre caratteristiche: il superamento della norma linguistica, il superamento dei cliché di pensiero (precisando che Szymborska supera l'ovvietà del pensiero anche in modi non linguistico-stilistici, per esempio ogni volta che descrive uno dei tanti «mondi possibili» che popolano la sua opera poetica), il superamento della letteralità dell'enunciato.

L'osservazione attenta delle poesie di Szymborska evidenzia una tendenza alla modificazione della lingua, intesa come atteggiamento creativo finalizzato a generare nuovo valore semantico. Szymborska interviene soprattutto sulla norma grammaticale e lessicale, esponendo le deviazioni al fine di ottenere un effetto poetico e insieme imprimere al dettato un nuovo o più completo significato. Ma operazioni simili si possono osservare anche a livello fonico, per esempio in *Compleanno* (p. 309), un componimento in cui l'esposizione insistita dei suoni – che rappresenta una deviazione non solo dalla norma della quotidianità, ma anche dalla «normale», plurisecolare tradizione poetica, avvicinandosi semmai a pratiche riscontrabili in tutta l'avanguardia novecentesca da Tuwim a Sanguineti – ha conseguenze importanti sulla semantica del testo:

> Tanto mondo a un tratto da tutto il mondo:
> morene, murene e marosi e mimose,
> e il fuoco e il fuco e il falco e il frutto –
> come e dove potrò mettere il tutto?
> Queste foglie e scaglie, questi merli e tarli,
> lamponi e scorpioni – dove sistemarli?
> Lapilli, mirtilli, berilli e zampilli –
> grazie, ma ce n'è fin sopra i capelli.

Il concetto di fondo è che il mondo – nella sua infinita molteplicità – sia un sorprendente, inestimabile regalo che ogni giorno riceviamo, pur incapaci di apprezzarlo adeguatamente (si veda anche in *Sotto una piccola stella* il verso «Chiedo scusa al tempo per tutto il mondo che mi sfugge a ogni istante»), per festeggiare la nostra venuta al mondo; ma l'accumulazione di elementi naturali che serve a esprimere tale molteplicità si presenta così eterogenea che prevarrebbe l'impressione di enumerazione caotica, se non fosse per quel principio ordinatore che è il legame di suono, che ha anche un valore semantico: le parole nascono le une dalle altre per omofonia, dando a intendere che la diversità assoluta che si ritrova nelle varie cose del mondo è in realtà una diversità armonica. La congerie perde così la sua valenza negativa grazie all'armonia dei suoni. In modo e con finalità simili Szymborska opera in *Moralità boschiva* (p. 637), il cui protagonista si addentra in un bosco dove «tutto è in rima/ come l'indovinello per un bambino» ed egli «Conosce, riconosce somiglianze, abbondanze,/ legami, dettami correlati, celati,/ [...] Che folla c'è nella forra, fogliame, fiorame,/ [...] qual è il frassino e il faggio, l'elce e la felce». E anche in *Coloratura* (p. 145) l'assenza di nessi logici è compensata dai nessi fonici, cui sono demandate funzioni semantiche, evocative del belcanto: «nella gola ha specchietti,/ triplica in trilli terzi di parolette/ e sminuzzando crostini nella crema/ nutre le pecorelle di porcellana/ la birichina di filigrana».

L'esposizione di elementi strutturali della lingua attraverso la deviazione dalla norma e/o anche la semplice ripetizione può riguardare le parti del discorso come anche l'ordine della frase. Determinati elementi grammaticali o strutture sintattiche vengono evidenziati, enfatizzati, e in tal modo caricati di significato. Tra i molti esempi possibili possiamo menzionare l'uso dei superlativi in *Miniatura medioevale* (p. 368), non solo insistito ma in molti casi innaturale («Sulla più verde delle colline,/ nel più equestre dei cortei,/ coi più setosi dei mantelli», dove gli aggettivi qualificativi in questione, relativi al colore o alla materia, non reggono solitamente – anzi, in polacco di norma non possono reggere – il grado di comparazione), a segnalare la convenzionalità di quella rappresentazione idealizzata; o l'uso insistito fino alla forzatura degli aggettivi indefiniti in *Gente* («Si lasciano alle spalle un qualche loro tutto», p. 605), con cui si vuole enfatizzare l'indeterminatezza dei profughi e delle loro vicende – presenti, passate e future – agli occhi di chi, da lontano, magari in un tg, li vede come una massa indistinta priva di tratti individuali; mentre la ripetizione serrata del pronome impersonale «si» nella celebre *Il gatto in un appartamento vuoto* («In ogni armadio si è guardato./ Sui ripiani si è corso./ Sotto il tappeto si è controllato./ Si è perfino infranto il divieto/ di sparpagliare le carte./ Che altro si può fare», p. 523, qui pp. 121-2) evidenzia che chi parla nella poesia è un gatto, un essere privo di coscienza, che dunque non può dire «io». Semantica della grammatica (→ Morte).

Quanto alla deformazione della normale sintassi a fini semantici, possiamo citare *L'acrobata* (p. 251), dove l'interruzione della frase e la ripresa della preposizione all'inizio del verso successivo suggeriscono il moto oscillatorio degli attrezzi ginnici (→ Ecfrasi). O anche *In pieno giorno* (p. 437, qui pp. 201-2), dove i verbi al modo condizionale compaiono in posizione innaturale rispetto al normale ordine della frase, posposti ai complementi («In una pensione di montagna andrebbe,/ nella sala da pranzo scenderebbe» ecc.), e oltretutto in posizione marcata, al termine del verso: il tutto per sottolineare l'ipoteticità della situazione immaginata, poiché solo nell'ultima strofa, quando viene menzionato esplicitamente il protagonista della poesia, il poeta Krzysztof Kamil Baczyński, morto a ventitre anni nell'Insurrezione di Varsavia del '44, diventa evidente che il periodo ipotetico è del terzo tipo, dell'impossibilità, e la premessa implicita è «se fosse vivo» – «e non ci sarebbe nulla di strano» se facesse esattamente le stesse cose che occupavano il tempo di Szymborska quando trascorreva il primo autunno alla pensione per scrittori Astoria di Zakopane, dove qualche anno dopo aver scritto quella poesia l'avrebbe sorpresa la notizia del Nobel...

Gli interventi innovativi operati sul lessico sono i più numerosi. Nelle poesie di Szymborska capita non di rado di imbattersi in neologismi. Particolarmente brillante il caso de *Il clochard* (p. 119), dove l'autrice, e il traduttore Marchesani ottimamente dietro a lei, inventa nomi specifici – volatti, nanocchi, babbuoni, falenidi, ranarri, repenti, cefalopodi – per i vari tipi di *gargouille* che ornano la cattedrale di Notre-Dame; e notevole inventiva mostra anche per i nomi propri, basti citare la coppia imperiale Teododendro e Teotropia in *Mosaico bizantino* (p. 219) e la serie di buffi nomi romani – Spurio Manlio, Sesto Oppio, Tito Vilio, Servio Follio, Ostio Melio, Appio Papio – in *Voci* (pp. 277-9). Quanto questo tipo di operazione divertisse Szymborska è suggerito da ciò che dichiarava nella già più volte citata intervista a Krystyna Nastulanka:

> A volte mi pare che la «gioia di scrivere» consista semplicemente nel trovare, o anche solo nel cercare, la parola di cui ho bisogno in quel momento, che qualche volta non esiste nemmeno e va inventata (*Cianfrusaglie*, pp. 179-80).

Per lo più si tratta in effetti di neologismi scherzosi e spiritosi, perfino quando designano cose terribili, si pensi a «l'autorisadismo» (ovvero autoritarismo + sadismo) di *Recensione di una poesia non scritta* (p. 381 – N. B. nell'originale c'era *pańswienie się*, contaminazione di *pastwienie się*, «l'incrudelire, l'infierire», con *państwo*, «lo Stato»). Vale la pena citarne ancora un paio, costruiti non per contaminazione tra parole, ma per suffissazione tramite i normali formanti aggettivali e sostantivali: «ercolesse» (*Le donne di Rubens*, p. 143), «scheletrine» (*Mosaico bizantino*, p. 221), e anche la sequenza di neologismi derivati da «cipolla» nella poesia omonima (cipollità, cipolluta, cipollosa).

Oltre ai neologismi, in questo ambito sono molto frequenti anche le operazioni di delessicalizzazione cui sono sottoposti i fraseologismi, sequenze di parole che, in quanto modi di dire, sono percepite come una sola unità lessicale i cui singoli componenti di norma non sono separabili né sostituibili con sinonimi. Le modificazioni – comunemente definibili come giochi di parole – sortiscono l'effetto di rinfrescarne e deautomatizzarne la percezione, potenziando il loro significato («Quanto è [...] di bosco questo frutto», in *Allegro ma non troppo*, p. 315), o anche problematizzandolo, come nel finale di *Nulla due volte* (p. 45) che rovescia il senso comune del detto «essere come due gocce d'acqua». In *Discorso all'Ufficio oggetti smarriti* (p. 305) troviamo una serie di adattamenti di fraseologismi che, con spiritosa brillantezza, potenziano il senso della poesia: «Da tempo ho chiuso su tutto ciò il mio terzo occhio,/ ci ho messo una pinna sopra, ho scrollato le fronde» (da: chiudere un occhio, metterci una pietra sopra, scrollare le spalle); senso consistente nella – spesso affermata da Szymborska – comune discendenza biologica dell'uomo con tutte le altre specie viventi, che l'evoluzione ha poi portato – appunto – a specializzarsi (→ Biologia). Potremmo fare infiniti esempi, poiché quasi ogni poesia di Szymborska contiene giochi di parole che modificano modi di dire, e data la complessa natura dell'operazione non sorprende che non tutti abbiano potuto essere adeguatamente riprodotti da Marchesani: per esempio «*po kądzieli*» (*Vivo*, p. 203), riferito alla ragna, viene tradotto a senso «nostra parente per parte di madre», ma il senso è proprio ciò che qui si perde, in quanto costruito sulla linea associativa generata dal gioco di parole («*po kądzieli*» significa infatti alla lettera «per il fuso», un tempo lo strumento di lavoro femminile per eccellenza, che serviva per tessere, cosa che anche la ragna fa).

La deautomatizzazione del linguaggio comune costituisce a volte il tema stesso del componimento, come in *Tutto* (p. 623) o *Le tre parole più strane* (p. 577), che mostrano la paradossalità di termini di uso quotidiano: nel primo l'onnicomprensivo «tutto» è una «parola sfrontata e gonfia di boria», che «Andrebbe scritta fra virgolette», perché «Finge di non tralasciare nulla/ [...] E invece è soltanto/ un brandello di bufera»; nel secondo i tre termini «Futuro», «Silenzio», «Niente» smettono di designare il loro referente nel momento stesso in cui vengono pronunciati: il futuro diventa passato (e nell'originale il paradosso è rafforzato dal gioco di parole, poiché *przyszłość*, «futuro», si differenzia da *przeszłość*, «passato», per la sola vocale della prima sillaba), il silenzio viene distrutto, il niente diventa qualcosa.

Nel suo sforzo di farci guardare con occhi diversi alla «normalità» – della lingua, della vita, del mondo – Szymborska predilige il paradosso, la formulazione acuta e arguta capace di superare l'ovvietà del pensiero; in una parola: il concetto. Questa la definizione di «concetto» che si trova nel dizionario online Treccani:

> Nella letteratura del Seicento, artificio retorico (chiamato anche *vivezza*, *acutezza*, *argutezza*) consistente in una combinazione d'immagini dissimili, nell'accostamento di cose tra loro assai lontane, tra le quali però l'intelletto sottile e raffinato del poeta scopre somiglianze e analogie inedite e stupefacenti, ma spesso bizzarre e stravaganti secondo il gusto moderno (per esempio, la luna chiamata «frittata del cielo»); o nel restituire a un traslato magari ovvio e

abusato il suo significato letterale, lavorando poi intellettualisticamente su questo, così da suscitare nel lettore la meraviglia dell'inaspettato (per esempio: i capelli biondi d'una donna sono un mare d'oro; ma un mare vero, in cui ci sono bianche barche – i pettini –, onde in tempesta ecc., e nel quale il poeta naufragherà).

Limitandoci a queste due tipologie di concetto, possiamo già individuare nelle poesie di Szymborska un paio di esempi tra i più evidenti, nei quali il concetto è potenziato dalla moltiplicazione e dalla ripetizione. Un vero e proprio fuoco d'artificio concettistico sono le tre strofe finali di *Impresso nella memoria* (p. 53), contenenti una serie asindetica di originali apostrofi-metafore evocate dall'immagine della rondine, collegabili alla sua forma (spina di nuvola – piuttosto che «di nube» come nella pur ottima traduzione italiana, àncora dell'aria, frac asceso al cielo, strabismo nell'alto dei cieli, lancetta senza minuti) e al suo volo – bello (calligrafia – la rondine volando traccia immaginarie scritte nel cielo), efficace (Icaro perfezionato) e slanciato (primo gotico pennuto), e culminanti in due immagini ossimoriche (lutto festante, silenzio acuto) in cui la vivacità del volo è combinata rispettivamente con il colore nero e con la sua silenziosità; il tutto stilizzato in forma di litania, poiché l'intera poesia è una preghiera indirizzata non al Cuore di Gesù o di Maria, ma al «cuore di rondine».

Un esempio di concetto derivato dal ripristino della letteralità di un traslato è invece *Al mio cuore di domenica* (p. 249), dove il cuore non è quello metaforizzato come sede dei sentimenti proprio di tutta la tradizione poetica occidentale, ma quello fisico, che Szymborska ringrazia perché, continuando a lavorare, anche di domenica, la mantiene in vita. Procedimenti simili, ma privi di valore strutturale, sono presenti in numerosissime poesie, collegati a modi di dire comuni: per esempio «Dal fondo si stacca la verità e lieve viene a galla» (*Utopia*, p. 405, qui p. 211) ripristina la letteralità dell'adagio «la verità viene sempre a galla».

Su una sottile combinazione di senso letterale e senso traslato è costruita tutta la poesia *Nel fiume di Eraclito* (p. 169). Gli aforismi eraclitei «tutto scorre» e «non ci si può bagnare due volte nello stesso fiume» sono di dominio comune, li conosce anche chi non ha letto gli scritti del «filosofo del divenire» giunti fino a noi. Il fiume per Eraclito è una metafora del divenire incessante, del tempo che non si ferma mai, e del nostro vivere immersi nel tempo. Ogni cosa o essere vivente viene sostituito da Szymborska con «pesce» sulla base di un implicito (falso) sillogismo: ogni cosa vive immersa nel fiume di Eraclito; i pesci vivono immersi nel fiume; ogni cosa è un pesce. L'effetto poetico nasce nel momento in cui il lettore, nel processo ermeneutico, sostituisce mentalmente il nuovo traslato (pesce), nato dalla letteralizzazione del traslato comune (il fiume di Eraclito), con il referente di volta in volta corrispondente:

> Nel fiume di Eraclito
> un pesce pesca i pesci,
> un pesce squarta un pesce con un pesce affilato,
> un pesce costruisce un pesce, un pesce abita in un pesce,
> un pesce fugge da un pesce assediato.
>
> Nel fiume di Eraclito
> un pesce ama un pesce,
> i tuoi occhi – dice – brillano come i pesci nel cielo...

Il concettismo, tra i cui massimi teorici europei vi è il polacco Maciej Kazimierz Sarbiewski (Sarbievius, 1595-1640), autore del trattatello *De acuto et arguto*, ha il suo principio cardine nell'espressione dell'irrisolvibile dialettica di analogico e antitetico. «*Acutum est oratio continens affinitatem dissentanei et consentanei, seu dicti concors discordia vel discors concordia*» (L'acutezza è un tipo di discorso che contiene un'affinità tra dissentaneo e consentaneo, ovvero una discordia concorde o una concordia discorde dell'enunciato), spiegava Sarbiewski. E superamento dell'ovvietà del pensiero significa esattamente, da un lato, rinvenire analogie tra ciò che è differente, il che richiede al lettore uno sforzo di associazione, come in molti degli esempi già visti; e, dall'altro, cogliere differenze in ciò che è analogo, col lettore che è invitato a compiere uno sforzo di dissociazione, come nei casi di tautologia, per esempio: «Dov'era Hiroshima/ c'è ancora Hiroshima» (*La realtà esige*, p. 511), o di sinonimia – e qui è interessante fare riferimento a un verso di *Possibilità* che ritroviamo pari pari in un'intervista successiva dell'autrice, contestualizzato nella sua esperienza di adesione all'ideologia: «Io amavo l'umanità – sa che significa?... Non si può amare l'umanità, bisogna voler bene alle persone. Quelli che amano l'umanità in genere non vogliono molto bene alle persone» (Michajłów 1991, ma si veda anche Craveri 1998).

Nella stessa direzione, in linea con le sarbieviane *discors concordia* e *concors discordia*, vanno rispettivamente lo sfruttamento della polisemia, per esempio in *Non occorre titolo*: «Possono essere tondi non solo gli anniversari delle insurrezioni,/ ma anche i sassolini in parata sulla sponda» (p. 499), nel bellissimo aforisma «Non c'è vita/ che almeno per un attimo/ non sia stata immortale» (*Sulla morte senza esagerare*,

p. 431) o in *Un parere in merito alla pornografia* (pp. 467-9), tutto giocato sui doppi sensi, con vocaboli e locuzioni che possono riferirsi sia alla sfera sessuale che a quella intellettuale; e l'ampio ricorso all'ossimoro, unione paradossale di due termini antitetici che in Szymborska assume spesso pregnanza aforistica: «La vita, per quanto lunga, sarà sempre breve» (*La vita breve dei nostri antenati*, p. 443), l'odio «Non è come gli altri sentimenti./ Insieme più vecchio e più giovane di loro» (*L'odio*, p. 507), «Il cuore dell'orca pesa cento chili/ ma sotto un altro aspetto è leggero» (*Lode della cattiva considerazione di sé*, p. 395), o anche «INSEGNO il silenzio/ in tutte le lingue» (*Piccoli annunci*, p. 55) e «A tale vista mi abbandona sempre la certezza/ che ciò che è importante/ sia più importante di ciò che non lo è» (*Non occorre titolo*, p. 499).

Possiamo dire che la peculiarità di Szymborska sta nell'unire contrappuntisticamente la ricerca barocca della «meraviglia» con la ricerca classica della perspicuità, che è tutt'uno con la razionalità illuminista, evitando così le secche di uno stile troppo lambiccato, astruso, intellettualistico.

Figura retorica indirizzata per sua natura al superamento dell'ovvietà è infine l'ironia, comunemente riconosciuta come una delle principali caratteristiche della scrittura szymborskiana. Tra le sue varie forme, dal socratico «non so», che nel discorso del Nobel ella porrà alla base di ogni poetica scoperta, fino alle numerose autoironiche stilizzazioni, ci limiteremo qui a quella che la caratterizza in modo prevalente: l'antifrasi, o inversione semantica, consistente nel dire l'opposto di ciò che è o che si crede. È una «contraddizione consentita», come recita il sottotitolo di un bel libro di Marina Mizzau, nella misura in cui il lettore è in grado di riconoscere l'enunciato come simulazione, come finzione, secondo l'etimologia greca del termine «ironia». Un esempio emblematico di questo superamento dell'evidenza dell'enunciato è *Un parere in merito alla pornografia* (pp. 467-9): il soggetto lirico pronuncia una severa condanna della libertà di pensiero («Non c'è dissolutezza peggiore del pensare», «Nulla è sacro per quelli che pensano») utilizzando una terminologia ambigua che rimanda alla sfera dei costumi sessuali:

> In pieno giorno o a notte fonda
> si uniscono in coppie, triangoli e cerchi.
> [...]
> Figlie snaturate corrompono il padre.
> Il fratello fa il ruffiano per la sorella minore.

[...]
È spaventoso in quali posizioni,
con quale sfrenata semplicità
l'intelletto riesca a fecondare l'intelletto!
Posizioni sconosciute perfino al Kamasutra.

Come insegna Lausberg, l'ironia come figura di parola consiste nell'utilizzo del vocabolario della parte avversa nella convinzione che il lettore riconosca la simulazione, e quando la poesia fu pubblicata, i lettori polacchi non ebbero certo difficoltà a riconoscerla: erano i tempi della legge marziale, proclamata il 13 dicembre 1981 dal generale Jaruzelski, e chi parla qui avrebbe potuto essere un qualsiasi ottuso funzionario del regime, ufficiale della «milizia» o della polizia segreta, che per gettare fango sui propri nemici – i sostenitori del libero pensiero – li associa a una sfera, la pornografia, marcata da condanna sociale, imitando un procedimento di denigrazione usato in ogni lingua della propaganda, di regime o meno. *Un parere in merito alla pornografia* è un inno mascherato alla cospirazione; grazie all'ironia Szymborska aggira agilmente l'insidia rappresentata dal pathos tramandato dalla lunga tradizione cospirativa polacca dal romanticismo in poi. Nessuna figura più dell'antifrasi necessita la presupposizione di un pubblico capace di riconoscerla come tale, pena il totale fraintendimento del testo. All'estero, ma anche nella Polonia di oggi, questa poesia non è di così immediata comprensione. Speriamo lo possa restare ancora a lungo.

L'antifrasi può assumere due forme: talora, come nella poesia appena citata, si biasima intendendo in realtà approvare; talaltra, viceversa, si approva intendendo in realtà biasimare. Biasimo antifrastico *vs.* antifrastica approvazione. Al primo gruppo appartiene *Un amore felice* (pp. 331-3), dove la chiave ironica trova conferma nella *pointe* che ribalta il senso dell'argomentazione critica sviluppata sino a quel momento:

Chi non conosce l'amore felice
dica pure che in nessun luogo esiste l'amore felice.

Con tale fede gli sarà più lieve vivere e morire.

Analogo è il caso di *Salmo* (p. 347), in cui si biasima la mancanza di frontiere che caratterizza il mondo naturale, confrontandola ironicamente nel finale con la peculiarità tutta umana di innalzare barriere e tracciare linee di separazione: «Solo ciò che è umano può essere davvero straniero». E biasimo antifrastico è anche quello che si indirizza contro la corporeità in *Mosaico bizantino* (p. 219), dove l'ironia poggia sull'incredibilità del vocabolario utilizzato dai protagonisti.

Al secondo gruppo appartengono quelle poesie in cui la lode è una critica mascherata; si pensi a *L'odio* (pp. 507-9) e a *Utopia* (pp. 405-7, qui pp. 211-2), ma anche a *La cipolla* (p. 389, qui pp. 81-2) e alla sua scherzosa *pointe* contro il perfezionismo, o a *Tarsio* (pp. 245-7), dove l'ironia assume una sfumatura beffarda nell'inno alla bontà dell'uomo pronunciato da questo piccolo primate, «scampato per miracolo ad altre trasformazioni» perché inadatto a essere mangiato o sfruttato per qualsivoglia profitto umano:

> Il mio signore è buono –
> il mio signore è benigno –
> chi ne darebbe testimonianza, se non ci fossero
> animali immeritevoli di morte?

Szymborska usa l'ironia per aggirare le difficoltà dell'espressione diretta. Grazie all'ironia riesce a distanziarsi, a mantenere il distacco rispetto a se stessa, alle proprie idee, e anche alle proprie emozioni. Praticando la discrezione, il pudore dei sentimenti, nella vita come nella scrittura, preferisce costruirsi una controfigura che reciti per lei le parti più «patetiche»: un'ombra, come nella poesia omonima, che sia come «un buffone/ dietro la regina» e si prenda «il pathos con la sua impudenza» (*L'ombra*, p. 115). Sarà l'ombra, nel giorno del distacco dall'amato, a distendersi sui binari alla stazione (Szymborska come anti-Karenina!). Sarà una controfigura – il gatto – a disperarsi per la morte della persona amata (*Il gatto in un appartamento vuoto*, pp. 523-5, qui pp. 121-2). E sarà un'altra controfigura – un recensore fittizio – a riportare i contenuti, talora persino virgolettati, di una poesia fittizia (poesia nella poesia) su un argomento solenne e tragico come l'umana solitudine nel cosmo (*Recensione di una poesia non scritta*, pp. 381-3). Tutti temi «patetici» trattati con sorprendente, sofisticata, commovente leggerezza, sviluppati – secondo l'ironica autodefinizione contenuta in questa stessa poesia – «in uno stile disinvolto (un misto di solennità e linguaggio comune)».

In un'intervista a Marian Stala, Szymborska ha dichiarato che, quando scriveva, aveva la sensazione di avere accanto qualcuno che le faceva le boccacce, per questo evitava il pathos, le parole altisonanti. Ricordiamo anche l'interrogativo espresso in *Scritto in un albergo* (pp. 231-5), che pare di sentir riecheggiare a guardia di tutta la sua opera poetica, sullo sfondo di tutta la sua ricerca di leggerezza:

Scrivendo questi versi
mi chiedo
cosa in essi fra quanti anni
sembrerà ridicolo.

Regina dell'*understatement*, Szymborska – per fortuna – preferiva comunque «il ridicolo di scrivere poesie/ al ridicolo di non scriverne» (*Possibilità*, p. 479).

Andrea Ceccherelli

# Morte

*Il gatto in un appartamento vuoto*

Morire – questo a un gatto non si fa.
Perché cosa può fare il gatto
in un appartamento vuoto?
Arrampicarsi sulle pareti.
Strofinarsi tra i mobili.
Qui niente sembra cambiato,
eppure tutto è mutato.
Niente sembra spostato,
eppure tutto è fuori posto.
E la sera la lampada non brilla più.

Si sentono passi sulle scale,
ma non sono quelli.
Anche la mano che mette il pesce nel piattino
non è quella di prima.

Qualcosa qui non comincia
alla sua solita ora.
Qualcosa qui non accade
come dovrebbe.
Qui c'era qualcuno, c'era,
e poi d'un tratto è scomparso
e si ostina a non esserci.

In ogni armadio si è guardato.
Sui ripiani si è corso.
Sotto il tappeto si è controllato.

Si è perfino infranto il divieto
di sparpagliare le carte.
Che altro si può fare.
Aspettare e dormire.

Che lui provi solo a tornare,
che si faccia vedere.
Imparerà allora
che con un gatto così non si fa.
Gli si andrà incontro
come se proprio non se ne avesse voglia,
pian pianino,
su zampe molto offese.
E all'inizio niente salti né squittii.

Una delle poesie più famose, e non a torto, uscite dalla sensibilità e dall'ingegno poetico di Wisława Szymborska. Non è un caso se Benedetta Craveri intitolò *Quando il gatto si offende* l'intervista (stampata sulla «Repubblica» del 18 dicembre 1998) che riuscì a strappare alla poetessa, prendendo spunto dalle parole dell'intervistata: «i gatti hanno la capacità di offendersi. Un gatto si offende molto facilmente e fa capire che non è contento, che non è stato trattato come si deve». E che i gatti siano assai permalosi, lo sa chiunque abbia avuto a che fare con queste bestiole.

Di solito, forse esclusivamente, *Il gatto in un appartamento vuoto* viene interpretata sotto il segno della ritrosia a manifestare apertamente i propri sentimenti di fronte alla scomparsa di chi è più caro, legando saldamente la lirica, come del resto altre della raccolta «La fine e l'inizio», alla vita privata della poetessa. Cosa che certamente è possibile fare, dacché dietro a ogni opera c'è una persona in carne, ossa e passioni (*Il classico*, p. 325):

Qualche zolla di terra, e la vita sarà dimenticata.
La musica si libererà dalle circostanze.
[...]
Finiranno tra i rifiuti le scarpe, scomode testimoni.
[...]
Le lettere della povera madre finiranno in pancia ai topi.
[...]
Tutto ciò che non è un quartetto
come quinto sarà scartato.

Tutte «cianfrusaglie» transeunti e superflue, constatava con amarezza la stessa Szymborska rivoltandosi contro un *maquillage* spersonalizzante dell'arte che a tutti i costi deve essere, dai posteri, «ripulita» dalle tracce della mortalità umana per darle l'unica impronta della perfezione asettica dell'assoluto, percepibile (ma in paradosso) solo da asettici e spersonalizzati destinatari: «E ora ascoltate, ascoltate o mortali [...]/ ascoltate – ascoltatori – mutati in udito –» (*ibid.*).

Eppure, la lettura e l'interpretazione di un'opera non passano attraverso la biografia dell'autore; questa ne può essere complemento (chi volesse, può andarsi a leggere quanto riferiscono le autrici della biografia di Szymborska, *Cianfrusaglie del passato*, giusto a proposito dei «gatti», che mai ha avuto, nella sua vita privata, p. 216). Il lettore (contemporaneo, del secolo prossimo, magari di un futuro ancor più lontano) non necessariamente sa, né è tenuto a conoscere le vicende personali di chi ha dato vita a un'opera, nel nostro caso a questa poesia; la legge e la intende cogliendone gli aspetti che riconosce essere parte (ancora) della vita di ciascuno.

La ritrosia a manifestare i propri sentimenti, si diceva prima. Forse non solo questo, e quali sentimenti poi? Chi legge si chiede (dovrebbe chiedersi) anzitutto a chi dà la voce l'autrice. Chi parla, nei primi versi? Un narratore esterno, potrebbe essere la prima impressione a scorrere i primi quattro. Poi, il punto di vista scivola via man mano, diventando sempre più percettibilmente quello di un altro osservatore («Si sentono passi sulle scale,/ ma non sono quelli»), fino alla completa identificazione di quest'ultimo con il gatto. È chiaro che dalla quarta strofa è il gatto che rimugina tra sé, ma con un accorgimento geniale: non rimugina alla prima persona singolare («In ogni armadio ho guardato»), bensì nella forma impersonale della terza persona («In ogni armadio si è guardato»), costruita con la particella pronominale «si», formalmente eguale alle forme riflessive dell'inizio (strofinarsi, arrampicarsi). Accorgimento ingegnoso perché diluisce e dissimula, con una soluzione linguistica (→ Lingua), una reazione cosciente e concettualizzata che è propria piuttosto dell'essere umano razionale, e venata di quell'umorismo lieve che caratterizza non poche poesie di Wisława Szymborska. «Sotto il tappeto» può infilarsi giusto il gatto, per cercare qualcosa, o meglio «qualcuno», un po' più grande di lui (come nei cartoni animati; o può esplorarlo la padrona di casa degli sketch comici, per appurare se per caso la domestica non abbia infilato lì la polvere spazzata).

Due narratori allora? No, non funziona, né potrebbe funzionare in un enunciato lirico. Fin dall'inizio è il gatto, che parla a se stesso. In verità, nella pur ineccepibile traduzione italiana, l'uso dell'articolo determinativo (il gatto), non favorisce questa ambiguità, là dove la lingua polacca non ha articoli e fin dal titolo potrebbe intendersi «il gatto», o «un gatto». L'ambiguità viene poi sciolta dal contesto. Che la scelta traduttiva sia stata suggerita dall'opportunità di evitare, proprio nel titolo, la ripetizione dell'articolo indeterminativo, non c'è dubbio. Ma se qualcuno rimugina tra sé sulla propria sorte, può farlo alla terza persona indeterminata, trasferendo con ciò le proprie ambasce dal se stesso particolare all'universale di una pluralità indefinita.

Torniamo al gatto, un gatto che ha sentito qualcosa del morire. L'ha sentito. Importa da chi e come? Un gatto che intende la parlata umana? Beh, cosa ci sarebbe di strano? Qualcuno ha mai storto il naso di fronte al *Gatto con gli stivali*? Sempre letteratura è, poesia: «Altre leggi, nero su bianco, vigono qui» (*La gioia di scrivere*, p. 183 → Poesia), ma di tal fatta omologhe al mondo reale, quando così ben ingegnate, che di questo diventano una penetrante e spiazzante chiave di lettura. Un gatto che però, perché non umano e razionale, non conosce il significato della parola «morire». Lo associa a quel che avverte bene, la concretezza di un appartamento, il «suo» appartamento, che in verità vuoto non è, giacché «qui niente sembra cambiato», ma dal quale è scomparso chi utilizzava gli oggetti rimasti al loro posto (un elemento, questo, che tornerà ancora nella poesia di Szymborska, → Nulla).

L'essere umano, razionale (così pare), intende bene che chi è morto non tornerà più. Non concretamente almeno, semmai, forse, nei sogni, vanificati però dalla veglia, che «depone davanti a noi/ il suo corpo senza vita» (*La veglia*, p. 517).

Szymborska intende altrettanto bene che il rifiuto di accettare la morte può soverchiare la ragione, che non sempre soccorre, cedendo a un'attesa irrazionale, nonostante l'evidenza dei fatti. E si spinge fino ai limiti estremi, che rasentano lo squilibrio del senno nell'inquietante *Identificazione* (p. 715).

Così, la reazione della ragione a una scomparsa, che sa essere definitiva, può invece essere proprio il contrario, irrazionale. Può però dirlo, o quasi confessare, di immaginare qualcosa che non è nell'ordine biologico empiricamente verificabile dell'esistenza? L'uomo può invero aggrapparsi a un altro ordine, esemplato (dallo stesso uomo razionale) su quello (almeno esteriore) dell'esistenza biologica, ma che riposa su ben diversi presupposti. La Urszula Kochanowska di Bolesław Leśmian (poeta amatissimo da Szymborska), protagonista omonima di una delle più belle poesie mai scritte, addobba e governa la casa che il buon Dio ha costruito per lei – arrivata nelle lande deserte dei cieli che ha poco meno di tre anni – tale e quale alla sua casa terrena, e aspetta che i genitori la raggiungano. Ma i passi che sente avvicinarsi alla soglia saranno una delusione: non sono i passi dei suoi genitori, bensì quelli del buon Dio che, come promesso, viene a trovarla. Né sappiamo, dalla poesia di Leśmian, se i passi attesi arriveranno mai. Forse sì, forse no. E intanto Urszula veglia e aspetta, scacciando dalle palpebre il sonno eterno. Anche questo, uno dei più affascinanti paradossi usciti da un mirabile ingegno poetico che ha saputo capovolgere, specularmente, la prospettiva del punto di vista di quello che chiamiamo, da qui, l'aldilà.

Non diversamente da Urszula, il gatto della poesia di Wisława Szymborska riconosce, o piuttosto non riconosce, i passi che si avvicinano alla porta. Chi ha familiarità con un gatto (o con un cane, a questo ci limitiamo) sa bene che queste creature sono perfettamente in grado di riconoscere, e ben da lungi, il passo del «padrone».

Però il gatto, o la specie animale (qualcuna almeno e tante ne abbiamo lette e continuiamo a leggerne – come le leggeva senz'altro Szymborska – di cronache sui tanti cani che aspettano anche per anni che il padrone «si faccia vivo»), non ha coscienza di una scomparsa definitiva, irreversibile.

Il gatto può aspettare che il «padrone»-compagno torni, e intanto cova la sua vendetta. Attende e dorme, come tutti i gatti. Ma l'attesa è generata da null'altro che dal tempo sospeso di un evento che non si è (ancora) realizzato. Che dovrebbe realizzarsi?

> Basta annerire un foglio con una sola lineetta d'un verso per gettare una sfida alle leggi fondamentali della realtà esperibile. Dacché l'atto stesso dello scrivere crea un mondo altro, nel quale quelle leggi soggiacciono a una sospensione provvisoria; ancor più, nel quale è possibile tenerle in sospensione all'infinito, grazie all'incessante potere del concetto poetico

scriveva Stanisław Barańczak (1990, p. 11), uno dei maggiori poeti del secondo Novecento polacco, citando esplicitamente la poesia di Szymborska *La gioia di scrivere* (→ Poesia).

Ed è lo stesso tempo sospeso, fabulare, del nostro gatto. Nel suo monologo interiore e nel comportamento sta il senso della poesia di Szymborska sullo spaesamento che può toccare chiunque esperisca la perdita di chi gli è più caro e alla cui presenza era assuefatto, in un'attesa irrazionale, un miraggio di potersi vendicare dell'assenza a dispetto della morte. Irrazionale appunto per l'uomo, non per il gatto, a meno di non infilarsi nel suo pelo. Al lettore la scelta.

*Il gatto in un appartamento vuoto* non è, in verità, una poesia sulla morte, o sul morire, bensì sull'assenza, appunto, e sul vuoto lasciato da una scomparsa. Come è l'assenza che domina lo stato d'animo di *Addio a una vista*, dove la morte non è nominata, ma a una morte si allude chiaramente (p. 527):

> Prendo atto
> che la riva d'un certo lago
> è rimasta – come se tu vivessi ancora –
> bella com'era.

E una sconsolata tristezza che – attraverso una lingua misurata che nelle poesie di Szymborska sempre controlla e attutisce le emozioni – si dipana nei dettagli del ricordo d'un luogo amato in due e della sua natura che rinnova il proprio ciclo non tocca dalla scomparsa d'un uomo mortale, indifferente alla sua sorte (→ Biologia). Chi resta non può far altro che «starsene disteso/ con una spiga tra i denti,/ perso a fissare le nuvole». Sono gli ultimi versi di *La fine e l'inizio* (p. 505, qui p. 230), che forse andrebbe letta, anche questa, come una mesta constatazione della guerra perduta dall'uomo (singolo, privato) con la storia umana, con la storia di se stesso, e della solitudine estraniata (singola, privata) di chi, per il momento, sopravvive (→ Z come Zen?).

La morte in sé è invece trattata con raffinata e pungente ironia, pur nella consapevolezza che a essa non sfugge, per definizione tautologica, alcun mortale. «Con la morte non si scherza», recita, in varie forme, un adagio; «Non s'intende di scherzi», fa eco l'incipit di *Sulla morte senza esagerare* (p. 429), una divertente, e al tempo stesso mortalmente seria, parodia mirata a ridicolizzare la Morte dapprima nella sua «prassi lavorativa», per colpirla poi nell'asserita dimensione metafisica. Trasparente e immediata alla comprensione, almeno in superficie, la carica distruttiva che investe la millantata onnipotenza della morte diventa assai più evidente, e divertente, se si legge questa poesia attraverso un testo poetico medievale diffuso per l'intera Europa, e che nel rifacimento polacco è intitolato *Il dialogo di magister Policarpo con la morte*, un lungo poema che si inserisce nel filone del «Trionfo della Morte», in cui la Morte si vanta del suo mestiere e dei suoi successi: «Accoppo a oriente e a meridione/ e so farlo a perfezione», si incensa nel *Dialogo.* «Non sa fare neppure ciò/ che attiene al suo mestiere», risponde la voce della poesia di Szymborska, e attraverso l'incalzare di arguzie divertenti e divertite (a chi «manca la forza/ di far cadere una mosca in volo»?) culmina nella graffiante serie di paradossi finali che sottraggono alla morte il dominio assoluto sulla vita dell'uomo. Alle sue minacciose parole nella famosa ballata di Angelo Branduardi («Sono io la morte e porto corona/ io son di tutti voi signora e padrona»), risponde la voce di Szymborska (*Sulla morte senza esagerare*, p. 431):

Chi ne afferma l'onnipotenza
è lui stesso la prova vivente
che essa onnipotente non è.

Non c'è vita
che almeno per un attimo
non sia stata immortale.

La morte
è sempre in ritardo di quell'attimo.

Invano scuote la maniglia
d'una porta invisibile.
A nessuno può sottrarre
il tempo raggiunto.

Un paradosso simile a quello dell'uovo e la gallina: chi è nato prima, l'uomo o la morte, e chi è più importante?

Eppure ovunque essa abbia percosso,
lacerato lo sfondo – non l'essenza sullo *sfondo*,
tranne il momento in cui ha ghermito, nulla ha còlto –
– l'Uomo è di lei più vecchio!

rivendicava cento anni prima Cyprian Kamil Norwid (*Morte*), in una prospettiva cristiana affatto diversa da quella che percorre la poesia di Szymborska, e giocando con il doppio senso (in fondo anche italiano) della parola polacca che vuol dire sì «più vecchio», «anziano» ma per traslato «più autorevole», «più degno». Diversa anche dalla sfida beffarda che lanciava alla Morte il maggiore dei poeti «metafisici» inglesi, John Donne, col suo *Sonetto X* (2003, p. 139):

Non esser fiera o morte d'esser detta
Qual tu inver non sei, terribile e possente
[...]
Che vanti? Un breve sonno ci desterà, sai,
senza morte invero: e tu, morte, morrai.

Il filo conduttore del discorso di Wisława Szymborska su quella *ultima linea rerum*, il cui timore ha pur fatto nascere magnifici capolavori lirici, pare chiaro: provarsi a disarmare quella morte che incalza alle spalle dell'uomo pronta a colpire da un momento all'altro (così la dipingeva Mikołaj Sęp Szarzyński – che con Jan Kochanowski è il più grande poeta del XVI secolo polacco – nelle sue liriche pervase dall'inquietudine metafisica dell'incipiente barocco); o verso la quale è l'uomo stesso ad affrettarsi senza mancare suo malgrado all'appuntamento con stupore della Morte stessa (come in un affascinante racconto della tradizione araba che capovolge con un apparente paradosso l'inseguimento tra la Morte e l'uomo e che conosciamo trasposto nell'avvincente ballata di Roberto Vecchioni, *Samarcanda*). Disarmare la morte, o piuttosto la paura che ne ha l'uomo, ma senza indulgere a tentazioni consolatorie, tanto più che l'uomo attribuisce importanza solo alla propria morte; così in *Visto dall'alto* (p. 355):

questo scarabeo morto sul viottolo
brilla non compianto verso il sole.
[...]
sembra che non gli sia accaduto nulla d'importante.
L'importante, pare, riguarda noi.
Solo la nostra vita, solo la nostra morte,
una morte che gode d'una forzata precedenza.

Ma davvero la morte è paura da scacciare, esorcizzare, come qualcosa di alieno all'esistenza? Szymborska è stata capace di illuminare, partendo non dal centro, bensì dai margini, le questioni essenziali dell'esistenza, senza cedere a generalizzazioni che la appiattiscono degradandola (*La passeggiata del risuscitato*, p. 287):

Il professore è già morto tre volte.
Dopo la prima gli hanno fatto muovere la testa.
Dopo la seconda lo hanno fatto sedere.
Dopo la terza – lo hanno perfino rimesso in piedi
[...]
Il cervello gravemente leso dopo l'incidente
[...]
Professore, due più due?
Due – dice il professore.
È una risposta migliore delle precedenti.
[...]
Male, fiore, panchina, seduto.
E in fondo al viale rieccola, vecchia come il mondo,
dal viso non gioviale, non rubicondo,
tre volte da qui scacciata
[...]
Ci sfugge un'altra volta il professore.
È da lei che vuole andare.

In una sola lirica dell'intera produzione di Szymborska la morte fisica si guadagna la scena in tutta l'aberrante disumanità di cui è capace non già la Morte, bensì l'uomo mortale. E protagonista, come in *Il gatto in un appartamento vuoto*, è ancora un animale indifeso, che in tutto dipende dall'uomo, orgoglioso di sentirsi il cane prediletto del padrone, e solo questo conta per lui nel suo essere «canino». Gli rimane completamente estraneo il mondo umano, che entra nella sua vita solo sotto forma di calcio o di carezza. Irrilevante se venga da quello che intuiamo essere un gerarca nazista, come incomprensibile è per il cane la storia dell'uomo in cui suo malgrado, e senza averne coscienza né colpa, è coinvolto (*Monologo di un cane coinvolto nella storia*, p. 657):

> Uno mi strappò il collare borchiato d'argento.
> Uno diede un calcio alla ciotola da giorni vuota.
> E poi l'ultimo, prima di partire,
> si sporse dalla cabina di guida
> e mi sparò due volte.
>
> Neanche capace di colpire nel segno,
> così la mia morte fu lenta e dolorosa
> nel ronzio di mosche spavalde.
> Io, il cane del mio padrone.

Crudo epitaffio di una *Spoon River* degli animali, forse ancora da scrivere.

Marcello Piacentini

## Nulla

Il nulla si è rivoltato anche per me.
Si è davvero rovesciato all'incontrario.
Dove mai sono finita –
dalla testa ai piedi tra i pianeti,
neppure ricordando come fosse il non esserci.

O mio qui incontrato, o mio qui amato,
posso solo intuire, la mano sulla tua spalla,
quanto vuoto ci spetta da quell'altra parte,
quanto silenzio là per un grillo qui,
quanta assenza di prato là per un filo d'erba qui,
e il sole dopo il buio come risarcimento
in una goccia di rugiada – per quali arsure là!

Ciò che è stellare a casaccio! Il di qui alla rovescia!
Disteso su curvature, pesi, ruvidità e moti!
Intervallo nell'infinito per il cielo sconfinato!
Conforto dal non-spazio in forma di betulla!

Ora o mai il vento scuote una nuvola,
perché il vento è proprio ciò che là non soffia.
E lo scarabeo s'avvia per il sentiero in abito scuro da testimone
dell'evento d'una lunga attesa d'una vita breve.

E a me è capitato di esserti accanto.
E davvero non vedo in questo nulla
di ordinario.

Inconsueti, i toni accesi che ricordano, nel ritmo e nelle parole, un madrigale rinascimentale: «O mio qui incontrato, o mio qui amato»;

non per caso questo verso è, nell'originale, un perfetto tridecasillabo, con cesura dopo la settima, metro principe della tradizione poetica polacca, analogo in questo al nostro endecasillabo. Inconsueti e, direi, agrammaticali, a scandire il paradigma del discorso poetico, anche amoroso, di Szymborska. Una poesia, peraltro bellissima e lieve, che sulla superficie vortica, pare, nell'ebrietà dell'innamoramento, in quello stato di grazia acceso da un mondo a cui solo allora pare di nascere e che ti strappa a uno stato, il Nulla appunto, riconoscibile però come tale solo a posteriori. E a un luogo, o non-luogo, risvolto di un tessuto che da una parte è stoffa, dall'altro, il suo rovescio («Si è davvero rovesciato all'incontrario»), un interno negato allo sguardo (e all'esistenza visibile) al momento dell'imbastitura, che poi rovesciato per rinnovare l'abito acquista un valore prima inconcepibile e inconcepito, «Disteso su curvature, pesi, ruvidità e moti!», ovvero sulla vita.

Certamente, per i parlanti polacco quel verbo che in traduzione – e sarebbe arduo, impossibile direi, trovarne una migliore di quella proposta da Pietro Marchesani – il lettore italiano legge come «si è rivoltato» non può restituire la rete di associazioni generate dall'originale (*przenicować*), specifico com'è del lessico sartoriale (pur se utilizzato anche nel senso traslato di «distorcere», ovvero «rivoltare al contrario»). Dovremmo immaginarci un verbo che in italiano significasse «ricucire una parte di un capo d'abbigliamento dopo averla scucita e rivoltata per il rovescio», formato con il prefisso *tra* (come nel nostro *trapassare*) e che al tempo stesso contenesse, nella forma fonica, la sequenza «nulla». Decisamente troppo, ma se mi dilungo in queste acrobazie linguistiche, è solo nel tentativo di spiegare, per approssimazione, le arguzie, linguistiche (→ Lingua), con cui Szymborska, sfruttando le possibilità offerte (e scovate) dalla lingua, riusciva a mettere in fulminea collisione, con una semplicità disarmante, il linguaggio usuale con quello, meno praticato nell'uso comune, di un discorso che trascende la quotidianità. Associando, in questo caso, attraverso la figura di parola della falsa etimologia, il sostantivo *Nulla* con un verbo il cui etimo è ben diverso e che significa tutt'altro – lunga è la storia di questo prestito dal tedesco utilizzato già da Jan Kochanowski nella terza ode dei *Fragmenta* («Tutto il Signore Iddio rivolterà al contrario») – ma che nella forma fonica contiene la stessa sequenza. Così, l'immagine che si forma (nell'originale) può anche essere «il Nulla che attraverso uno sforzo trapassa se stesso ritrovandosi dalla parte opposta». Riformulazione palese, e ben venne còlto (Kwiatkowski 1996), del «*Das Nichts nichtet*» di Martin Heidegger, il Nulla che annulla se stesso (che nella resa italiana di solito suona come «il Nulla nulleggia»).

Il Nulla, dunque, che trapassandosi, rovesciandosi si «ricuce» nel suo risvolto, «faccia» che vediamo (noi almeno) solo una volta rovesciata.

Cosa sia poi il Nulla, come esista (esiste?), è altra domanda, dacché siamo in grado di definirlo, con Szymborska, solo come assenza degli elementi concreti («quanto silenzio là per un grillo qui») che percepiamo nel suo risvolto opposto, che chiamiamo esistenza. Rimane ignota, e incerta, alla nostra esperienza quella che vent'anni dopo il Nobel polacco per la letteratura (1980) Czesław Miłosz nella poesia *Senso* evocava con un'immagine non diversa da quella di Szymborska come la «fodera del mondo» (Miłosz 1996a), il risvolto celato:

> – Quando morirò, vedrò la fodera del mondo.
> [...]
> E sarà compreso ciò ch'era incomprensibile.
> [...]
> – Ma se non c'è una fodera del mondo?
> [...]
> e se non c'è nulla sulla terra, oltre questa terra?

Una dimensione metafisica superata nella fede di un qualcosa situato oltre la materialità dell'esistenza, punto di approdo che per Miłosz voleva dire poter conoscere infine la vera realtà oltre l'apparenza delle ombre materiali («E sarà compreso ciò ch'era incomprensibile»), come annunciava Paolo di Tarso nella prima Lettera ai Corinzi «*videmus nunc per speculum in aenigmate, tunc autem facie ad faciem*» («Ora vediamo come in uno specchio, in maniera confusa; ma allora vedremo a faccia a faccia». Corinzi, 1,13).

Esista, o non esista, questa dimensione, resta comunque al di fuori dello sguardo che Szymborska rivolge alla concreta vita dell'uomo. E in particolare al suo valore assiologico che trascende, paradossalmente, la dimensione metafisica, non solo nella visione del mondo di Szymborska:

> Mi dicono ora, che è troppo tardi. No, non ci credo.
> È solo un nulla oltretutto. Come fa questo niente
> a stare tra noi
> [...]
> Va bene, so che non risponderai all'ultima mia cartolina.
> Ma darò la colpa a qualcosa di concreto,
> al postino, all'aereo caduto, alla censura,
> non alla non esistenza che, ammettilo, non esiste.

Protestava, non invano forse, Stanisław Barańczak (*A Grażyna*, 2007, p. 286) contro un nulla che è niente: distinzione non solo linguistica ma anche concettuale, tra il *niente* pronome (qualcosa che non ha valore) e il *nulla* sostantivo, con le sue implicazioni ontologiche: uno stato possibile in cui anche il nulla esiste. Una ribellione, la sua, in nome di quanto l'uomo rifiuta, eticamente, di conciliare con il valore assoluto, concreto e inalienabile della vita («la ricompensa dovrebbe essere l'immortalità,/ o quantomeno la sua versione difettosa, la vita». *Ibid.*), senza perciò chiudere la porta a una esistenza altra.

Certamente, Szymborska è poeta, non filosofo, non ambisce a costruire una ontologia dell'Essere sulla scia di Heidegger o di Leibniz (→ Biologia). Pone domande, propone interrogativi che non sono dominio esclusivo delle scienze naturali, o della filosofia, ma tutte e al pari di esse anche «la poesia [...] hanno indagato, per vie diverse e con ampiezza mutevole, i comportamenti, le facoltà, le forze, le possibilità e i destini dell'Esserci», riconosceva l'autore di *Essere e Tempo* (Heidegger 1976, p. 33).

Non poi così diversa è la voce del vento che stormisce tra le piante, comparata all'infinito silenzio d'un altrove, dal silenzio di quel vento che «è proprio ciò che là non soffia», solo a ricordare Leopardi, che ben prima di Heidegger (e ovviamente di Szymborska) annotava nello *Zibaldone* (il 18 luglio 1821): «In somma, il principio delle cose, e di Dio stesso, è il nulla».

Quei sentieri, sui quali in molti si sono avviati, Szymborska li ripercorre ora ricalcandone le tracce, ora lasciandone di nuove, originali, rimanendo però sempre ben radicata nell'esistere concreto, e le suggestioni di Heidegger, il problema del Tempo, fondamentale (ma poi lasciato cadere dall'allievo di Husserl), l'equivalenza da lui posta tra il Nulla e l'Essere e soprattutto l'assunto della *possibilità* («L'Esserci comprende sempre se stesso in base alla sua esistenza, cioè alla possibilità che gli è propria di essere o non essere se stesso». Heidegger 1976, p. 29) affiorano di continuo nella sua poesia, toccando il mito, la storia, l'ordinaria quanto imprevedibile quotidianità che pare sfuggire a qualsivoglia ordine pianificato (→ Caso, → Biologia).

L'esistenza legata dunque alla *possibilità* di esistere, in una qualsiasi delle sue forme e lo stupore della sua realizzazione (*Stupore*, p. 307):

Perché mai a tal punto singolare?
Questa e non quella? E qui che ci sto a fare?
Di martedì? In una casa e non nel nido?
Pelle e non squame? Non foglia, ma viso?

[...]
Dopo tante ere di non presenza?

L'esistenza concretizzata in una qualsiasi delle sue forme, vale a dire non solo quella umana, o animale, ma pure quella inanimata (→ Biologia).

La realtà prospettata dalle poesie di Szymborska è fatta di antinomie che, se hanno un loro punto di appoggio ontologico sull'opposizione, complementare, di Nulla e non-Nulla, investono in verità in primo luogo la capacità dell'immaginazione e della lingua umana di creare tali mondi possibili, il cui risvolto logico è appunto la possibilità del non-possibile (*Atlantide*, p. 95):

Sono esistiti o no.
Su un'isola o non su un'isola.
L'oceano o non l'oceano
li inghiottì oppure no.
[...]
Qualcuno invocò qualcosa.
Nessuno nulla.

Su questa più o meno Atlantide.

Questo procedere per opposti e per contraddizioni (da Heidegger a Wittgenstein?) è caratteristico di non poche poesie di Szymborska, che si spinge fino alla tautologia, nell'assai bella poesia d'amore *Accanto a un bicchiere di vino* (p. 141, → Donna) e al paradosso (→ Lingua), come in *La stazione* (p. 199). E tocca le stesse possibilità ultime dell'esistere (*Calcolo elegiaco*, pp. 519-21):

Quanti [...]
[...]
hanno varcato questa soglia
(se è una soglia),
[...]
si sono trovati sull'altra sponda
(se si sono trovati
e se l'altra sponda esiste) –

Non mi è data certezza
della loro sorte ulteriore
(sempre che sia una sorte comune
e ancora una sorte) –
[...]
Intenti solo a quello
(se solo a quello)
a cui li costringe l'assenza.

Il passaggio dal Nulla al non-Nulla e il transito inverso, dal non-Nulla a cosa? E, soprattutto, cosa transita?

Si potrebbe provare a seguire gli interrogativi posti dalla voce lirica protagonista delle poesie di Szymborska a cominciare dalla domanda opposta, apparentemente più semplice: cosa resta?

«Un monumento più eterno del bronzo», provava a rispondere Orazio limitandosi (bontà sua) all'ingegno della propria umana poesia. «Vanità delle vanità, tutto è vanità», ammoniva ben prima di Orazio, e a lui ignoto, l'Ecclesiaste (→ Poesia).

Anche qui è genialmente semplice il punto di partenza di Szymborska, del tutto aliena dall'austera gravità dell'Ecclesiaste, quanto dalla sicumera di Orazio (si leggano le divertenti strofe di *Epitaffio*, p. 151, → Lingua, → Poesia), ma non per questo superficiale nella sua disincantata, tutt'altro che frivola nel suo humour e quanto classica nella *levitas* di parole ed enunciati (*Museo*, p. 109):

> In mancanza di eternità hanno ammassato
> diecimila cose vecchie.
> Un custode ammuffito dorme beato
> con i baffi chini sulla vetrina.

La visita al museo diventa occasione per rammentare, attraverso divertenti e paradossali constatazioni (tanto semplici che forse a nessun frequentatore di musei mai sono venute in mente), come il passaggio alla non esistenza, e chiamiamola sia pur tradizionalmente morte, comunque l'ha vinta. Sui viventi. Così che, «in mancanza di eternità», la morte diventa, nella concretezza biologica, una gara con le loro spoglie e con i manufatti superstiti, unica cosa sopravvissuta a chi ne faceva uso (*ibid.*):

> Metalli, creta, una piuma d'uccello
> trionfano in silenzio nel tempo.
> [...]
> La corona è durata più della testa.
> [...]
> Quanto a me, credete, sono viva.
> La gara col vestito non si arresta.
> E lui quanta tenacia mi dimostra!
> Vorrebbe viver più della mia vita!

Se poi l'arguta *pointe* che conclude la lirica abbia trovato una concreta realizzazione nella vita postuma della poetessa (leggere anche *La casa di un grande uomo*), al momento non saprei dire.

Cosa transita, allora? Nell'invenzione linguistica, la risposta di Szymborska è una delle più divertenti e magistrali constatazioni al proposito, e forse unica con la sua ironia leggera e disincantata di *Nulla è in regalo* (p. 551), che vale la pena leggere tutta:

Nulla è in regalo, tutto è in prestito.
Sono indebitata fino al collo.
Sarò costretta a pagare per me
con me stessa,
a rendere la vita in cambio della vita.

È così che è stabilito,
il cuore va reso
e il fegato va reso
e ogni singolo dito.

È troppo tardi per impugnare il contratto.
Quanto devo
mi sarà tolto con la pelle.

Me ne vado per il mondo
tra una folla di altri debitori.
Su alcuni grava l'obbligo
di pagare le ali.
Altri dovranno, per amore o per forza,
rendere conto delle foglie.

Nella colonna Dare
ogni tessuto che è in noi.
Non un ciglio, non un peduncolo
da conservare per sempre.

L'inventario è preciso,
e a quanto pare
ci toccherà restare con niente.

Non riesco a ricordare
dove, quando e perché
ho permesso che aprissero
questo conto a mio nome.

La protesta contro di esso
la chiamiamo anima.
E questa è l'unica voce
che manca nell'inventario.

Un vorticare di paradossi realizzati attraverso argute e geniali decostruzioni e ricostruzioni di modi di dire sfruttando ancora una volta la polivalenza semantica dei loro singoli costituenti (non sempre si riesce a restituirli in traduzione) che accentuano il grottesco dello humour: «rendere la vita» («*oddać życie*») significa, nell'espressione idiomatica dell'originale, tale e quale all'italiano, «sacrificare la vita» (atto volontario, di solito tradizionalmente, per qualcosa di tradizionalmente nobile), ma il verbo significa di per sé, disarticolato dal modo di dire, «restituire», «rendere»; così si intersecano inestricabilmente i due significati in un enunciato paradossale, da qualsivoglia parte si legga e intenda: sacrificare la vita per la vita stessa e pagare, restituendo le rate, la vita con la vita stessa, ultima rata. E questo è il prezzo della vita, che come sappiamo da un antico adagio è senza prezzo. È solo uno degli smontaggi szymborskiani della lingua, che indulgono anche alla parodia di usi linguistici ben connotati culturalmente: «Non riesco a ricordare [...]/ questo conto a mio nome» può dirlo giusto un gran signore sbadato (ben lo notano Falkowski e Stępień 2000, pp. 167-8). Eppure, quest'idea di un debito contratto a propria insaputa non è isolata:

Is Heaven an Exchequer?
They speak of what we owe –
But that negotiation
I'm not a Party to –,

scriveva un centinaio d'anni prima Emily Dickinson (*Is Heavean a Phisician?*), tradotta in polacco da Stanisław Barańczak per la sua raccolta antologica delle poesie di Dickinson (Dickinson 1990), che verisimilmente Szymborska conosceva (la ritraduciamo dal polacco di Barańczak in italiano):

Forse che il cielo è il Tesoro di Stato?
Pare che s'auguri
il Saldo dei debiti – ma io non ho preso
alcun prestito.

Ma quel che disarma è la *pointe* che risolve la lirica lasciando aperti gli interrogativi, i dubbi, le incerte certezze, ereditati da una tradizione tanto antica quanto l'uomo, volti a intendere le sorti dell'esistenza dopo la morte. Quell'anima che manca nell'elenco delle cose da restituire, manca perché non è stata data «in dotazione», o perché non è da restituire? Il soggetto lirico delle poesie di Szymborska fa i conti con quella tradizione, e con se stesso, come assediando da ogni lato la questione.

Un tempo l'anima traghettava lo Stige con la solennità e la dignità che si addiceva al trapasso di quel che è (può essere, non è) l'essenza dell'uomo. In Szymborska (*Sullo Stige*, p. 401), l'«animuccia esitante» ereditata dall'*animula vagula, blandula* dell'imperatore Adriano si trova di fronte all'infernale macchinario della civilizzazione moderna, che di mito, solennità, *pietas* non ha considerazione alcuna. Cianfrusaglie anche queste di un passato rozzo e putrefatto, come la chiglia del traghetto di Caronte «da secoli marcita», ma in compenso:

Sull'altra sponda arriverai gratis,
e solo per riguardo al vecchio mito
trovi salvadanai con scritto a lapis:
Non introdurre bottoni, è proibito.

*Sullo Stige* è una delle migliori prove dello humour di Szymborska, una esilarante e al tempo stesso sconsolata messa in scena degli effetti del progresso dell'uomo sull'uomo stesso, sull'ambiente («una ninfa, scacciata da un bosco terreno»), su quel che da quel progresso è lecito aspettarsi anche nell'aldilà: lo Stige e il Tartaro, prosieguo in forma d'ombra dell'esistenza, non sono più quelli d'un tempo, oggi sono infernali davvero, come infernale è diventata la Terra; così come possono costituire una prospettiva altra, migliore, incommensurabile? Fulminante, anche qui, è il paradosso szymborskiano: «Animuccia, solo dubitando dell'aldilà/ prospettive più ampie potrai avere» (*ibid.*, p. 403). Più ampie, s'intende, della prospettiva che si è avuta sott'occhio per tutta la vita. E che rischia di essere la stessa identica anche nella sua proiezione metafisica, se esiste (*Calcolo elegiaco*, p. 519).

Dopo Szymborska, sarà un altro dei più grandi poeti polacchi d'ogni tempo (ma non, ahimè, per il lettore italiano), Zbigniew Herbert (2001, p. 235), a rammentare – presago dell'ultimo viaggio (ma rischiarato dalla fiaccola d'un inquieto razionalismo, e forse proprio per questo toccato anche da una profonda religiosità) – il solenne mistero dell'approdo dopo la tempesta (*Tessuto*):

Selva di fili regoli sottili e telai di fedeltà
dell'attesa oscuri flutti
assistimi dunque fragile memoria
concedimi la tua infinità

Il fioco lume della coscienza ticchettìo uniforme
misura anni isole età
per traghettare infine alla vicina sponda
navetta e filo dell'ordito e sudario.

In Herbert, la cui poesia è integralmente nostra contemporanea quanto integralmente calata nella classicità, è «il fioco lume della coscienza» abbeverata alla fonte della dimenticanza del Lete («assistimi dunque fragile memoria») che si spegne al ticchettio regolare del telaio delle Parche («navetta e filo dell'ordito e sudario»). Sette anni dopo la morte di Herbert (1998) Szymborska proverà ancora a cercare di indagare il senso della fine dell'esistenza intervistando direttamente Atropo (*Intervista con Atropo*, p. 659):

Delle tre figlie della Necessità
Lei è quella con la fama peggiore.

*Grossa esagerazione, poetessa mia.*

Un susseguirsi serrato di domande e risposte che danno vita a un dialogo il cui humour irresistibile scaturisce dal contrasto tra la neutralità dei toni e degli enunciati e la sostanza drammatica (per l'uomo) dei contenuti. Ma l'intervistatrice se ne torna a casa, alla fin fine, a mani vuote (p. 661):

E se uno più forte volesse sbarazzarsi di Lei
e provasse a mandarLa in pensione?

*Non ho capito. Sii più chiara.*

Riformulo la domanda: Lei ha un Superiore?

*...Passiamo alla domanda successiva.*

Non ne ho altre.

*In tal caso, addio.*
*O per essere più esatti...*

Lo so, lo so. Arrivederci.

In verità, non proprio a mani vuote, né lei, né chi la legge, se Atropo rifiuta di rispondere alla domanda più cogente. Szymborska, e in questo anche sta la mirabile pacatezza del suo sguardo laico sull'esistenza, non toglie nulla a nessuno, neanche a se stessa. Nessun senso però avrebbe andare a cercare a tutti i costi nella sua poesia tracce nascoste di una qualsivoglia fede religiosa. Non è la fede in una religione che muove la sua *curiositas*, bensì la fede nel mistero e nella meraviglia dell'esistenza, che attrae il suo sguardo tanto razionale quanto incantato, che le permette di vedere l'eccezionalità della normalità e mostrarla al lettore ribaltando ancora un altro consunto modo di dire: «davvero non vedo in questo nulla/ di ordinario». Quanto all'anima, «la si ha ogni tanto» (*Qualche parola sull'anima*, p. 593):

Nessuno la ha di continuo
e per sempre.

Giorno dopo giorno,
anno dopo anno
possono passare senza di lei.
[...]
Di rado ci dà una mano
in occupazioni faticose,
come spostare i mobili
[...]
Quando il corpo comincia a dolerci e dolerci,
smonta di turno alla chetichella.

Così familiarmente umana è questa anima evocata con versi lievi di humour, a rammentarci come in verità siamo noi, i comici, nella nostra vacua serietà. In fondo, suggerisce Szymborska, quest'anima la possediamo quando siamo capaci di accorgercene, quando spunta di tanto in tanto fuori, vincendo la ripugnanza per certe umane occupazioni, meglio, quando siamo soli con noi stessi (p. 593):

non le piace vederci nella folla,
il nostro lottare per un vantaggio qualunque
e lo strepito degli affari la disgustano.

Così umana da poter essere solo se anche noi siamo (p. 595):

Si direbbe che
così come lei a noi,
anche noi
siamo necessari a lei per qualcosa.

Crederci o non crederci? Questione oziosa.

«Forse che non ho un'anima,/ come punizione per non credere nell'anima?», protestava con la sua consueta, folgorante arguzia radicata nella cultura ebraica un altro grande conterraneo di Wisława Szymborska, Stanisław Jerzy Lec (1999).

Marcello Piacentini

# Orrore

*Torture*

Nulla è cambiato.
Il corpo prova dolore,
deve mangiare e respirare e dormire,
ha la pelle sottile, e subito sotto – sangue,
ha una buona scorta di denti e di unghie,
le ossa fragili, le giunture stirabili.
Nelle torture, di tutto ciò si tiene conto.

Nulla è cambiato.
Il corpo trema, come tremava
prima e dopo la fondazione di Roma,
nel ventesimo secolo prima e dopo Cristo,
le torture c'erano, e ci sono, solo la terra è più piccola
e qualunque cosa accada, è come dietro la porta.

Nulla è cambiato.
C'è soltanto più gente,
alle vecchie colpe se ne sono aggiunte di nuove,
reali, fittizie, temporanee e inesistenti,
ma il grido con cui il corpo ne risponde
era, è e sarà un grido di innocenza,
secondo un registro e una scala eterni.

Nulla è cambiato.
Tranne forse i modi, le cerimonie, le danze.
Il gesto delle mani che proteggono il capo
è rimasto però lo stesso.

Il corpo si torce, si dimena e divincola,
fiaccato cade, raggomitola le ginocchia,
illividisce, si gonfia, sbava e sanguina.

Nulla è cambiato.
Tranne il corso dei fiumi,
la linea dei boschi, del litorale, di deserti e ghiacciai.
Tra questi paesaggi l'animula vaga,
sparisce, ritorna, si avvicina, si allontana,
a se stessa estranea, inafferrabile,
ora certa, ora incerta della propria esistenza,
mentre il corpo c'è, e c'è, e c'è
e non trova riparo.

«Questo orribile mondo non è privo di grazie,/ non è senza mattini/ per cui valga la pena svegliarsi», scrive Szymborska in *La realtà esige* (p. 511). Colpisce la perentorietà dell'aggettivo («orribile») riequilibrata a fatica dalla litote, figura retorica della prudenza che, anziché affermare qualcosa, nega il suo contrario; qui addirittura doppia («non è privo... non è senza») per meglio controbilanciare il peso negativo di quell'immagine all'apparenza così poco «szymborskiana», così in contrasto con l'estatica meraviglia trasmessa da poesie come *Compleanno* (p. 309), dove il mondo viene raffigurato come un dono, o *La fiera dei miracoli* (p. 485): «Un miracolo, basta guardarsi intorno:/ il mondo onnipresente» (→ Incanto).

In realtà si tratta di una contraddizione apparente, poiché il giudizio negativo non riguarda il mondo naturale: la natura è innocente, le leggi che la regolano, né buone né cattive, semplicemente sono (si veda per esempio *Avvenimento*, p. 641). La riflessione sul «male metafisico» che attraversa per esempio l'opera dell'altro Nobel polacco, Czesław Miłosz, resta fuori dall'orizzonte di Szymborska, il bene e il male riguardano esclusivamente l'uomo («Non c'è nulla di più animale/ della coscienza pulita/ sul terzo pianeta del Sole», scrive in *Lode della cattiva considerazione di sé*, p. 395) e l'orrore si riferisce dunque al suo dominio d'azione, la storia. Ecco che cosa scriveva la poetessa negli anni novanta del secolo scorso (*Scorcio di secolo*, p. 449):

Doveva essere migliore degli altri il nostro ventesimo secolo.
Non farà più in tempo a dimostrarlo,
ha gli anni contati,

il passo malfermo,
il fiato corto.
Sono ormai successe troppe cose
che non dovevano succedere
[...]
Alcune sciagure
non dovevano più accadere,
ad esempio la guerra
e la fame, e così via.

Doveva essere rispettata
l'inermità degli inermi
[...]
Chi voleva gioire del mondo
si trova di fronte a un'impresa
impossibile.

Chi pensa che la «riservata signora di Cracovia», come la chiama Franco Marcoaldi (2015, p. 67) nel poema *Il mondo sia lodato*, vivesse tra le sue amate nuvole, staccata dal mondo, in una sorta di aristocratico isolamento, si sbaglia di grosso. È forse un caso che già in una poesia della raccolta «Grande numero» (1976) si menzionino esplicitamente i computer (*Sullo Stige*, p. 401)? E che addirittura nella raccolta «Sale» (1962) compaia un «cervello elettronico» (questo vuol dire alla lettera *mózg elektronowy*, che Marchesani, con uno strano anacronismo, traduce come «personal», *Epitaffio*, p. 151)? Szymborska si teneva informata, osservava, leggeva. E non solo libri, magari strani come molti di quelli che ispirano le sue «Letture facoltative», ma anche giornali e riviste con le notizie dal mondo: a volte curiose, come la scoperta di una nuova stella (*Eccesso*, p. 115) o i presunti avvistamenti dello Yeti che negli anni cinquanta accompagnavano i resoconti sulla conquista delle vette himalayane (*D'una spedizione sull'Himalaya non avvenuta*, pp. 85-7); assai più spesso drammatiche, come quelle riguardanti fenomeni ancora oggi di bruciante attualità quali gli esodi di massa o il terrorismo.

Nella sua poesia le incursioni ironiche o stupite nel passato della specie, fino ai primordi stessi della vita sul pianeta Terra (→ Biologia), si intrecciano con la riflessione sulla permanenza o sul ritorno di ciò che, sulla via dell'evoluzione, non ha mai smesso di accompagnare l'uomo: torture, odio, guerre.

Una poesia come *Gente* (p. 605), dedicata al dramma dei profughi, suona così terribilmente attuale da sembrare scritta in questi nostri tempi febbrili in cui migliaia di disperati premono alle porte dell'Europa dopo chilometri di estenuante cammino:

Gente in fuga davanti ad altra gente.
In un qualche paese sotto il sole
e alcune nuvole.

Si lasciano alle spalle un qualche loro tutto,
campi seminati, delle galline, cani,
specchietti in cui il fuoco ora si sta guardando.

Hanno sulle spalle brocche e fagotti,
quanto più vuoti, tanto più di giorno in giorno pesanti.

C'è chi in silenzio si sta fermando,
e chi nel chiasso a un altro il pane sta rubando
e chi un bambino morto sta scuotendo.
[...]
Qualcosa ancora – ma dove e cosa – accadrà.
Qualcuno gli andrà incontro, ma quando, chi sarà,
in quante forme e con quali intenzioni.
Se potrà scegliere,
forse non vorrà essere nemico
e li lascerà in una qualche vita.

Pubblicata per la prima volta sul settimanale «Tygodnik Powszechny» nel 1994, *Gente* potrebbe essere nata nel contesto delle guerre iugoslave. Potrebbe – perché Szymborska non datava né localizzava le proprie poesie, aspirando a creare qualcosa che fosse compreso e valesse oltre il contesto spazio-temporale in cui era sorto e che ne aveva condizionato la prima ispirazione. Per un analogo motivo non apponeva nomi di dedicatari in epigrafe: «vorrei che ogni mia poesia fosse recepita dal lettore come scritta per lui», dichiarava (*Cianfrusaglie*, p. 192). Alla base di *Gente* potrebbe esserci in realtà un qualunque documentario su uno dei tanti conflitti del Novecento. Così spiegava, intervistata da Federica Clementi, la sua avversione per la scrittura *engagée*:

Passa quel momento, passano quelle emozioni, e, da allora in poi, il verso vive solo in grazia di un commento esplicativo a margine, per cui in relazione agli eventi X, dell'anno Y, nel luogo Z, e via dicendo... l'autore ha scritto questo verso, ormai datato come gli eventi a cui si riferisce. [...] In realtà bisognerebbe sempre mantenersi su posizioni generali, e lasciar perdere riferimenti troppo concreti (*Opere*, pp. 1063-64).

Anche per *Torture*, pubblicata per la prima volta nella raccolta «Gente sul ponte» (1986), vale un discorso simile. Nata probabilmente nel contesto delle persecuzioni messe in atto dal regime polacco dopo il colpo di Stato del 13 dicembre 1981, la poesia trascende come significato quella particolare contingenza storica, assumendo valore universale. «Nulla è cambiato» è l'incipit di ciascuna delle cinque strofe: ora come millenni fa non si può sfuggire al corpo e al suo segno irriducibile di esistenza, il dolore, mentre l'anima «la si ha ogni tanto» e «Quando il corpo comincia a dolerci e dolerci/ smonta di turno alla chetichella» (*Qualche parola sull'anima*, p. 593).

E anche *L'odio* (p. 507), malgrado la sua genesi legata alle guerre iugoslave (*Opere*, p. 1064) e malgrado le polemiche politiche che ne accompagnarono la pubblicazione nel 1992 (*Cianfrusaglie*, pp. 277-9), è una riflessione di valore universale:

> Guardate com'è sempre efficiente,
> come si mantiene in forma
> nel nostro secolo l'odio.
> [...]
> Oh, quegli altri sentimenti –
> malaticci e fiacchi.
> Da quando la fratellanza
> può contare sulle folle?
> La compassione è mai
> giunta prima al traguardo?
> Il dubbio quanti volenterosi trascina?
> Lui solo trascina, che sa il fatto suo.
>
> Capace, sveglio, molto laborioso.
> Occorre dire quante canzoni ha composto?
> Quante pagine ha scritto nei libri di storia?
> [...]
> Lo dicono cieco. Cieco?
> Ha la vista acuta del cecchino
> e guarda risoluto al futuro
> – lui solo.

Le poesie di Szymborska non sono datate, eppure due date forniscono il titolo ad altrettante poesie: *Il 16 maggio 1973* (pp. 539-41), data insignificante, casuale, uno dei tanti giorni di cui la nostra memoria non conserva neppure il più piccolo brandello di ricordo; e *Fotografia dell'11 settembre* (p. 607), il giorno, impresso a fuoco nella memoria collettiva, dell'attacco terroristico alle Torri Gemelle di New York. A ben vedere, è questa l'unica vera ecfrasi szymborskiana: l'unica poesia in cui la descrizione costituisca il valore stesso e non soltanto uno spunto di riflessione, come in quelle che abbiamo trattato *sub voce* → Ecfrasi. All'origine, una foto trovata in una rivista che l'autrice sta realmente osservando nel momento in cui la descrive. La descrizione come supremo atto di commemorazione, di perpetuazione; come «vendetta d'una mano mortale» (*La gioia di scrivere*, p. 185). Non è forse questo anche il valore delle foto? Non guardiamo forse le immagini delle persone a noi care per l'emozione di rivederle vive, integre, eternate in un attimo su cui la morte non ha potere?

Sono saltati giù dai piani in fiamme –
uno, due, ancora qualcuno
sopra, sotto.
[...]
Ognuno è ancora un tutto
con il proprio viso
e il sangue ben nascosto.

C'è abbastanza tempo
perché si scompiglino i capelli
e dalle tasche cadano
gli spiccioli, le chiavi.
[...]
Solo due cose posso fare per loro –
descrivere quel volo
e non aggiungere l'ultima frase.

Una descrizione semplice, in uno stile medio che non indulge neanche per un attimo al pathos, e proprio per questo tanto più autentica e commovente. Anche qui si manifesta la cifra szymborskiana della «pensosa leggerezza» – come la chiama Marchesani (1998) – che ne caratterizza tutta l'opera e non solo quella nata sotto il segno dell'ironia; una dizione poetica la cui specificità appare tanto più evidente se raffrontata per contrasto all'alta retorica di un componimento pur bellissimo come quello dedicato all'11 settembre da Mario Luzi (2014, p. 695):

Dimettete la vostra alterigia
sorelle di opulenza gemelle di dominanza,
cessate di torreggiare
nel lutto e nel compianto
dopo il crollo e la voragine,
dopo lo scempio.
[...]
Risorgete, risorgete,
non più torri, ma steli,
gigli di preghiera.
Avvenga per desiderio
di pace. Di pace vera.

Sorprende rilevare come il terrorismo sia un tema che ricorre con una certa frequenza nell'opera di Szymborska. Sembrerebbe in effetti più adatto alle pagine dei giornali che a un volume di versi, più alla pubblicistica che alla poesia, o tutt'al più a quel tipo di poesia tradizionalmente detta «impegnata», categoria nella quale non rientra certo quella del premio Nobel polacco. Eppure Szymborska dedica a questo tema ben tre componimenti, oltre a una «lettura facoltativa», nell'arco di oltre un trentennio, e lo fa trattandolo alla sua maniera, da un punto di vista assai diverso rispetto ai consueti resoconti dei media.

Nel componimento più recente, *Gli attentatori* (2007, poi in «Qui», 2009; p. 711), l'autrice ricorre a un procedimento simile a quello adottato in *La prima fotografia di Hitler* (pp. 445-7): mostra cioè la normale quotidianità, mediocrità, banalità – avrebbe detto Hanna Arendt – di coloro che

> Per giorni pensano
> a come uccidere, per uccidere,
> e a quanti ucciderne, per ucciderne molti.
> Oltre a ciò mangiano con appetito i loro cibi,
> pregano, si lavano i piedi, nutrono gli uccelli,
> telefonano grattandosi l'ascella,
> fermano il sangue quando si tagliano un dito,
> se sono donne comprano assorbenti.

La banalità del male è sempre disarmante poiché l'orrore che esso produce stride con la limitatezza, la meschinità, il deficit di umanità e intelligenza che lo determina. Szymborska nella poesia citata vuole farci entrare nella mente degli attentatori, svelando il carattere involuto e ossessivo dei loro pensieri che ruotano, si avvitano intorno a un'unica parola, ripetuta quattro volte in due soli versi: uccidere. E anche in *Il terrorista, lui guarda* (1976; pp. 365-7) si ha addirittura l'impressione di leggere il parlato mentale del terrorista mentre osserva ciò che avviene sulla scena del crimine pochi minuti prima dello scoppio della bomba:

> Una donna con il giaccone giallo, lei entra.
> Un uomo con gli occhiali scuri, lui esce.
> Ragazzi in jeans, loro parlano.
> Le tredici e diciassette e quattro secondi.
> Quello più basso è fortunato e sale sulla vespa,
> quello più alto invece entra.

La mediocrità di chi osserva è riflessa nella sintassi primitiva che caratterizza la descrizione: frasi semplici, uso pleonastico dei pronomi personali, paratassi insistita. Descrizione totalmente anaffettiva, poiché al terrorista manca la compassione, meravigliosamente definita in *Piccoli annunci* (p. 55) come l'«immaginazione del cuore».

Il terrorismo è oggetto anche di una delle più commoventi «Letture facoltative», neppure sfiorata dal tipico umorismo szymborskiano. Lo spunto è offerto da una «enciclopedia degli attentati», opera del reporter americano Carl Sifakis; l'attenzione di Szymborska si appunta tuttavia su ciò che nel libro è trattato solo marginalmente, e cioè le vittime collaterali: morti, ma anche feriti, che «per anni avrebbero dovuto fare i conti con le mutilazioni e le cicatrici, nell'indifferenza e nel silenzio generali» (*Lf*, p. 183). Notava l'autrice:

> allo stato attuale, sotto i nostri occhi [siamo a metà degli anni novanta], si sta sviluppando e perfezionando un nuovo genere di attentato, quello terroristico, espressamente finalizzato a fare vittime casuali. I politici sono bersagli sempre più difficili da colpire, dal momento che si spostano attorniati da guardie del corpo e su auto corazzate. Le persone comuni che affollano le stazioni, si accalcano nella metropolitana, riempiono i grandi magazzini, i bar, le sale d'aspetto, i grattacieli, è tutto un altro discorso. Prede facili e indifese, sicuramente non sono in grado di mettere a rischio le vite dei cacciatori. Che piazzano un ordigno letale dove vogliono, per poi ascoltare i comunicati in qualche luogo appartato e tranquillo. Quanto più cruenta è la mattanza, tanto più saranno soddisfatti e orgogliosi (*ibid.*, pp. 183-4).

E proponeva un'enciclopedia dedicata alle vittime degli attentati terroristici contemporanei:

> Alcune di quelle persone, storpiate, cieche, mutilate di gambe e braccia, uscite di senno, continuano pur sempre a vivere. Varrebbe la pena di mostrare che tipo di vita è quella. La loro disgrazia non stava nell'incarico che ricoprivano, ma nel fatto, all'apparenza insignificante, di essere entrati proprio in quel dato luogo, o di esserne usciti, o di esserci rimasti, o magari di essere tornati a casa quando ormai era già notte. Credo che il mondo abbia urgente bisogno di un'enciclopedia del genere. Scritta in maniera scrupolosa e imparziale, potrebbe aspirare al Premio Nobel per la pace (*ibid.*, p. 184).

Ciò che distingue la poesia dalle cronache dei giornali è il modo in cui trattano il medesimo tema: le une appuntano l'attenzione sul numero di morti e di feriti, tanto più rilevante quanto più alto, l'altra si rivolge alla singolarità, all'individualità. Tutto in *Il terrorista, lui guarda* è il contrario del titolo della raccolta che la contiene, «Grande numero»; tutto è singolo, il punto di osservazione ma soprattutto le persone osservate – la donna col maglione, l'uomo con gli occhiali, i ragazzi con i jeans – che entrano ed escono dal locale, decidendo con ciò stesso il loro destino. Il caso, nume tutelare dell'opera szymborskiana, presiede all'avvenimento, sottraendolo alla sublimità della tragedia e proiettandolo in un'aura che evoca piuttosto il teatro dell'assurdo (→ Caso).

Facendo un passo indietro e tornando a *Gente*, ciò che in essa maggiormente colpisce è la tecnica adottata dall'autrice per enfatizzare il significato che intende veicolare: la poesia è tutta giocata sui pronomi e aggettivi indefiniti. Semantica della grammatica, come in altre poesie szymborskiane. I profughi appaiono – a lei come a noi che guardiamo oggi telegiornali e reportage – come una massa dai profili indefiniti, dal passato ignoto, dal futuro incerto, che cerca solo «una qualche vita» (p. 605). Il ricorrere insistente delle marche dell'indefinitezza (che nell'originale è assai più accentuato rispetto alla traduzione italiana, arrivando più volte a forzare le norme grammaticali → Lingua) è finalizzato a ottenere nel lettore un effetto di straniamento, scardinando così tramite la lingua l'ostacolo che la molteplicità oppone all'immaginazione. Scriveva in *Grande numero* (p. 341):

> Quattro miliardi di uomini su questa terra,
> ma la mia immaginazione è uguale a prima.
> Se la cava male con i grandi numeri.
> Continua a commuoverla la singolarità.

La poesia di Szymborska si schiera sempre in difesa della singolarità. La foto del corpicino esanime del piccolo Aylan, abbandonato su una spiaggia turca dalle onde del naufragio che lo ha sopraffatto nell'estate del 2015, ci commuove più di cento cadaveri ammassati non solo perché si tratta di un bambino, ma perché è *uno*, singolo, individuato e individualizzato. Ha un nome, una storia alle spalle che ci viene raccontata; non è una delle tante vittime anonime di cui si perde ogni memoria. «La storia arrotonda gli scheletri allo zero./ Mille e uno fa sempre mille./ Quell'uno è come se non fosse mai esistito», scriveva Szymborska in *Campo di fame presso Jasło* (p. 133), alludendo ai tragici fatti avvenuti in quella località al tempo della seconda guerra mondiale.

La guerra è un altro tema che ricorre non di rado nell'opera szymborskiana. L'orrore del secondo conflitto mondiale vi compare tuttavia indirettamente, nella forma dei suoi effetti sulla coscienza («Il nostro bottino di guerra è la conoscenza del mondo», scriveva in «Un tempo sapevamo il mondo a menadito», p. 5), più che come esperienza concretamente vissuta. E così pure la Shoah, alla quale Szymborska dedica una delle sue poesie più emotivamente potenti, *Ancóra* (p. 77), in cui l'orchestrazione fonico-ritmica, come spesso accade nelle sue poesie, non è fine a se stessa bensì svolge una precisa funzione semantica: grazie alle rime (perfette e imperfette, anche interne) e alle varie figure della ripetizione (anafore, polittoti, anadiplosi) essa serve a rendere il ritmo cadenzato, quasi ossessivo, del treno che avanza sulle rotaie, come in un incubo. «Nella sconvolgente poesia sulla deportazione degli ebrei [Szymborska] descrive non tanto l'evento in sé, quanto la sua ignoranza al riguardo, le elucubrazioni notturne di una polacca di oggi che si sforza di ricordare qualcosa di questo popolo, del quale si sono salvati nella sua memoria soltanto i nomi», scriveva il critico Artur Sandauer (*Cianfrusaglie*, p. 65):

Il nome Natan picchia l'impiantito,
il nome Isacco canta impazzito,
il nome Sara implora acqua per il nome
Aronne, che intanto di sete muore.

Non saltar giù, nome di Davide.
Tu sei un nome che porta a sventura,
che a nessuno è dato, spaesato,
averlo qui è una gran sciagura.

Tuo figlio abbia un nome slavo,
ché qui ogni capello viene contato,
ché qui bene e male sono distinti
in base al nome e ai lineamenti.

Non saltar giù. Il figlio sarà Casimiro.
Non saltar giù. Non è ancora l'ora.

I nomi tradiscono l'origine e diventano una condanna a morte, alla quale si può sfuggire solo assumendo un altro nome, slavo – Casimiro (nell'originale c'era Lech, nome che più polacco non si può, essendo questi il mitico progenitore di quel popolo, detto perciò anche lechita). I nomi ritornano in *Innocenza* (p. 227), ma stavolta sono quelli di giovani tedesche ignare di essere state concepite su materassi di capelli umani...

L'orrore della guerra è raffigurato in maniera se possibile ancora più cruda e sconvolgente in *Vietnam* (p. 229, in «Uno spasso», 1967). Una donna, forse sopravvissuta a qualche bombardamento statunitense, viene trovata e interrogata: reagisce come un animale spaventato, la paura e la diffidenza la inducono a evadere qualunque domanda con un «non so», l'unica risposta assertiva la dà quando le viene chiesto «questi sono i tuoi figli?». L'istinto materno è l'unica cosa che ancora la tiene legata all'umanità: il quadro è psicologicamente coerente, è la stessa paura di perdere i figli che le strappa il «sì».

C'è una poesia di Szymborska, scritta in età avanzata, che contiene «un elenco di domande/ a cui ormai non otterrò risposta», o perché la risposta è prematura, o perché l'autrice non è capace di comprenderla; tra le prime vi è anche «Quando cesseranno le guerre/ e cosa le sostituirà» (*Elenco*, p. 619). «Ho momenti di grande, grandissima disperazione per quello che accade nel mondo», confessava (*Cianfrusaglie*, p. 284), raccontando di temere che il XXI secolo sarebbe stato un'epoca di conflitti e fondamentalismi. Sì, uno sguardo così lucido, una così ferma indisponibilità a cedere a qualsivoglia illusione, non può lasciare molto spazio alla speranza. Che cosa resta a bilanciare il pessimismo della ragione di fronte alla tragicità della vita? Certamente non l'ottimismo della volontà, che è appannaggio degli uomini di azione più che dei poeti. Piuttosto l'attitudine – ricercata, programmatica – al → Gioco e allo → Humour, allo stupore e all' → Incanto, l'altra faccia del quale è appunto la disperazione (*Il cielo*, p. 495, qui p. 92).

Torniamo allora, per concludere, al punto dal quale eravamo partiti, ai tre versi di *La realtà esige* (p. 511):

> Questo orribile mondo non è privo di grazie,
> non è senza mattini
> per cui valga la pena svegliarsi.

Dopo quanto detto, una cosa appare evidente: chi sostiene che Szymborska è la poetessa dell'affermazione del mondo non dovrebbe dimenticare di aggiungere: nonostante tutto.

Andrea Ceccherelli

# Poesia

*La gioia di scrivere*

Dove corre questa cerva scritta in un bosco scritto?
Ad abbeverarsi a un'acqua scritta
che riflette il suo musetto come carta carbone?
Perché alza la testa, sente forse qualcosa?
Poggiata su esili zampe prese in prestito dalla verità,
da sotto le mie dita rizza le orecchie.
Silenzio – anche questa parola fruscia sulla carta
e scosta
i rami generati dalla parola «bosco».

Sopra il foglio bianco si preparano al balzo
lettere che possono mettersi male,
un assedio di frasi
che non lasceranno scampo.

In una goccia d'inchiostro c'è una buona scorta
di cacciatori con l'occhio al mirino,
pronti a correr giù per la ripida penna,
a circondare la cerva, a puntare.

Dimenticano che la vita non è qui.
Altre leggi, nero su bianco, vigono qui.
Un batter d'occhio durerà quanto dico io,
si lascerà dividere in piccole eternità
piene di pallottole fermate in volo.
Non una cosa avverrà qui se non voglio.

Senza il mio assenso non cadrà foglia,
né si piegherà stelo sotto il punto del piccolo zoccolo.

C'è dunque un mondo
di cui reggo le sorti indipendenti?
Un tempo che lego con catene di segni?
Un esistere a mio comando incessante?

La gioia di scrivere.
Il potere di perpetuare.
La vendetta d'una mano mortale.

«La poesia comincia dove finisce l'ovvietà». In questo aforisma della sua «Posta letteraria» (*Cianfrusaglie*, p. 117), la rubrica in cui per anni recensiva e consigliava gli scrittori pivelli che inviavano alla redazione di «Życie Literackie» le loro troppe volte insulse scribacchiature, scopriamo una delle poche certezze, almeno di quelle direttamente espresse, di Wisława Szymborska, poeta del «non so». Il resto sono quasi solo domande, come nella penultima strofa di questa *Gioia di scrivere*, una gioia dunque pienamente consapevole della propria fragilità e insicurezza, una volta che prendano di nuovo il sopravvento quelli che «dimenticano che la vita non è qui». La visione poetica di Wisława Szymborska si fonda infatti sull'incertezza, sul dubbio, sulla possibilità e liceità di molteplici interpretazioni e letture di cose, fatti, e persone. L'immaginazione, il sogno e la poesia possono essere insomma più o meno sinonimi, come in *Grande numero* (p. 341), collocandosi assieme in quel «paradiso perduto/ della probabilità» (*La stazione*, p. 201), che non è affatto il contrario della vita, ma il suo necessario complemento.

«Poetessa del dubbio» venne definita in una bella intervista di José Comas per «El País» del 20 novembre 2004. E una tale attitudine spiega il suo grande amore per Michel de Montaigne; soprattutto – come notò finemente lo studioso svedese Lars Kleberg (2006, pp. 91-102) – si riflette direttamente sul suo discorso poetico e sul modo di comporre versi e intere poesie, che assai spesso si fondano su costruzioni negative, avversative, disgiuntive, comparative, quasi che – a voler essere «sinceri» – l'incertezza delle cose del mondo e della vita non possa necessariamente non riverberarsi sulla lingua, manifestandosi in un numero infinito di domande senza risposta, di paradossi, di «forse», di «se», di «ma», di «oppure»...

Insomma – come avrebbe scritto in una delle sue poesie più famose (*Amore a prima vista*, p. 535, qui p. 3):

> È bella una tale certezza
> ma l'incertezza è più bella.

Se poi leggiamo tutto il contesto della frase della «Posta letteraria» citata qui all'inizio, ne capiamo ancora meglio il senso e il fine:

> In una poesia che parla dell'attesa di una telefonata dovrebbero esser presenti: Catone il Vecchio, un panino col burro e un maggiolino (*Cianfrusaglie*, p. 117).

Uno dei principi costruttori della poesia szymborskiana è insomma lo «stupore» (→ Incanto), che la poetessa cerca di trasmettere e condividere col proprio lettore, il senso della continua novità e meraviglia del mondo, che riguarda innanzitutto le parole stesse che lo rappresentano:

> In fin dei conti si tratta delle stesse parole che giacciono morte nei dizionari o vivono una vita incolore nella lingua comune. Com'è che nella poesia brillano a festa, come se fossero completamente nuove e appena inventate dal poeta? [...] D'altronde in ogni poesia ciò che conta davvero è l'impressione che proprio quelle parole, e non altre, da secoli stessero aspettando di incontrarsi e unirsi in un'inscindibile totalità (*Opere*, pp. 983 e 995-6).

Inevitabilmente, in questa visione del linguaggio poetico sentiamo fortissima l'eco dell'avanguardia storica, e di quel principio di «straniamento» (*ostranenie*) che Viktor Šklovskij e i formalisti russi teorizzarono a fondamento dell'arte in genere e dell'arte della parola in ispecie; un principio che in fin dei conti era una riproposizione in chiave moderna del presupposto concettistico-barocco della «meraviglia» – per Szymborska lo «stupore» (→ Incanto) – ma che in realtà troviamo alle stesse origini del pensiero occidentale, e proprio in unione con l'altro tema carissimo alla nostra signora Wisława, quello socratico del «sapere di non sapere», e con la stessa idea di «libertà». Libertà di conoscere, quindi, e libertà di stupirsi. Così Aristotele nella *Metafisica*:

> Infatti gli uomini hanno cominciato a filosofare, ora come in origine, a causa della meraviglia: mentre da principio restavano meravigliati di fronte alle difficoltà più semplici, in seguito, progredendo a poco a poco, giunsero a porsi problemi sempre maggiori: per esempio i problemi riguardanti i fenomeni della luna e quelli del sole e degli astri, o i problemi riguardanti la generazione dell'intero universo. Ora, chi prova un senso di dubbio e di meraviglia riconosce di non sapere; ed è per questo che anche colui che ama il mito è, in certo qual modo, filosofo: il mito, infatti, è costituito da un insieme di cose che

destano meraviglia. Cosicché, se gli uomini hanno filosofato per liberarsi dall'ignoranza, è evidente che ricercarono il conoscere solo al fine di sapere e non per conseguire qualche utilità pratica. [...]. È evidente, dunque, che noi non la ricerchiamo per nessun vantaggio che sia estraneo ad essa; e, anzi, è evidente che, come diciamo uomo libero colui che è fine a se stesso e non è asservito ad altri, così questa sola, tra tutte le altre scienze, la diciamo libera: essa sola, infatti, è fine a se stessa (982b).

Ecco che in certe argute risposte della sua «Posta letteraria» rinveniamo sprazzi di quello che Szymborska – malgrado tutta la sua reticenza sull'argomento – pensava sulla poesia:

Il mondo deve essere sempre descritto da capo, perché in fin dei conti non è mai lo stesso di prima (*Opere*, pp. 970-1).

E ancora:

Nella poesia è la descrizione stessa che deve «accadere». Tutto diventa importante e significativo: la scelta delle immagini, il loro accostamento e la forma che assumono. La descrizione di una normale camera deve diventare ai nostri occhi la scoperta della camera, e l'emozione che questa scoperta dovrebbe contagiarci (*ibid.*, p. 971).

A margine di tutto ciò, si dovrà aggiungere l'amore appassionato della nostra poetessa per i *limerick* e il *nonsense*, cioè per il puro → Gioco del linguaggio, che – scardinandone o sovvertendone la logica «normale» – va alla scoperta di logiche «altre», in cui il mondo reale, quello in cui ci è dato vivere – non meno «stupefacente» di altri – risulta però alla fine solo uno dei mondi possibili. La «gioia di scrivere» è infatti un sentimento «sovversivo» («Altre leggi, nero su bianco, vigono qui»), ma al tempo stesso è proprio dal confronto con tutte le possibili logiche «altre» del linguaggio che il mondo reale riacquista e moltiplica, agli occhi del poeta, tutto il suo incanto. Se da una parte un tale atteggiamento doveva necessariamente portare Wisława Szymborska a rifiutare qualunque tipo di «poetica coatta», e in particolare quella del → Realismo socialista, dall'altra vorremmo sentire in tutto questo una sorta di «attitudine zen» (→ Z come Zen?): il «nulla» e i «fenomeni» sono in fondo le due facce di una stessa realtà. Basterà forse leggere una poesia come *Compleanno* (p. 309), per rendersi conto di come in Szymborska il gioco di parole (e tutta la strategia poetica dell'ironia → Lingua) da una parte si regga su una certa lezione poetica dell'avanguardia (perfino in certi suoi sperimentalismi estremi) e dall'altra sia frutto di una continua, profonda, incantata e disperata riflessione sul «senso» (della vita e della morte, del ruolo del caso e dell'amore nei rapporti umani, della Storia e della Politica, della stessa poesia):

> Tanto mondo a un tratto da tutto il mondo:
> morene, murene e marosi e mimose,
> e il fuoco e il fuco e il falco e il frutto –
> come e dove potrò mettere il tutto?
> [...]
> Sono qui un istante, un solo minuto:
> non saprò del dopo, non l'avrò vissuto.

L'idea del prima e del dopo, dell'inizio e della fine (o piuttosto viceversa), cioè del rapporto tra il tempo, lo spazio e la scrittura, è forse l'idea fondante del rapporto fra Szymborska e la sua poesia. La «tragedia di Stoccolma» (come scherzosamente qualcuno degli amici soleva riferirsi al suo Nobel) segnò di fatto un drastico «stop» in un processo creativo che – a quanto pare, anche dalle rare ammissioni pubbliche e private della poetessa su questo tema – si deve considerare un *continuum*, ridimensionando anche quei tre anni di silenzio creativo fra il 1996 e il 1999 e in genere l'opinione – espressa da taluni – che in vita sua Wisława Szymborska abbia scritto assai poco. In un'intervista (citata in *Cianfrusaglie*, p. 188), alla domanda su come nascesse una sua poesia e se una parola o una frase o un evento, più o meno casuali e occasionali, ne diventassero l'inizio, Szymborska rispondeva:

> Non so se si possa parlare di inizio. Io spesso comincio dalla fine. E vi dirò, non è facile, poi, risalire fino all'inizio.

Questo, se da una parte potrebbe spiegare la frequente importanza della *pointe* nelle poesie szymborskiane, che a volte sembrano concettisticamente tendere, e perfino precipitare, verso una battuta finale per lo più sorprendente e imprevista, dall'altra ci dà la possibilità d'intendere un'altra chiave importante della sua poetica: il collage (un fatto, questo, che – sorprendentemente – ci porta di nuovo in una zona artistica assai prossima a certe esperienze d'avanguardia, in particolare di dada e del surrealismo e di geniali continuatori tardonovecenteschi di quelle fondamentali esperienze, come Tadeusz Kantor in pittura, nell'happening e nel teatro). E Szymborska è stata anche creatrice di una serie innumerevole di collage, feroci, scherzosi, pensosi, assolutamente folli, che qualcuno definì «come poesie, come poemetti» emblematici (*Cianfrusaglie*, p. 228), e che la poetessa amava inviare in forma di cartoline ad amici e conoscenti, pubblicati in un delizioso libretto curato da Ryszard Matuszewski, *Wisława Szymborska. Doni di amicizia e arguzia* e anche in altre successive pubblicazioni ispirate o curate dalla Fondazione Wisława Szymborska di Cracovia, presieduta dall'ex segretario della poetessa, Michał Rusinek (*Collages*).

Il collage, del resto, è una delle tecniche che più rimandano al → Caso, quale motore dell'arte (e della vita): le sue tessere cartacee (o di altro materiale), così come le parole del poeta, sono *ready-made* soggetti solo all'estro e al capriccio della «mano mortale» dell'«incollatore» e – prima della versione definitiva dell'opera – possono essere spostati, tolti, modificati o rimanere per sempre in un cassetto... E come avrebbe confessato in un'intervista:

> Alcune poesie hanno una gestazione lunga, e intanto ci ritorno sopra, le correggo. Di recente mi è capitato di distruggerne una, e di lasciarne nel taccuino un'unica frase (*Cianfrusaglie*, p. 188).

Schermendosi come al solito, quando costretta a parlare del proprio mestiere di poeta, in un *Discorso pronunciato nel maggio 1995 in occasione del conferimento della laurea honoris causa all'Università di Poznań*, Wisława Szymborska avrebbe così spiegato la gestazione caotica, casuale, «a collage», dei versi propri e altrui:

> Quasi ogni opera poetica – la mia di sicuro – trae ispirazione da fonti non proprio cristalline, sbagli esistenziali, dubbi, sciocchezze varie, da un sapere accumulato in modo caotico e impossibile da ordinare (*Cianfrusaglie*, p. 286).

La poesia di Szymborska cerca di ricomporre dunque una «realtà», e attribuirle un «senso», a partire dal caos dei fatti (da quel «libro degli eventi/ [...] sempre aperto a metà», p. 537, qui p. 4, che racchiude le sue riflessioni sull'*Amore a prima vista*) e spesso dai piccoli dettagli che per altri – non per il poeta – potrebbero rimanere inosservati e quindi lettera morta. Il particolare dettaglio anatomico del primo marito Adam Włodek (l'orecchio trapassato da un proiettile tedesco in tempo di guerra) torna così nella poesia *In pieno giorno* (pp. 437-9), attribuito però al poeta Krzysztof Kamil Baczyński. Ma anche questa poesia di Szymborska è una delle tante sue «variazioni sul tema» del → Caso, e vorrebbe disperatamente tenerlo in vita, il vero Baczyński, non il suo mito, cercando di immaginare quale sarebbe stata l'esistenza anche piccolo borghese di questo «bello e dannato» della generazione di guerra, se non fosse morto il 4 agosto 1944 sulle barricate dell'Insurrezione di Varsavia (p. 437):

> Dell'orecchio, scalfito appena da un proiettile
> – la testa infatti si era scostata giusto in tempo –
> «ho avuto una fortuna sfacciata» direbbe.

Piccoli fatti, dettagli e ovviamente frasi e parole che tornano, si rianimano, si spostano saltellando di testo in testo, di anno in anno o addirittura di decennio in decennio, in una sorta di continua fabbricazione di un puzzle, un mosaico o un collage infinito.

Ecco che, ad esempio, le due biografe di Szymborska, grazie alle informazioni del segretario Michał Rusinek, scoprirono che sul taccuino della poetessa, risalente alla metà degli anni sessanta, la prima frase annotata era «Ad alcuni piace la poesia», cioè l'espressione che avrebbe dato il titolo a una celeberrima poesia «programmatica» pubblicata quasi trent'anni dopo nella raccolta «La fine e l'inizio» (1993), le cui tre brevi strofe iniziano paradigmaticamente con le tre parole del titolo: Ad alcuni –// Piace –// La poesia –.

Ed è proprio qui, in questo breve e lieve trattato di estetica che, prima del discorso del Nobel, viene espressa quella «poetica del non so» che da lì in poi molti avrebbero considerato una sorta di «logo» per la poesia di Szymborska (p. 501):

> ma cos'è mai la poesia?
> Più d'una risposta incerta
> è stata già data in proposito.
> Ma io non lo so, non lo so e mi aggrappo a questo
> come all'àncora d'un corrimano.

C'è dunque un aspetto salvifico nella poesia o, più esattamente – nell'incertezza su cosa davvero essa sia –, nella stessa possibilità che essa esista, venga praticata anzi che no, e a qualcuno possa anche piacere (*Possibilità*, p. 479):

> Preferisco il ridicolo di scrivere poesie
> al ridicolo di non scriverne.

In occasione della consegna del premio Goethe nella Paulskirche di Francoforte nel settembre 1991, nello stupendo elogio intitolato *L'isola poetica del pensiero* (pubblicato in polacco sul settimanale di Cracovia «Tygodnik Powszechny» del 15 settembre 2009), il suo traduttore e grande amico tedesco Karl Dedecius definì la poesia di Szymborska «un biotopo spirituale favorevole alla nostra salute». Ma si tratta non certo di una salvezza «epica» e «collettiva», come quella salmodiata nel primo volume postbellico dell'altro Nobel polacco, Czesław Miłosz, per l'appunto intitolato «Salvezza» («Ocalenie»), il quale si chiedeva: «Cos'è la poesia che non salva i popoli, né le persone?» (Miłosz 1983b, p. 41). «In mancanza di muscoli da mostrare al mondo», «Con calore, ma non troppo» (*Serata d'autore*, p. 149), la poesia di Szymborska si rivolge ai singoli – molti o pochi che siano non ha alcuna importanza – e ciò che le interessa, ciò che ancora la commuove e che vuole salvare è proprio «la singolarità» (p. 341). Si deve insomma dar ragione al critico e grande amico di Szymborska, Stanisław Balbus, quando – in un'intervista del 2014 – sosteneva che la sua poesia «non porta "la salvezza", ma la *katharsis*. Sperimentando le sofferenze e le gioie del mondo, acquisiamo una nuova saggezza, una visione più chiara del nostro destino, perfino la morte cessa di essere paurosa», e spiegava bene quali fossero per lui le caratteristiche principali della personalità di Szymborska che, riflettendosi nella sua poesia, costituivano gli ingredienti principali della *katharsis*:

> Delicatezza, sottigliezza, profondità e semplicità, discreta eleganza. E senso dell'umorismo. L'umorismo era la sua filosofia di vita. In ogni caso uno dei modi di coltivare la sua «filosofia pratica». Perfino nella tragicità riusciva a scorgerne l'impronta. Ma non si trattava affatto di humour nero: era sottile, cangiante in varie sfumature, sempre alla scoperta di nuovi significati, leggero eppure profondo. Wisława non ride, sorride, basta guardare le sue foto. Lei è un saggio esemplare di *homo ludens*. Che ama le persone, ma senza farsi la benché minima illusione. E se un po' scherza, lo fa anche di se stessa. Era aperta al mondo (Papieska 2014, p. 21).

Se dunque la «gioia di scrivere» è un fatto personale e singolare del poeta, nell'idea che Szymborska ha della poesia e dell'arte in genere, che deriva per l'appunto da quella sua «filosofia pratica», senza dubbio lo è anche la «gioia di leggere». E non importa davvero se chi legge o ascolta siano milioni o un piccolo manipolo di «eletti», perché l'immaginazione poetica non è certo un fatto di «grandi numeri», anzi, «Continua a commuoverla la singolarità» (*Grande numero*, p. 341). Così in *Serata d'autore* (p. 149) sembra bonariamente «rifare il verso» al concetto elitista di «poesia per dodici persone» di Tadeusz Peiper, il teorico dell'Avanguardia cracoviana degli anni venti:

> Ci sono dodici persone ad ascoltare,
> è tempo ormai di cominciare.
> Metà è venuta perché piove,
> gli altri sono parenti. O Musa.
> [...]
> In prima fila un vecchietto dolcemente sogna
> che la moglie buonanima, risorta,
> gli sta per cuocere la crostata di prugne.
> Con calore, ma non troppo, ché il dolce non bruci,
> cominciamo a leggere. O Musa.

A partire dagli anni del «disgelo» e col suo progressivo, ma fermo allontanamento dalla «fede» comunista (e da ogni altra credenza collettiva), Szymborska ha così sempre più rivendicato il carattere singolare e autonomo del proprio essere poeta e far poesia, tenendosi «dai gruppi letterari [...] ben distante» (*Epitaffio*, p. 151). «Non ho sentimenti collettivi. L'appartenenza – avrebbe dichiarato alle sue biografe – per uno scrittore è un intralcio, uno scrittore dovrebbe avere le sue convinzioni e vivere secondo quelle convinzioni» (*Cianfrusaglie*, p. 238). Di qui, coerentemente, il suo distacco da qualunque tipo di poesia dichiaratamente «impegnata»:

> Dio ci scampi dalla scrittura solo *engagée*! È destinata ad avere una vita breve, e a scomparire nel nulla. [...] In realtà bisognerebbe sempre mantenersi su posizioni generali, e lasciar perdere riferimenti troppo concreti. [...] La poesia *engagée* passa perché non tocca temi universali nei quali ci si può sempre ritrovare e riconoscere (*Opere*, pp. 1063-64).

Sicuramente questo tipo di atteggiamento faceva parte del carattere generalmente schivo e appartato di Wisława Szymborska, al quale carattere si deve senz'altro attribuire anche il fatto di essersi sempre espressa poco e malvolentieri sulle opere degli altri, specie se ancora in vita, come sulla propria, tenendosi – come scrisse in una scherzosa autorecensione delle «Letture facoltative» – «a una ragionevole mezza distanza» (*Wln*, p. 571) da sé stessa scrittrice. E infatti in quelle sue bizzarre recensioni non prese quasi mai in considerazione libri di poesia e le sue sporadiche dichiarazioni di «poetica» spesso si limitarono a brevi – e tanto più significative – affermazioni tipo:

> Talvolta mi irrita la facilità con cui i poeti scrivono di poesia, come se questa custodisse ancora arcani del tutto inaccessibili agli altri generi letterari. I poeti hanno sempre avuto la tendenza a considerare la poesia come l'alfa e l'omega della letteratura. Ci furono epoche in cui una simile convinzione era giustificata, ma oggi sa di stantìo. La poesia continua a esistere e non è certo un genere secondario, ma ritengo fuori luogo considerarla incomparabilmente superiore alla prosa o al dramma per ciò che concerne la percezione e la comprensione della vita (*Lf*, pp. 125-6).

E forse è proprio lì, in quelle sue spesso bizzarre «Letture facoltative» – i 562 elzeviri che Szymborska scrisse lungo vari decenni per il settimanale «Życie Literackie» e poi per altre testate, fra cui il quotidiano «Gazeta Wyborcza» su libri prevalentemente di prosa, di costume, di saggistica la più varia –, che si potrebbero cercare molte fonti dirette e indirette della sua ispirazione, e certamente qualche fortunato filologo-anatomista del futuro potrà scriverci più d'un libro.

Alla domanda «Perché si scrive poesia? Cosa può dire la poesia che la prosa non è in grado di esprimere?», la poetessa replicava quindi con la sua risposta preferita:

Io proprio non lo so. Mi sembra che a una domanda come questa dovrebbero rispondere i lettori, non gli autori. Perché il lettore d'un tratto ama una certa poesia? Che cosa si imprime nella sua memoria? Che cosa non lo lascia tranquillo, tanto da dover più volte ritornare su quella lettura? E che cosa prova leggendo, invece, una pagina di prosa? Forse è lui, il lettore, ad avere la risposta (*Opere*, p. 1063).

Come al solito, Szymborska, invece di fornire risposte, moltiplica le domande. E difatti chi ha dovuto confrontarsi più da vicino con la sua poetica e la sua poesia, cercando di dare delle risposte, ancorché precarie e temporanee a quelle domande, sono stati innanzitutto quei particolarissimi «lettori a scartamento ridotto» che sono i suoi traduttori in tutte le lingue, i quali hanno a volte scritto cose che rimangono a durevole testimonianza del fatto che la «gioia di scrivere» di Wisława Szymborska è fatta di contrasti, chiaroscuri, forti contese e perlopiù vinte resistenze della materia verbale rispetto a quella di una realtà che la poetessa vorrebbe poter conoscere, descrivere e possibilmente amare e far amare in ogni suo minimo dettaglio. Così l'americana Clare Cavanagh parla di «stilizzazione» della storia naturale e della storia degli uomini:

Il talento straordinario di Szymborska consiste nel riconoscere l'eccezionalità in quel mondo intorno a noi, che sembrerebbe ordinario, e nel saperne trasmettere i «miracoli comuni» – nonché, si dovrebbe aggiungere, le catastrofi quotidiane – per mezzo di una lingua stupendamente stilizzata che imita le stilizzazioni di cui è ricca sia la storia naturale che quella degli uomini (Cavanagh 2003, p. 10).

Il giornalista olandese Sacha Malko avrebbe a sua volta notato «qualcosa di olandese» in Szymborska, la quale «come i maestri della pittura olandese ama osservare le piccole cose da angolature diverse e sotto luci diverse» (*Cianfrusaglie*, p. 268). Forse proprio qui, in questo raffronto con gli olandesi potremmo trovare una chiave profonda della poetica szymborskiana: l'amore per il chiaroscuro, o – come si potrebbe altrimenti dire in termini musicali – la tendenza all'improvviso «passaggio in minore» del tono, di stampo davvero mozartiano, che s'incontra quasi sempre nelle sue poesie e viene espresso nel modo più toccante e lapidario in quell'endiadi di «incanto e disperazione» che chiude la poesia *Il cielo* (p. 495, qui p. 92). E vi ritroveremmo anche l'affettuosa attenzione al dettaglio, quello minimo e apparentemente «insignificante», ciò che tra l'altro – secondo Franco Moretti – «nei volti seri e scavati di Rembrandt, o nel quotidiano vivo e luminoso di Vermeer», fa della pittura olandese una vera antesignana del romanzo moderno (Moretti 1993, p. 848). Ed ecco allora il dichiarato amore per Rembrandt e forse soprattutto per Vermeer («In sogno dipingo come Vermeer» – *Elogio dei sogni*, p. 327, qui p. 193), mirabilmente espresso nella poesia intitolata col nome stesso del grande pittore nederlandese (p. 733):

> Finché quella donna del Rijksmuseum
> nel silenzio dipinto e in raccoglimento
> giorno dopo giorno versa
> il latte dalla brocca nella scodella,
> il Mondo non merita
> la fine del mondo.

Lo scrittore Jarosław Mikołajewski, per anni direttore dell'Istituto Polacco di Roma, avendo avuto diverse occasioni di invitarla, ha raccontato più volte alcuni aneddoti su Szymborska in viaggio in Italia. Uno lo riportano anche le biografe autrici di *Cianfrusaglie del passato* (p. 193):

> Visitando la cattedrale di Siena, la Szymborska aveva esclamato: «Tutto questo non merita la fine del mondo». Un anno e mezzo dopo Jarosław Mikołajewski, che quel giorno la accompagnava, ritrovò la stessa frase nella poesia *Vermeer*, con riferimento alla donna raffigurata in un quadro del pittore di Delft.

Si tratta dunque di quel metodo di composizione *à rebours* e per tessere di collage, a cui accennavamo sopra: la stessa spontanea esclamazione della poetessa che diviene una sorta di *objet trouvé* poetico, decontestualizzato e «rimeditato» nella lirica che parte, sì, da un'intuizione spontanea e dall'osservazione di una situazione di vita, come avrebbe detto nell'intervista *L'indispensabile naturalezza*:

> Credo che la poesia possa esprimere tutto. Tutto le calza. Ogni evento può essere spremuto, concentrato in una poesia. Ogni fatto contiene in sé una carica che la poesia è pronta e in grado di raccogliere (*Opere*, p. 1062).

Al tempo stesso però la poesia è frutto di un progressivo allontanamento da quell'«evento» o «fatto» che ne è stato la causa scatenante, per giungere lei poeta per prima, e poi condurre con sé il lettore, verso una riflessione più profonda, quella «percezione e comprensione della vita» cui accennava nella «lettura facoltativa» poco sopra citata. E nella medesima intervista aggiungeva:

> La mia poesia è riflessiva. Sì. Proprio per questo, credo, riesco a prendere una certa distanza dall'atto con cui trasferisco sulla carta i meccanismi che si attivano dentro di me. Forse non subito. Durante la composizione, o la crea-

zione, se preferisce, quella distanza non c'è. Ma poi, date le caratteristiche della mia poesia, quasi *devo* allontanarmene, se voglio davvero comprenderla e sentirla mia. Questo non significa che non sia attratta da forme di poesia completamente diverse: mi piace anche la poesia spontanea, non riflessiva, che si lancia con impeto su ogni cosa (*ibid.*).

E ancora:

> L'ispirazione arriva da chissà dove, e ti porta chissà dove; nasce da una cosa fra le mille che ti succedono intorno. [...] Può essere sufficiente una frase, un'immagine, un fatto: ma poi è necessario lavorarci sopra, faticare, pensare, modellare l'ispirazione originaria finché non assume una forma, finché non acquista un'esistenza. È un lavoro: un lavoro nel vero senso della parola. Ma quel momento, quella spinta, quello stimolo sono reali, esistono davvero (*ibid.*, pp. 1051-52).

L'aneddoto senese raccontato da Mikołajewski, allora, e le sue conseguenze sul piano della composizione poetica, ci dà una possibile chiave della poetica szymborskiana *tout court* e, al contempo, dei motivi del suo successo presso il grande pubblico. Si tratta del rapporto di sublimazione e rielaborazione – quasi un pasoliniano «trasumanar e organizzar» – che si instaura nei suoi versi tra lo spontaneo, l'ovvio e il quotidiano da una parte e il riflessivo, il lirico e il trascendente dall'altra, laddove l'una parte si innesta e si nutre vicendevolmente dell'altra. Ciò riguarda ovviamente in primo luogo il rapporto che si stabilisce tra lingua della quotidianità e linguaggio della poesia (→ Lingua), laddove:

> Ogni epoca prende un po' le distanze dalla lingua parlata; ma la poesia qualcosa deve anche rubare, dal parlato di tutti i giorni, se non vuole suonare vecchia, stantìa. E allora è naturale che il verso si avvicini alla prosa: del resto è sempre successo. Persino Mickiewicz fu accusato di usare espressioni plebee, popolari. Ma doveva farlo, se voleva – come voleva – essere un poeta moderno e non l'epigono di un'epoca antecedente e di una lingua del tutto inattuale (*ibid.*, p. 1055).

Per questo se dovessimo definirla con una formula, forse a questa poesia si addice quel «sentimento di trascendenza della realtà» (e spesso della «realtà del rango più basso», come l'avrebbe chiamata il citato Tadeusz Kantor), attribuitole da un critico polacco (→ Z come Zen?), una trascendenza laica, però, evidentemente ancora utile e necessaria a più di qualcuno, perfino, anzi proprio in un'epoca narcisista, materialista, consumista e al tempo stesso di fondamentalismi religiosi come la nostra. L'attenzione sollecita e affettuosa per il particolare, anche il più scontato e inavvertito (una cipolla, un granello di sabbia, uno scarabeo morto), e in generale – come la chiama lei stessa – per la «singolarità»

(*Grande numero*, p. 341), si eleva quindi su su, fino a raggiungere un piano meditativo, se non addirittura filosofico, creando quella complessità/molteplicità del senso, che i suoi traduttori più sensibili e accorti riconoscono come il maggiore scoglio e valore di questa poesia:

> Se anche su uno solo dei molti piani delle sue poesie, dalle più piccole molecole di lingua e stile fino alla totalità della situazione lirica o aneddotica, si rompe quell'ideale equilibrio tra banalità e genialità, quotidianità e straordinarietà, colloquialità e poeticità, cosa si dice e come si dice, l'effetto può essere la rovina di tutto il componimento (*Cianfrusaglie*, p. 268).

Così si esprimeva Stanisław Barańczak (1946-2014), poeta egli stesso ed eccellente traduttore in e dall'inglese, tra l'altro di John Donne e degli altri poeti metafisici del Seicento, al cui concettismo e «sentimento di trascendenza della realtà» – in qualche misura e fatti tutti i dovuti distinguo – si potrebbe anche confrontare la poesia di Wisława Szymborska (→ Lingua). E ovviamente si potrebbe anche confrontarla con diverse altre esperienze poetiche del passato e a lei contemporanee (→ Tradizione), andando alla ricerca di poeti che, in modo simile, abbiano saputo unire nei loro versi riflessione e ironia, quotidianità e sublime in quell'agogica davvero mozartiana di *Allegro, ma non troppo* (p. 315) che dà il titolo a una sua stupenda poesia sulla vita. Ad esempio, e per rimanere solo nella poesia polacca, Jan Kochanowski, il maggior poeta del Rinascimento polacco e slavo, la cui leggerezza, ironia e profondo pessimismo filosofico nelle «Frasche» (ne esiste una buona traduzione italiana di Nullo Minissi) potrebbe ricordare da vicino la pensosa levità di Szymborska. Come pure l'ultimo Mickiewicz, quello delle «liriche di Losanna», e in particolare di *Quando il mio corpo*, una poesia sulla dissociazione di corpo e anima nel momento in cui, più il primo si perde nelle ciance salottiere della tavola, più la seconda arde di nostalgia per il perduto amore, e che Wisława Szymborska, a detta delle sue biografe (*Cianfrusaglie*, p. 179), considerava «un capolavoro assoluto». Fra i novecenteschi, forse Julian Tuwim e certamente, a sua stessa detta nelle poche «Letture facoltative» in cui ne parla, Leśmian, Czechowicz e Białoszewski. E di altre letterature Rilke, Kavafis, Halas, e chissà quanti altri... Ma – come abbiamo già osservato – lo stesso ritegno e pudore che metteva nel parlare di sé e della propria poesia, Szymborska lo manteneva anche nel rapporto con quella degli altri poeti che pure leggeva, amava e considerava i propri maestri.

Al tempo stesso, il suo stile resta sempre inconfondibile, originale e personalissimo, e dobbiamo proprio crederle quando, in un fulminante quanto autoironico *Epitaffio* (p. 151), afferma di essersi sempre tenuta in disparte da correnti e gruppi letterari:

> Qui giace come virgola antiquata
> l'autrice di qualche poesia. La terra l'ha degnata
> dell'eterno riposo, sebbene la defunta
> dai gruppi letterari stesse ben distante.

C'è dunque una forte ironia e autoironia in Szymborska poeta, nel suo parlare e, raro, scrivere di poesia, un distacco totale dall'austera (e peraltro in altre epoche salvifica) tradizione dei poeti vati e profeti della nazione (nel secondo Novecento polacco incarnata soprattutto nelle figure carismatiche di Zbigniew Herbert e Czesław Miłosz); una bonaria, ma netta presa di distanze da qualunque senso di superiorità e separazione del poeta e della poesia dal resto del mondo e dalle cose più semplici e care, espressa in modo quanto mai antifrastico e sottile in *Recensione di una poesia non scritta* (pp. 381-3); un caldo, affettuoso richiamo alla «poesia della vita» – tutto ciò che ci rende la sua scrittura poetica comprensibile, vicina, amabile e – per dirla ancora col citato Karl Dedecius – «un biotopo spirituale favorevole alla nostra salute».

Uno dei testi che esprime nel modo più diretto e paradigmatico questa – chiamiamola – «concezione vitale» della poesia di Wisława Szymborska è *In lode di mia sorella* (p. 375), che vale la pena di citare qui per intero, senza aggiungere alcun commento, tanto parla chiaro nella sua immediata, calorosa semplicità:

> Mia sorella non scrive poesie,
> né penso che si metterà a scrivere poesie.
> Ha preso dalla madre, che non scriveva poesie,
> e dal padre, che anche lui non scriveva poesie.
> Sotto il tetto di mia sorella mi sento sicura:
> suo marito mai e poi mai scriverebbe poesie.
> E anche se ciò suona ripetitivo come una litania,
> nessuno dei miei parenti scrive poesie.
>
> Nei suoi cassetti non ci sono vecchie poesie,
> né ce n'è di recenti nella sua borsetta.
> E quando mia sorella mi invita a pranzo,
> so che non ha intenzione di leggermi poesie.
> Fa minestre squisite senza secondi fini,
> e il suo caffè non si rovescia su manoscritti.
>
> In molte famiglie nessuno scrive poesie,
> ma se accade – è raro che sia uno solo.

A volte la poesia scende a cascate per generazioni,
creando gorghi pericolosi nel mutuo sentire.

Mia sorella pratica una discreta prosa orale,
e tutta la sua opera scritta consiste in cartoline
il cui testo promette la stessa cosa ogni anno:
che al ritorno dalle vacanze
tutto quanto
tutto
tutto racconterà.

Ma forse la composizione che più potrebbe «rispondere» – se mai risposta esistesse – alla domanda su cosa sia la poesia per Wisława Szymborska è quella con cui la poetessa volle chiudere il volumetto intitolato significativamente «Due punti» (2005), dal non meno significativo titolo *In effetti, ogni poesia* (pp. 677-9):

In effetti ogni poesia
potrebbe intitolarsi «Attimo».

Basta una frase
al presente,
al passato o perfino al futuro:

basta che qualsiasi cosa
portata dalle parole
stormisca, risplenda,
voli nell'aria, guizzi nell'acqua,
o anche conservi
un'apparente immutabilità,
ma con una mutevole ombra;

basta che si parli
di qualcuno accanto a qualcuno
o di qualcuno accanto a qualcosa,

di Pierino che ha il gatto
o che non ce l'ha più;

o di altri Pierini
di gatti e non gatti
di altri sillabari
sfogliati dal vento;

basta che a portata di sguardo
l'autore metta montagne provvisorie
e valli caduche;

che in tal caso
accenni al cielo
solo in apparenza eterno e stabile;

che appaia sotto la mano che scrive
almeno un'unica cosa
chiamata cosa altrui;

che nero su bianco,
o almeno per supposizione
per una ragione importante o futile,
vengano messi punti interrogativi,
e in risposta –
i due punti:

Ecco di nuovo una sorta di *ready-made* verbale, secondo il «metodo» compositivo di cui dicevamo, in quel «risplendere» delle cose portate dalle parole, che ci ricorda molto da vicino le parole che «brillano a festa, come se fossero completamente nuove e appena inventate dal poeta» del brano della «Posta letteraria» citato quasi all'inizio di questa voce, e in genere la *Gioia di scrivere* (si veda là «da sotto le mie dita», qua «sotto la mano che scrive»), la famosissima poesia che ha fatto da pretesto alle nostre riflessioni. Ed ecco i punti interrogativi e i due punti – gli unici segni d'interpunzione davvero importanti in poesia: il moltiplicarsi delle domande sul mondo, sulla vita, sugli altri e su se stessi, e l'infinita apertura a possibili risposte in un discorso che – volenti o nolenti coloro che scrivono o non scrivono poesie – continua.

Quale dunque una possibile definizione della poesia per e di Wisława Szymborska, se si volesse caparbiamente andar oltre quelle «due piccole paroline [...] piccole, ma alate» – «non so» (*Opere*, p. 1043)? La risposta migliore ce l'ha fornita lei stessa, in una delle fulminanti risposte della sua rubrica «Posta letteraria», ed è bellissima:

> La definizione di poesia, in una frase – mah. Ne conosciamo almeno cinquecento date da altri, nessuna ci sembra sufficientemente esatta e al tempo stesso esaustiva. Ognuna esprime il gusto della propria epoca. Uno scetticismo innato ci trattiene dall'arrischiare un'ulteriore definizione. Ma ci siamo però ricordati un bell'aforisma di Carl Sandburg: «La poesia è un diario scritto da un animale marino che vive sulla terra e vorrebbe volare». Potrà bastarLe per ora? (*ibid.*, p. 970).

P. S.

Quando nel 1996 Wisława Szymborska vinse il Nobel ci furono le solite polemiche, all'estero (da parte dei molti che non l'avevano mai sentita nominare: un destino comune a quasi tutti gli scrittori delle cosiddette letterature «minori»), ma anche in patria (da parte degli ambienti nazionalisti di destra, che le rinfacciarono subito le sue poesie d'epoca stalinista (→ Realismo socialista); ma anche da parte di chi riteneva che più degni di lei del secondo Nobel poetico polacco, dopo quello del 1980 a Czesław Miłosz, fossero altri, ad esempio Zbigniew Herbert o Tadeusz Różewicz). Ai secondi la poetessa volle dare quasi immediatamente una risposta nella dichiarazione scritta fornita alla stampa il giorno dopo l'annuncio del premio:

> Come tutti i miei illustri predecessori, neppure io ho esperienza in fatto di Nobel, perciò alla gioia suscitata in me da un così elevato riconoscimento si accompagna un certo imbarazzo... So che almeno altri due poeti polacchi eccellentissimi avrebbero meritato questo premio. Preferisco dunque pensare al riconoscimento tributato alla mia opera come a un attestato di stima nei confronti di tutta la poesia polacca contemporanea, che a quanto pare ha qualcosa di importante da dire al mondo intero (*Cianfrusaglie*, p. 293).

Questa dichiarazione rispecchiava pienamente sia lo spirito etico – quello sì, «collettivo», della poesia polacca postbellica, che tutti i poeti maggiori hanno sempre condiviso e difeso –, sia la meravigliosa modestia della nostra poetessa, la quale avrebbe poi destinato l'intero ammontare del premio Nobel (più di un milione di dollari) alla creazione di una Fondazione che servisse al sostegno della poesia e dei poeti in Polonia.

Sotto l'egida della Fondazione Wisława Szymborska, nel 2013 si tenne la prima edizione dell'annuale Premio Szymborska, attualmente il maggior premio letterario in Polonia: la giuria, composta da sei membri stranieri e due polacchi scelti fra i traduttori, critici o studiosi di poesia polacca più internazionalmente noti, lo attribuì *ex aequo* a due poeti giovanissimi, la quasi debuttante Krystyna Dąbrowska e Łukasz Jarosz.

Grazie a Wisława Szymborska, alla sua generosità di donna e alla sua straordinaria maestria di poeta, in Polonia e in molte altre parti, la poesia polacca contemporanea (non solo quella dell'autrice di *Nulla due volte*) è letta e amata e ancora, a quanto pare, ha qualcosa di importante da dire al mondo.

Luigi Marinelli

# Qui e ora

## *Attimo*

Cammino sul pendio d'una collina verde.
Erba, tra l'erba fiori
come in un quadretto per bambini.
Il cielo annebbiato, già tinto d'azzurro.
La vista si distende in silenzio sui colli intorno.

Come se qui mai ci fossero stati cambriano e siluriano,
rocce ringhianti l'una all'altra,
abissi gonfiati,
notti fiammeggianti
e giorni nei turbini dell'oscurità.

Come se di qua non fossero passate pianure
in preda a febbri maligne,
brividi glaciali.

Come se solo altrove fossero ribolliti i mari
e si fossero rotte le sponde degli orizzonti.

Sono le nove e trenta, ora locale.
Tutto è al suo posto e in garbata concordia.
Nella valletta un piccolo torrente in quanto tale.
Un sentiero in forma di sentiero da sempre a sempre.

Un bosco dal sembiante di bosco pei secoli dei secoli, amen,
e in alto uccelli in volo nel ruolo di uccelli in volo.

Fin dove si stende la vista, qui regna l'attimo.
Uno di quegli attimi terreni
che sono pregati di durare.

C'è fin dal titolo un nesso evidente fra questa poesia (e questa voce) e la voce «Fugacità». Szymborska riprende incessantemente e da angolature sempre differenti trame e idee già afferrate in precedenza. Tre anni dopo aver pubblicato il volume «Attimo» (2003), suggellava la raccolta «Due punti» con i versi di *In effetti, ogni poesia* (p. 677) che inizia così: «In effetti ogni poesia/ potrebbe intitolarsi "Attimo"», e termina con due punti («e in risposta –/ i due punti:»). Due punti che non chiudono un discorso, ma lasciano aperta la serie senza fine di domande (e risposte) che a loro volta hanno dietro di sé altre domande (e risposte); e *In effetti, ogni poesia* sembra una risposta data a se stessa dopo *Attimo*.

E in verità, una poesia intitolata *Attimo* che apre una voce «Qui e ora» dà rilievo, un po' suo malgrado, a quel legame con «Fugacità»; né potrebbe essere altrimenti, dacché il punto di partenza da cui Szymborska pone a sé e al lettore le domande sull'esistenza del mondo è saldamente radicato, l'abbiamo rilevato più volte, nella realtà effettivamente percepibile ed esperibile, che esiste cioè nel luogo e nel tempo del nostro esserci, per usare un termine e un concetto di Heidegger (*Dasein*), già rammentato altrove (→ Donna, → Nulla). Il luogo e il tempo di «Fugacità» erano però raccolti piuttosto sull'attimo fermato nel suo movimento nella pittura soprattutto, e sul paradosso che Szymborska ha saputo trasferire con maestria e arguzia dal linguaggio pittorico alla voce vergata sulla carta (→ Ecfrasi).

In *Attimo* non di questo si tratta; la chiusa – di cui Tadeusz Nyczek (2015, pp. 323-36) colse acutamente gli ascendenti illustri, il Goethe del *Faust* e il Mickiewicz delle «Liriche di Losanna» – è limpida: non l'attimo fissato, ma l'attimo che scorre insieme all'osservatore che lo attraversa e si vorrebbe continuasse a scorrere in quelle forme impresse nel soggetto lirico che osserva *in quel momento*, nel momento in cui ha sotto gli occhi il torrente che è torrente, il bosco che è bosco (tautologie che già conosciamo, per esempio, da *Vista con granello di sabbia*, pp. 423-5, qui pp. 17-8). Un paesaggio che è, qui e ora, il punto di arrivo, per il momento, dei vorticosi stravolgimenti alle origini della Terra e dei suoi panorami odierni.

Qui il passato appartiene ad altri, «rocce ringhianti l'una all'altra» che hanno lasciato il posto a un ameno e comunissimo (per noi ora) paesaggio, come un quadretto infantile.

Non è, questa, la sola poesia apparentemente «contemplativa» che Szymborska ha riposto nel suo bagaglio artistico; apparentemente, perché dietro all'orizzonte di quel placido rimirare la meraviglia della natura si affacciano interrogativi a volte inquietanti, a volte disincantati sulla reale capacità dell'uomo di intendere quel che lo circonda e se stesso nel proprio brigare quotidiano (*Non occorre titolo*, pp. 497-9):

> E anche se nulla di rilevante accade intorno,
> non per questo il mondo è più povero di particolari,
> [...]
> A tale vista mi abbandona sempre la certezza
> che ciò che è importante
> sia più importante di ciò che non lo è.

Szymborska non perde mai di vista la divergenza di fatto tra la continuità di quella che chiamiamo Natura rispetto all'uomo che viene e va (*Addio a una vista*, per esempio, p. 527, → Biologia), né tace la prepotenza dell'uomo che alla natura si è sovrapposto, ritenendo di poterla ordinare per sé («Oh, come sono permeabili le frontiere umane! [...]/ Solo ciò che è umano può essere davvero straniero». *Salmo*, pp. 347-9). Nonostante ciò (*La realtà esige*, p. 511):

> Questo orribile mondo non è privo di grazie,
> non è senza mattini
> per cui valga la pena svegliarsi.

Malgrado i difetti, i limiti, la disumanità stessa dell'uomo, Szymborska privilegia sempre il lato positivo e il valore dell'essere qui, che rimane pur sempre l'unica forma di esistenza di cui siamo certi e che è degna di essere apprezzata e cantata. Come nella toccante elegia *Qui* (pp. 683-5), i cui versi originali scorrono nel placido fluire del ritmo portante di endecasillabi e tridecasillabi. Un dialogo con un interlocutore (neanche così immaginario) da cui non ci si aspetta risposta, che dimora in un «altrove» imprecisabile, ma che conosce (senz'altro ha conosciuto) il momento dell'attimo terreno:

> So bene cosa pensi.
> Qui non c'è nulla che dura.

Qui, cioè nella sfera della vita tangibile rispetto alla dimensione sfumata e indeterminabile di un «altrove», dove forse potrebbe esserci di più che non sulla Terra (e «solo per certe ragioni là mancano dipinti,/ cinescopi, ravioli, fazzolettini per il pianto»); ma che di fatto è un non-luogo, intuibile o immaginabile come un unico spazio, senza dintorni e perciò non distinguibile come tale e in opposizione a quello, reale, del «qui» («Qui ci sono luoghi con dintorni in quantità»). E, seppure esistessero altri luoghi, non sarebbero così attraenti come quello in cui la vita passa, sia pur di corsa, affaticandosi inutilmente per vincere l'ignoranza di quel che non può, alla fine dei conti, essere conosciuto.

Ironia sottile, scetticismo e serena certezza che quel che è reale sta, perché è stato, solo e ancora qui:

Su, su, osserva bene:
il tavolo sta dove stava,
sul tavolo il foglio, come è stato messo,
dalla finestra socchiusa solo una folata d'aria
e neanche una crepa paurosa sui muri,
per la quale ti si soffi via – da nessuna parte.

Non si farà credo fatica a riconoscere il mobilio di quell'appartamento «vuoto», dove qualche anno prima si aggirava un gatto indispettito, aspettando un ritorno (un incontro?). E dove tutto è rimasto come prima, come se il tempo di qui non fosse mai passato.

In tal modo Szymborska ha dipanato il suo discorso sul mondo, che a seguirne un capo si finisce, senza accorgersene, a tenerne in mano un altro, con i fili che si intersecano inestricabili come in quel labirinto che è la vita, dove (*Labirinto*, p. 669):

Deve pur esserci un'uscita,
è più che certo.
Ma non tu la cerchi,
è lei che ti cerca,
[...]
e il labirinto
altro non è
se non la tua, finché è possibile,
la tua, finché è tua,
fuga, fuga –

E così, ci si perde di nuovo, nei paesaggi del qui e ora del mondo di Szymborska, alla quale non viene meno la memoria del passato (*La realtà esige*, pp. 511-3), ricoperto dalla vita che ora si siede su «panchine dipinte di fresco/ sotto la Montagna Bianca» mentre a ovest «ai frutteti in fiore intorno a Verdun/ si avvicina solo il fronte atmosferico»:

Sui campi di Maciejowice
l'erba è verde
[...]
Forse non ci sono campi se non di battaglia,
quelli ancora ricordati,
quelli già dimenticati

[...]
Sui valichi tragici
il vento porta via i cappelli
e non c'è niente da fare –
lo spettacolo ci diverte.

Una poesia che avrebbe potuto esser posta in epigrafe al bel libro di Martin Pollack (che fra l'altro è apprezzato traduttore dal polacco in tedesco) appena tradotto in italiano, *Paesaggi contaminati* (Pollack 2016), che ci rammenta, con parole assai più crude e dirette di quelle di Szymborska, di come quei paesaggi alla cui vista siamo rapiti dall'incanto non di rado celino misfatti e stragi orrende, nascoste e dimenticate (*La realtà esige*, p. 513).

Qual è la morale? – forse nessuna.
Di certo c'è solo il sangue che scorre e si rapprende
e, come sempre, fiumi, nuvole.

La poesia di Szymborska non è certo segnata dall'accigliata moralità di Czesław Miłosz, la cui opera e persona le ispiravano soggezione (si leggano le divertenti pagine al proposito in *Cianfrusaglie*, pp. 332-48), e che pure immortalò in uno dei suoi arguti e irriverenti *limerick*, che pare non raccolse l'entusiasmo dell'interessato (*ibid.*, p. 339):

Incede Miłosz, severo, assorto.
Prostrati e recita un *Padrenostro*.

Neppure affonda le radici nello stesso *humus* da cui nasce la ferrea etica laica intesa come libera scelta del suo coetaneo Zbigniew Herbert.

Alla domanda: che ci sta a fare l'uomo qui?, non solo ora, ma da quando s'è conquistato il mondo a spese costose (di cui non intende render conto) del resto della realtà, animata o inanimata che sia, Szymborska risponde anzitutto per se stessa: «So che finché vivo niente mi giustifica» (*Sotto una piccola stella*, p. 337, qui p. 105), che è in verità una ripresa, ma da ben altre prospettive e motivazioni, dello stupendo quanto desolato verso che chiude «La storia che non si affanna»: «e mi discolperanno le ossa» (p. 73). Uno dei migliori usciti dalla penna di Szymborska, restituibile in italiano solo con il significato traslato del verbo polacco («discolpare», appunto), che propriamente vuol dire «sbiancare», «e le ossa mi sbiancheranno», associando così con amaro acume le ossa d'uno scheletro che sbiancano nel processo di fossilizzazione alle colpe lavate, sbiancate solo dopo la morte (si vedano le belle pagine dedicate a questa lirica magistrale da Falkowski e Stępień 2000, pp. 173-7). Una manifesta allusione alla colpa di aver prestato la propria voce alla propaganda ideologica del realismo socialista nel turbine degli esordi in una Polonia liberata e di bel nuovo assoggettata (→ Realismo socialista). Nella consapevolezza che della parte che si recita, senza averla potuta provare, sulla scena del mondo, ci si deve assumere per intero la responsabilità («E qualunque cosa io faccia,/ si muterà per sempre in ciò che ho fatto». *Una vita all'istante*, p. 399).

Se ognuno risponde per sé (e non siamo lontani dall'etica della libera scelta di Herbert), ciò non vuol dire che Szymborska non guardi anche agli altri, lasciando che siano le immagini che compone con versi dai toni neutri (e perciò tanto più dissonanti) a giudicare i protagonisti (→ Orrore). Sferzante è invece l'ironia con cui colpisce i dubbi valori dell'odierna società organizzata in *Figli dell'epoca* (p. 453):

> Non devi neppure essere una creatura umana
> per acquistare un significato politico.
> Basta che tu sia petrolio,
> mangime arricchito o materiale riciclabile.

Questa è l'etica del qui e ora di sovrastrutture sociali e politiche che diluiscono l'individuo nel «grande numero» (*Grande numero*, p. 341) di anonime teste (*Fotografia della folla*, p. 289), assorbendone la specificità nella prassi livellante di conformismi indotti (*Scrivere il curriculum*, p. 463):

> Conta di più chi ti conosce di chi conosci tu.
> [...]
> Meglio il prezzo che il valore
> e il titolo che il contenuto.
> [...]
> Aggiungi una foto con l'orecchio in vista.
> È la sua forma che conta, non ciò che sente.
> Cosa si sente?
> Il fragore delle macchine che tritano la carta

ovvero, che tritano il curriculum spersonalizzato e addomesticato a uso della macchina della società cosiddetta «produttiva» e dell'informazione gestita dai media per la massa indifferenziata, così che «Omero lavora in un istituto di statistica./ Nessuno sa cosa faccia a casa»

(*Censimento*, p. 213), ché la poesia, figuriamoci poi l'epos, mena vita grama, cosa su cui medita conciliante Amleto oggi, dandosi pace di ben altri problemi esistenziali: «O Musa, essere un pugile o non essere affatto» (*Serata d'autore*, p. 149).

Marcello Piacentini

## Realismo socialista

*Progetto un mondo*

Progetto un mondo, nuova edizione,
nuova edizione, riveduta,
per gli idioti, ché ridano,
per i malinconici, ché piangano,
per i calvi, ché si pettinino,
per i sordi, ché gli parlino.

Ecco un capitolo:
La lingua di Animali e Piante,
dove per ogni specie
c'è il vocabolario adatto.
Anche un semplice buongiorno
scambiato con un pesce,
àncora alla vita
te, il pesce, chiunque.

Quell'improvvisazione di foresta,
da tanto presentita, d'un tratto
nelle parole manifesta!
Quell'epica di gufi!
Quegli aforismi di riccio,
composti quando
siamo convinti
che stia solo dormendo!

Il Tempo (capitolo secondo)
ha il diritto di intromettersi

in tutto, bene o male che sia.
Tuttavia – lui che sgretola montagne,
sposta oceani
ed è presente al moto delle stelle,
non avrà il minimo potere
sugli amanti, perché troppo nudi,
troppo avvinti, col cuore in gola
arruffato come un passero.

La vecchiaia è solo la morale
a fronte d'una vita criminosa.
Ah, dunque sono giovani tutti!
La Sofferenza (capitolo terzo)
non insulta il corpo.
La morte
ti coglie nel tuo letto.

E sognerai
che non occorre affatto respirare,
che il silenzio senza respiro
è una musica passabile,
sei piccolo come una scintilla
e ti spegni al ritmo di quella.

Una morte solo così. Hai sentito
più dolore tenendo in mano una rosa
e provato maggiore sgomento
per un petalo sul pavimento.

Un mondo solo così. Solo così
vivere. E morire solo quel tanto.
E tutto il resto eccolo qui –
è come Bach suonato sul bicchiere
per un istante.

Un *manifesto* e insieme una *palinodia*: così possiamo sinteticamente definire la poesia sopracitata, posta in chiusura della raccolta «Appello allo Yeti» (1957). Due generi opposti, ma complementari per funzione: il manifesto serve ad affermare, la palinodia a ritrattare quanto affermato in precedenza. A un italiano verranno in mente il *Manifesto del futurismo* di Marinetti o la leopardiana *Palinodia al marchese Gino Capponi*; il che è corretto, ma a scanso di equivoci vale la pena precisare subito che nel caso di Szymborska siamo di fronte a un manifesto ironico e a una palinodia implicita.

Nella produzione di un'autrice tanto schiva e poco incline alle confessioni, sia personali sia artistiche, è del tutto naturale che le poesie-manifesto, le poesie sulla poesia, questi immancabili parafernali della poesia novecentesca, non solo siano rare, ma – laddove appaiono – mostrino un'assertività attenuata, se non proprio neutralizzata, dall'ironia, come nella celebre *Ad alcuni piace la poesia* (p. 501), di oltre un trentennio più tarda, la cui *pointe* – con quel «non so» insistito che tornerà anche nel discorso del Nobel – rappresenta il culmine dell'ironico «antimanifestismo» szymborskiano (→ Poesia):

> La poesia –
> ma cos'è mai la poesia?
> Più d'una risposta incerta
> è stata già data in proposito.
> Ma io non lo so, non lo so e mi aggrappo a questo
> come all'àncora d'un corrimano.

Più numerosi – e tutti significativamente concentrati in «Appello allo Yeti», la raccolta della svolta ideologica e poetica – sono invece i componimenti in cui Szymborska denuncia la fallacia delle proprie convinzioni precedenti: *Agli amici* («Sulla via dal falso alla verità/ smetti di essere giovane», p. 67); *Funerale* (p. 69), che doveva intitolarsi *Il funerale di Rajk*, ma la censura espunse l'imbarazzante riferimento al politico comunista ungherese, condannato a morte nel 1949 sulla base di false accuse, riabilitato, riesumato e onorato a Budapest, nell'ottobre del 1956, con un solenne funerale trasformatosi in una grande manifestazione di popolo (prodromica alla rivoluzione scoppiata pochi giorni più tardi e ben presto soppressa nel sangue dai carri armati sovietici); «La storia che non si affanna» (p. 73), dove la metaforica «città» della poetessa crolla come la biblica Gerico al suono delle trombe della storia, e soprattutto *Riabilitazione* (p. 63):

> È tempo di prendersi la testa fra le mani
> e dirle: Povero Yorick, dov'è la tua ignoranza,
> la tua cieca fiducia, l'innocenza,
> il tuo s'aggiusterà, l'equilibrio di spirito
> tra la verità verificata e quella no?

Attenzione però: *Progetto un mondo* si differenzia da queste poesie, poiché si tratta di una palinodia di tipo estetico, più che ideologico. L'argomento del componimento è la letteratura, come suggerisce già il primo verso, dove il termine «edizione» e l'intera formula che la contiene, riecheggiante quelle che capita di trovare sui frontespizi, collocano inequivocabilmente l'affermazione iniziale, e tutto ciò che da essa consegue, nel mondo dei libri. *Obmyślam świat* («Progetto un mondo», appunto) potrebbe essere, a ben vedere, il motto di ciascuno scrittore – nella misura in cui *obmyślać* vale «pensare, ideare, elaborare mentalmente». La letteratura è l'idea di un altro mondo, dove regnano leggi diverse da quelle del mondo reale: l'autrice lo spiega nel prosieguo della poesia e lo ribadirà ancora più chiaramente un decennio più tardi in un altro celebre componimento metapoetico, *La gioia di scrivere*, posto in apertura della raccolta «Uno spasso» (1967): «Altre leggi, nero su bianco, vigono qui» (p. 183, qui p. 155), sottratte alla necessità che domina il mondo reale, soggette solo alla libera volontà creatrice dell'artista.

Tutto normale, sembrerebbe. Eppure si tratta, nel 1957, di una dichiarazione di svolta, che può essere compresa pienamente solo in riferimento alla poetica professata prima di «Appello allo Yeti». Proprio alla precedente poetica l'autrice pare alludere soggiungendo, nel secondo verso, che si tratta di una «nuova edizione, riveduta» (letteralmente: seconda edizione emendata): intenderemo allora la sottintesa «prima edizione» non solo e non tanto come la versione data del mondo, quella in cui tutti ci troviamo a vivere, quanto come la produzione letteraria dell'autrice racchiusa nelle raccolte precedenti, «Per questo viviamo» (1952) e «Domande poste a me stessa» (1954). Se ci pensiamo bene, è questa l'interpretazione più convincente: non solo perché la terminologia rimanda al mondo dei libri, ma soprattutto perché in una seconda edizione l'autore, di norma, è lo stesso della prima, e il mondo reale non è certo opera di Szymborska. Anche i versi successivi della prima strofa, come vedremo più avanti, risultano più chiari se li intendiamo come palinodia implicita rispetto a un modello letterario in cui l'autrice non si riconosce più.

Qual è dunque questo modello letterario? «Appello allo Yeti» è la raccolta che segna il distacco di Szymborska dal realismo socialista, tanto da essere considerata il suo «secondo esordio», la prima manifestazione della sua poetica matura; e *Progetto un mondo* occupa in essa una posizione marcata, semanticamente rilevante, trovandosi essa in *explicit*, alla fine, come a riassumerne i nuovi principi e contenuti poetici. Aperture, chiusure, titoli meritano un'attenzione speciale: sono nuclei semantici che racchiudono spesso in forma condensata, potenziata, i significati principali delle raccolte di Szymborska. A far intuire l'entità della svolta cui si accennava basterà rilevare come *Progetto un mondo* sia la sua prima poesia il cui titolo è coniugato in prima persona singolare (volutamente, aggiungiamo, perché chi ben conosce l'opera di Szymborska ricorderà che il titolo della sua prima poesia pubblicata, *Cerco la parola*, non fu voluto da lei, che l'aveva originariamente intitolata *Jacy*, «Quali», bensì apposto dalla redazione della rivista che la pubblicò dopo averla ampiamente rimaneggiata; memorabile al riguardo la battuta di Szymborska: «spero che l'onorario per quella vostra poesia lo pagherete comunque a me». *Cianfrusaglie*, p. 69). Balza agli occhi la differenza rispetto al titolo – quanto mai socio-realista – della sua prima raccolta, «Per questo viviamo», in cui l'individualità si scioglieva nell'abbraccio del vivere collettivo («viviamo») e nella categoricità dei principi che, nella Polonia dei primi anni cinquanta, lo regolavano («per questo»).

Il realismo socialista era l'espressione artistica ufficiale in vigore nella Polonia Popolare dal gennaio del 1949, importata dall'Urss dove essa era stata imposta agli scrittori già un paio di decenni prima. Nel momento in cui quel dogma fu proclamato anche in Polonia, Szymborska stava per pubblicare quella che sarebbe stata la sua prima raccolta poetica, ma che non vide mai la luce proprio a causa di quel giro di vite politico-letterario. Solo dopo la sua morte quegli *iuvenilia* sono stati riscoperti e pubblicati in un volumetto intitolato *Czarna piosenka* (Canzone nera, 2014), al momento inedito in Italia, interessante non tanto in sé, giacché la voce della poetessa risulta qui ancora immatura e i toni ingenui, quanto per la presenza di numerosi motivi che caratterizzeranno poi la sua produzione maggiore. Medesima ragione di interesse che mostrano anche le due raccolte socio-realiste, mai ripubblicate dopo la svolta del 1957 né – conseguentemente – tradotte in alcuna lingua straniera (tranne pochi componimenti) per il veto posto dall'autrice, che compie una sorta di auto-amputazione ovvero – per richiamare il titolo di un suo noto componimento – di «autotomia poetica», in virtù della quale i versi delle prime due raccolte si staccano dal corpo unitario della sua opera e muoiono insieme all'ideologia che le ha generate. Eppure, sotto la patina ideologica è possibile riconoscere anche in quei versi motivi, tonalità, stilemi che precorrono la Szymborska successiva, se un critico, Leszek Herdegen, recensendo «Domande poste a me stessa», poteva formulare un giudizio ancora sottoscrivibile un sessantennio e una decina di raccolte più tardi, definendola «poeta del pensiero e della narrazione, poeta del preciso aforisma e della sintesi lapidaria, poeta di rigorosa economia» (cit. in Ligęza 2001, p. 41). Anche se poi, a ben vedere, l'importanza oltre che l'interesse di questi versi non stanno solo in ciò che in essi precorre l'opera matura del futuro Nobel, ma anche e soprattutto in ciò che da essa li differenzia. Non nella continuità – nell'essere cioè una tappa in un processo evolutivo – ma nella discontinuità, che nascerà non da un normale scarto, bensì da un netto e consapevole rifiuto. Intendo dire che l'antidogmatismo proprio della poesia matura di Szymborska, effetto degli anticorpi che quella esperienza, una volta riconosciuta come un errore, generò e lasciò in lei, è più facilmente comprensibile illuminandone la genesi per (auto)contrapposizione. «Senza quelle esperienze, non avrei mai saputo veramente che cosa significhi credere in un'unica verità», dichiarava la poetessa nel 1991 (*Cianfrusaglie*, p. 99). Come ha scritto Adam Zagajewski,

> in tutta la sua opera successiva risuona l'eco inestinguibile di quell'errore. Era una persona, e una poetessa, assetata di verità, di onestà intellettuale, e quell'inganno giovanile era stato per lei una lezione, una grande lezione. Ha fondato la propria opera matura sulla riflessione intorno a quegli anni, a quelle poesie che non ha mai voluto ripubblicare (*Cianfrusaglie*, p. 108).

Nei primi anni cinquanta l'adesione di Szymborska al realismo socialista, così come all'ideologia comunista, è piena e fervente. «Appartengo a una generazione che ha creduto. Io ho creduto. E quando ho smesso di credere ho smesso di scrivere poesie di quel tipo» (*Cianfrusaglie*, p. 99), spiegherà poi. Intanto però per un quinquennio e più coltiva una poesia impegnata in linea coi dettami del regime, che vuole gli scrittori in prima linea nella costruzione del socialismo – col ruolo di «ingegneri di anime», come li aveva battezzati Stalin. Al vaglio della rigida politica prescrittiva e proscrittiva del regime finiscono temi e tecniche. Il linguaggio artistico si piega alla retorica preconfezionata della neolingua della propaganda. Il mondo del realismo socialista è un mondo in bianco e nero: «noi» *vs.* «loro», gli eroici e puri costruttori del socialismo contrapposti ai suoi nemici vili e corrotti. Nelle due raccolte socio-realiste di Szymborska domina l'entusiastica celebrazione di protagonisti, eventi, istituzioni dell'epopea socialista (i titoli parlano da soli: *Lenin*, *Il dipinto nel Palazzo d'Inverno*, *Appunti di lettura dei materiali storici sulla difesa di Stalingrado*, *Alla gioventù che edifica Nowa Huta*, *Per salutare l'edificazione di una città socialista*,

*Quando sulla culla della Costituzione Popolare una vecchia operaia attinge ai suoi ricordi*, *Il soldato sovietico così parlava ai bambini polacchi nei giorni della liberazione*, *A chi entra nel Partito*), alternata alla denuncia dell'imperialismo occidentale (*Il nostro operaio parla degli imperialisti*, *Canto su un criminale di guerra*, *Dalla Corea*) e alla confutazione dei nemici sia esterni che interni (*A una madre americana*, *Conversazione con uno scettico*). La poetessa attinge a piene mani all'armamentario ideologico e stilistico d'ordinanza. Eppure persino nella prima raccolta si nota un gusto per le piccole cose, i dettagli minuti, gli intimi affetti, pur se dissimulato dietro il velo della missione sociale della poesia (*Personale*, in Ceccherelli 1998, p. 83):

> Quanto batter di mani verrà da una letizia improvvisa:
> una vecchietta portava una piccola locomotiva al nipote.
> Ho visto il suo sorriso e non ne cerco uno più bello,
> perché vibrava di una gioia altrui, inaspettata.
> Ricordo, ricordo col cuore impallidito.
> Come vorrei almeno una poesia
> con quel sorriso portare nei villaggi e nelle fabbriche,
> gioire della gioia altrui.

Né mancano le poesie di argomento amoroso (*In rime banali*, p. 13), che in «Domande poste a me stessa» saranno addirittura quattro su quattordici. Ma non sono certo i toni personali a dominare in queste raccolte. La gran parte dei componimenti sono esercitazioni poetiche su temi dati. Riportiamo a mo' di esempio alcuni versi tratti da quello che oggi ci appare il più controverso, *Quel giorno*, scritto dopo la morte di Stalin (*Cianfrusaglie*, p. 75):

> Il campanello suona, di nuovo, più forte.
> Chi sarà? E che vorrà, così di buon'ora?
> Non voglio saperlo. Forse dormo ancora.
> Non mi alzerò, non aprirò la porta
> [...]
> Finché nessuno di voi me lo dice,
> l'incertezza, compagni, alimenta una speranza...
> Tacciono. Ma vacilla ormai la mia ignoranza,
> la testa china è già rivelatrice.
>
> Che consegne, compagni, ci ha lasciato
> il quarto profilo sul vessillo della rivoluzione?
> «Sotto il vessillo rafforzare il piantone!
> Rafforzare il piantone a tutte le entrate!».
>
> Ecco il Partito – occhio dell'umanità.
> Ecco il Partito – forza dei popoli e coscienza.

Nulla di Lui cadrà nella dimenticanza.
Il Suo Partito è luce nell'oscurità.

«La scrissi con cuore sincero. Oggi è una cosa impossibile da capire», avrebbe poi dichiarato l'autrice (*Cianfrusaglie*, p. 75). C'è comunque chi vede in questa poesia, peraltro tecnicamente valida come gran parte della sua produzione coeva, la prima prova di un procedimento, o per meglio dire, di una situazione lirica – la disperazione causata dall'assenza – che Szymborska svilupperà più volte nell'opera matura e i cui esempi più famosi sono *Il gatto in un appartamento vuoto* (pp. 523-5, qui pp. 121-2) e *Addio a una vista* (pp. 527-9).

Dopo la morte di Stalin e l'inizio del cosiddetto «disgelo», lo scenario politico-culturale cambia gradualmente anche in Polonia. La letteratura comincia a riacquistare la propria autonomia. Tramonta il monopolio socio-realista, la stretta della censura si allenta, gli errori del recente passato vengono denunciati e discussi pubblicamente. È in questo contesto che si collocano i componimenti di Szymborska citati all'inizio di questa voce, così come l'intera raccolta di cui fanno parte, riconosciuta come una delle più importanti del nuovo corso letterario. Torniamo allora a *Progetto un mondo* e, avendone precisato il contesto, cerchiamo di capirne appieno il messaggio, riprendendo il commento là dove l'avevamo interrotto, ovvero agli ultimi quattro versi della prima strofa. La loro struttura perfettamente simmetrica, basata sul parallelismo sintattico «per... ché...», serve a creare un effetto di accumulazione in crescendo il cui contenuto, sempre più assurdo, lascia il lettore parimenti divertito e spiazzato:

per gli idioti, ché ridano,
per i malinconici, ché piangano,
per i calvi, ché si pettinino,
per i sordi, ché gli parlino.

Che significa? In prima battuta, prendendo tutto alla lettera, verrebbe da dire che certo l'autrice non ha grandi pretese se si rivolge agli idioti. A che scopo, poi? Perché ridano... Ma gli idioti ridono per un nonnulla, come ci ricorda il proverbio «il riso abbonda sulla bocca degli stolti». E anche i malinconici piangono per un nonnulla. Il penultimo verso sterza poi decisamente in direzione dell'assurdo, rendendo evidente la sostanza ironica della serie di enunciati. Conviene, per capire meglio come Szymborska giochi spesso e volentieri con la → Lingua e i modi di dire, citare questo verso anche nell'originale polacco: *łysym na grzebień*, «per i calvi come pettine», oggetto che ai calvi è evidentemente inutile, come le scarpe ai cani del verso seguente, *psom na buty* (letteralmente: «per i cani come scarpe»). Un verso, quest'ultimo, che evoca oltretutto l'espressione idiomatica *psu na budę* (letteralmente: «[serve] al cane per cuccia», in senso traslato: «non serve assolutamente a nulla», sostituito da Marchesani con un modo di dire italiano equivalente: «è come parlare a un sordo»), al cui significato aggiunge solo un tocco di assurdo sostituendo la cuccia con la divertente immagine delle scarpe.

«Progetto un mondo», afferma insomma Szymborska, ma rinuncio a qualunque destinatario privilegiato, quale poteva essere l'operaio nella fase precedente, e a qualunque nobile o anche solo utile scopo. Il senso dei versi citati si fa finalmente più chiaro: essi sono concepiti come parodia della funzione educativa attribuita alla letteratura sin dai primi anni della Polonia Popolare, quando il postulato didascalico fu subito posto al centro delle attenzioni degli scrittori. In cerca di modelli nella letteratura del passato, questi attingevano spesso e volentieri al Settecento illuminista. Settecento al quale si richiama anche Szymborska, ma ironicamente: gli idioti e i malinconici vengono infatti dal sottotitolo di una bizzarra opera enciclopedica pre-illuminista, *La nuova Atene* di Benedykt Chmielowski (1700-1763), pervasa di intenti didascalici piuttosto *sui generis* (Chmielowski scriveva «per gli idioti perché imparino» e «per i malinconici perché si svaghino»), che sta all'opera degli enciclopedisti francesi come un bestiario medievale a un moderno manuale di zoologia.

Szymborska rivendica dunque ironicamente un'arte «inutile». Quanto eretico doveva suonare questo in confronto a ciò che prescriveva il realismo socialista, e all'arte che sino a poco prima lei stessa aveva praticato. La poesia nuova nata all'insegna del motto «progetto un mondo» si scrolla di dosso ogni missione, ogni dovere collettivo, proclama la propria liberazione da ogni asservimento extraletterario – per l'ennesima volta, dovremmo dire, nella tormentata storia polacca moderna. La novità rispetto alla poetica precedentemente professata emerge in tutti e tre gli elementi del titolo-motto: il soggetto sottinteso, che è un «io», non più un «noi»; il verbo *obmyślać*, derivato da *myśl*, «pensiero», e da *myśleć*, «pensare», a suggerire un'idea di letteratura come gioco mentale e al tempo stesso atto creativo; e l'oggetto, il mondo, che non è quello reale, poiché ostentatamente concepito nella mente del soggetto.

Le strofe successive presentano alcuni «capitoli» di questo mondo, che risponde unicamente alle leggi dell'immaginazione. Si inizia con la lingua, ma non quella degli uomini, dimostratasi falsa, manipolabile, bensì quella delle piante e degli animali, che si immagina comprensibile. Szymborska scherza e lo segnala scegliendo per lo scambio del buongiorno proprio l'animale muto per eccellenza, il pesce, ma in letteratura – più quella per bambini che quella seria, benché anch'essa ricorra all'antropomorfizzazione della natura – sono effettivamente possibili l'improvvisazione dei boschi, l'epica dei gufi, gli aforismi dei ricci. In alcune poesie successive l'autrice prenderà a soggetto, per converso, l'incomunicabilità reale con la natura (*Conversazione con una pietra*, pp. 177-9; *Il silenzio delle piante*, pp. 579-81). Ma qui si lascia andare al gioco della fantasia.

Abbandonato il tono allegro del primo capitolo, l'inizio del secondo sembra però preludere a uno sviluppo diverso: il tempo si intromette in tutte le cose, buone o cattive, o meglio «ha il diritto di». È un diritto effettivo che il tempo ha nella vita reale; è il signore del mondo, sgretola le montagne e sposta gli oceani, e il suo potere arriva persino oltre la nostra Terra, in galassie la cui distanza da noi si misura in anni (anni!)-luce. Ma... c'è un ma, o piuttosto un «tuttavia». In letteratura infatti si può fermare il tempo. Si può immaginare che la sua terribile potenza venga meno di fronte alla commovente fragilità dell'amore.

Giunti a questo punto, prima di proseguire e completare l'analisi del componimento vale la pena aprire una parentesi per vedere, tornando ancora una volta all'originale polacco, come Szymborska giochi in questa strofa con un'altra espressione idiomatica: *z duszą na ramieniu* (alla lettera: «con l'anima sulla spalla»), che indica uno stato d'animo caratterizzato da grande timore, paura, trepidazione, e perciò sostituita da Marchesani con un'espressione italiana più o meno equivalente: «col cuore in gola». È una catacresi, una metafora ormai talmente automatizzata da non suscitare più associazioni visive: quando i polacchi la usano – e la usano comunemente – non si immaginano cioè né la spalla né l'anima. Come, d'altra parte, immaginarsi oggi l'anima? Quando l'espressione è nata, secoli fa, ci si figurava l'anima come un qualcosa di alato che si invola dal corpo, ma oggi? Szymborska ripristina la plasticità della metafora, le ridona concretezza visiva, grazie all'espediente di assimilare l'anima a un passero e riferire ad essa un attributo – l'arruffatezza – che è solitamente associato a quello. Il passero arruffato per lo spavento si intreccia e sovrappone all'anima sulla spalla, dando concretezza d'immagine a quella che è ormai una locuzione astratta quanto il significato che esprime. Letteralmente infatti i due versi suonano così: «*z nastroszoną duszą/ jak wróblem na ramieniu*», ossia «con l'anima arruffata/ come un passero sulla spalla». Chiudiamo dunque la parentesi, non prima però di aver precisato che se in questa voce si insiste tanto nello spiegare i giochi verbali, così tipici peraltro dell'opera matura di Szymborska (→ Lingua), è perché il superamento del realismo socialista, che imponeva l'uso acritico di una lingua fossilizzata, è segnato anche dalla presa di coscienza che il poeta è chiamato a deautomatizzare la lingua, a rivitalizzarla quando essa rischia di scadere in vuoto formulario, a guardarla con sospetto e meraviglia, come l'autrice farà ancora dopo il Nobel in poesie come *Tutto* (p. 623) o *Le tre parole più strane* (p. 577).

Torniamo allora al «capitolo secondo» per procedere senza indugio verso la conclusione. Amore, nudità, innocenza, giovinezza: l'autrice dispone questi concetti in un *continuum* logico-associativo. La nudità, che in «Appello allo Yeti» figura associata all'amore anche in un'altra poesia, *Notorietà* («Eccoci qui distesi, nudi amanti,/ belli per noi – ed è quanto basta –/ solo di foglie di palpebre coperti,/ sprofondati nella notte vasta», p. 47), è da sempre collegata all'innocenza – basti pensare al mito di Adamo ed Eva nel paradiso terrestre – la quale a sua volta è sempre associata alla giovinezza, mai alla vecchiaia, e si capisce così anche l'inizio della strofa successiva, che dalla vecchiaia scivola poi – sempre per via associativa – verso il «capitolo terzo», l'ultimo, riguardante la sofferenza e la morte, anch'esse bandite dal mondo progettato dalla poetessa.

Szymborska tratteggia dunque con l'immaginazione un mondo ideale nel quale l'uomo parla con i pesci e capisce il linguaggio di boschi, gufi e ricci; nel quale l'amore e la giovinezza durano in eterno; nel quale la sofferenza non reca offesa al corpo e la morte è vissuta unicamente e serenamente in sogno. È un'utopia, certo, ma un'utopia che resta confinata nelle pagine di un libro e non ha la pretesa di inverarsi, di plasmare la realtà, a differenza di quella veicolata dal realismo socialista (→ Utopia).

Così bello e armonioso può essere solo il mondo dell'arte. Tutto il resto – dice Szymborska – è come Bach suonato, anziché col violino, *na pile*, «con la sega» (che diventa un bicchiere nella traduzione di Marchesani). L'ironia un po' amara della *pointe* sta nel fatto che questo «resto» – dove non c'è dialogo con la natura, dove il tempo consuma tutto, anche l'amore, dove la morte arriva con sofferenza – è per l'appunto il mondo reale.

Andrea Ceccherelli

# Sogno

*Elogio dei sogni*

In sogno
dipingo come Vermeer.

Parlo correntemente il greco
e non soltanto con i vivi.

Guido l'automobile,
che mi obbedisce.

Ho talento,
scrivo grandi poemi.

Odo voci
non peggio di autorevoli santi.

Sareste sbalorditi
dal mio virtuosismo al pianoforte.

Volo come si deve,
ossia da sola.

Cadendo da un tetto
so cadere dolcemente sul verde.

Non ho difficoltà
a respirare sott'acqua.

Non mi lamento:
sono riuscita a trovare l'Atlantide.

Mi rallegro di sapermi sempre svegliare
prima di morire.

Non appena scoppia una guerra
mi giro sul fianco preferito.

Sono, ma non devo
esserlo, una figlia del secolo.

Qualche anno fa
ho visto due soli.

E l'altro ieri un pinguino.
Con la massima chiarezza.

A una lettura un po' affrettata potrebbe risultare che non ci sia poeta contemporaneo meno «onirico» di Wisława Szymborska: la sua considerazione della realtà della vita quotidiana, persino nei suoi dettagli all'apparenza più insignificanti, è tale che si sarebbe tentati di definire ben più «diurna» che «notturna» la sua poesia. E dunque non a torto il poeta e critico Adam Czerniawski la definiva «*daylight poet*» (Czerniawski 1990, p. XV), ma soprattutto per via della chiarezza e trasparenza delle sue immagini, perfino quando parla del male e delle tenebre dell'animo umano (→ Orrore). Anche qua, tuttavia, si dovrebbe ricordare la personalità ironica, schiva e anticonformista di Szymborska, e non trascurare mai il fatto che luminosità e «incanto» nei suoi versi risaltano proprio perché si stagliano per contrasto su un fondale scuro di pessimismo e «disperazione»: «un ammiccare imbarazzato del buio», avrebbe definito le «scaglie» dei suoi versi nella poesia *Nel fiume di Eraclito* (p. 169), e altrove: «Nella poesia miro all'effetto che in pittura si chiama chiaroscuro» (*Cianfrusaglie*, p. 180). E del resto già in una vecchia intervista confessava di comporre i suoi versi di notte:

> Pubblico poco perché scrivo di notte, e di giorno ho la pessima abitudine di rileggere quello che ho scritto, constatando così come non tutto regga alla prova di una sola, misera rotazione del globo terrestre (*ibid.*).

Dunque, quella stessa attenzione a dettagli e particolari generalmente inosservati della vita quotidiana e soprattutto la presenza ricorrente e, con gli anni, crescente del motivo del sogno nei suoi versi ci impongono una riflessione più approfondita. Una lucida chiave interpretativa ce l'ha fornita la stessa Szymborska in una delle sue brevi e fulminanti «Letture facoltative», dedicata al libro di Jung, *L'essenza dei sogni* (*Opere*, pp. 829-30), dove la poetessa finisce per contestare il senso basilare della psicoanalisi (una tollerante antipatia che non nasconde anche in altre occasioni), e cioè il fatto che per questa l'importante non sia il sogno stesso, ma la sua narrazione. Nel suo ragionamento Szymborska, direttamente e indirettamente, si serve di concetti cari all'odierna teoria della traduzione, quali quelli di «adattamento», «adeguatezza», «disambiguazione», «interferenza», «neutralizzazione», «sfumatura» e alla fin fine «fedeltà», sostenendo quanto meno la necessità di una netta e guardinga distinzione tra «sogno sognato e sogno narrato», che invece anche nei tre esempi riportati da Jung nel suo libretto sembrano essere considerati «esattamente la stessa cosa, senza riserve»:

> Raccontando i nostri sogni ci serviamo infatti di una sintassi che ordina e razionalizza, ovvero altera, l'enigmatico caos onirico. L'esattezza del resoconto dipenderà peraltro dal lessico di cui disponiamo e dalla tradizione letteraria che abbiamo interiorizzato. Ogni bravo traduttore sa quanto sia difficile rendere le varie sfumature e distribuire correttamente i vari accenti nella trasposizione di un testo da una lingua all'altra. Perché dunque tradurre i sogni nella lingua della realtà dovrebbe essere più facile? (*ibid.*, p. 830).

Szymborska considera dunque il sogno come qualcosa di difficilmente «traducibile» e ri-raccontabile o ri-scrivibile se non attraverso un totale straniamento, non della lingua e della sua normale sintassi (che, fatte salve l'enumerazione e l'accumulazione ben riconoscibili anche in questo *Elogio dei sogni*, sarebbe tutto sommato impossibile e di fatto inutile stravolgere), ma in quanto rovesciamento, altra dimensione della realtà stessa, «una seconda vita che portiamo in noi», come Szymborska si espresse durante un convegno dedicato alla memoria del suo compagno Kornel Filipowicz, nei racconti del quale notava che «con il passare del tempo il sogno prende sempre più piede» (Burkot, Ossowski, Rozmus 2000). L'elogio dei sogni per Szymborska è quindi di fatto un'enorme antifrasi della realtà, o meglio – nell'ottica mai dualista e tantomeno manichea che la contraddistingue – l'elogio di una componente «altra», ma imprescindibile, della realtà stessa, di una consistenza più fugace, precaria, instabile e sgretolabile della veglia, sì, ma vera e necessaria a ogni essere vivente, comprese le tartarughe (*Il sogno della vecchia tartaruga*, p. 357), se non altro in quanto unica possibilità di riunirlo temporaneamente con qualcuno che si è irrimediabilmente perduto, come in *La veglia* (p. 517):

Nei sogni vive ancora
chi ci è morto da poco,
vi gode perfino di buona salute
e ritrovata giovinezza.
La veglia depone davanti a noi
il suo corpo senza vita.

Il sogno quindi può ridare presenza effettiva a un'assenza irreparabile, temporaneamente capovolgendo i termini della vita e della morte. E ovviamente un tale rovesciamento può avere effetti molto perturbanti per il sognatore, tanto da fargli desiderare «di cambiare evasivamente il tema del sogno [...]/ O di svegliar[s]i al momento giusto» (*Intrighi con i morti*, p. 461). Ecco perché nei versi di Szymborska il motivo del sogno è spesso, e inevitabilmente, collegato con quelli della → Morte e dell' → Amore, magari riuniti in un unico ragionamento poetico, come in *Sogno* (p. 161), una lirica della raccolta «Sale» (1962), dedicata alla memoria del ragazzo di cui era innamorata prima della guerra, del quale poi aveva perso ogni traccia fra il 1943 e il 1944 (si veda *Cianfrusaglie*, p. 66):

Il mio caduto, il mio tornato polvere,
assunto l'aspetto che ha nella fotografia:
sul viso ombra di foglia, conchiglia nella mano,
si avvia verso il mio sogno.

Lo spazio del sogno è quindi uno spazio privato, fatto di solitudine e silenzio, uno spazio enorme e vuoto, del quale l'eco di un tempo perduto, fonicamente mimata nell'assonanza quasi-anagrammatica delle ultime parole della poesia *Grande numero* («*we mnie/ nie wiem*») – inevitabilmente scomparsa nella traduzione italiana «in me/ non so» –, sembra ulteriormente ampliare le dimensioni all'infinito (p. 341):

Neppure i miei sogni sono popolati come dovrebbero.
C'è più solitudine che folle e schiamazzo.
Vi capita a volte qualcuno morto da tempo.
Una singola mano scuote la maniglia.
La casa vuota si amplia di annessi dell'eco.

Dalla soglia corro giù nella valle
silenziosa, come di nessuno, già anacronistica.

Da dove venga ancora questo spazio in me
non so.

Ed ecco che – come dicevamo – Szymborska, poeta del «non so», ricalca «l'enigmatico caos onirico», il disordine spazio-temporale tipico del sogno, non attraverso un linguaggio ermetico o astruso, bensì ricorrendo al procedimento a lei ben noto e caro dell'accumulazione, come nella poesia intitolata *Sogni* (pp. 723-5) dell'ultima raccolta in vita, «Qui» (2009):

A dispetto della scienza e degli insegnamenti dei geologi,
infischiandosene dei loro magneti, grafici e mappe –
il sogno in un attimo
ci accumula davanti montagne così pietrose
quasi si ergessero nella veglia.

E giacché le montagne, allora anche valli, pianure,
infrastrutture incluse.
Senza ingegneri, capomastri, operai,
scavatrici, bulldozer, materiali edili –
autostrade impetuose, ponti improvvisi,
città istantanee densamente popolate.

E siccome, abbiamo detto, il mondo poetico di Wisława Szymborska è sostanzialmente unitario, mai dualistico, anche il segno positivo e negativo tra sogno e veglia può, e anzi – nella sua ottica – deve essere invertito, e così:

Mi rallegro di sapermi sempre svegliare
prima di morire.

Non appena scoppia una guerra
mi giro sul fianco preferito.

Così pure avviene nella poesia «autotematica» *L'orribile sogno del poeta* che – attraverso i soliti principi costruttivi della negazione, dell'ironia antifrastica e dell'accumulazione – rappresenta una vera e propria dichiarazione di poetica, anzi una sorta di formula apotropaica, o distopia *sui generis* estetico-linguistica, su ciò che la → Poesia non dovrebbe essere (pp. 663-5):

Nelle frasi domina l'incondizionale.
I nomi aderiscono strettamente alle cose.
Nulla da aggiungere, togliere, cambiare e spostare.

Il tempo è sempre quello dell'orologio.
Passato e futuro hanno un ambito ristretto.
Per i ricordi, il singolo secondo trascorso,

per le previsioni, un altro secondo
che sta appunto cominciando.

Parole quante è necessario. Mai una di troppo,
e questo vuol dire che non c'è poesia,
né filosofia, e neppure religione.
[...]
Si stupirebbero molto,
se mai sapessero stupirsi,
che da qualche parte esistono motivi di stupore.

La parola «inquietudine», da loro considerata oscena,
non oserebbe comparire nel vocabolario.
[...]
Ammetti che nulla di peggio
può capitare al poeta.
E poi nulla di meglio
che svegliarsi in fretta.

Il rapporto assiologico di sogno e veglia è dunque sostanzialmente reversibile: nella visione unitaria di Szymborska entrambi infatti compartecipano della stessa esistenza, di cui il linguaggio poetico può farsi espressione al meglio, in quanto veicolo di «stupore» (→ Incanto). Ed è interessante scoprire come un simile impiego del motivo «sogno/veglia», unito a quello dello «stupore», si ritrovi già in una delle sue primissime poesie erotiche (*Innamorati*, p. 27), laddove il risveglio interrompe salvificamente l'incubo (che è anche presentimento) della fine di un amore felice:

Così stupiti di noi stessi,
cos'altro ci può mai stupire?
Né arcobaleno la notte.
Né farfalla sulla neve.

Ma addormentandoci
in sogno vediamo l'addio.
Però è un buon sogno,
però è un buon sogno,
perché c'è il risveglio.

Viceversa il «ripristino dell'amore», evidentemente di un amore finito, magari al momento del suo massimo splendore, può avvenire solo alla voce «Sogno» nella bacheca dei *Piccoli annunci* (p. 55):

RIPRISTINO l'amore.
Attenzione! Offerta speciale!
Siete distesi sull'erba
del giugno scorso immersi nel sole

mentre il vento danza
(quello che in giugno
guidava il ballo dei vostri capelli).
Scrivere a: Sogno.

In tal senso, allora, sogno, fantasia, stupore risultano pressoché sinonimi di poesia, e anzi – con un gioco di parole che forse le sarebbe piaciuto – si potrebbe addirittura sostenere che lo sguardo bonariamente ironico che caratterizza la gran parte della sua opera sia sostanzialmente uno sguardo onirico, nel senso che nasce da un «buon sogno» che porta al «risveglio» su una realtà che, se non vissuta anche attraverso la chiave del sogno, della fantasia e dello stupore, cioè della poesia, rischia di sembrar fatta quasi solo di follia (*La veglia*, pp. 515-7):

Non i sogni sono folli,
folle è la veglia,
non fosse per l'ostinazione
con cui si aggrappa
al corso degli eventi.

Nel ripensare un mondo liberato dalla relatività della «Lingua», dall'onnipresenza del «Tempo» (tranne che per gli amanti), e dagli insulti al corpo della «Sofferenza», il sogno gioca dunque una parte indispensabile (*Progetto un mondo*, p. 99, qui p. 182):

E sognerai
che non occorre affatto respirare,
che il silenzio senza respiro
è una musica passabile,
sei piccolo come una scintilla
e ti spegni al ritmo di quella.

Il sogno, il sonno, la morte... Siamo in un ambito pienamente shakespeariano: e così ai dubbi e alle domande di Amleto, Szymborska sembra ribattere con altrettanti dubbi e domande, cui solo la dimensione onirica può, forse, fornire risposte «con la massima chiarezza». Il pinguino del distico finale del suo *Elogio dei sogni* è dunque allo stesso tempo un pinguino concreto, quel piccolo buffo uccello acquatico che tutti amano e hanno in simpatia, e un pinguino dell'immaginazione, anzi, un'allegoria dell'immaginazione, tutta szymborskiana nella sua gioiosa semplicità ed esotica dimestichezza, la prova provata del rapporto necessario e biunivoco che c'è tra il sogno e la realtà, che non potranno mai confondersi o sopprimersi l'un l'altra, giacché (*La realtà esige*, p. 511):

La realtà esige
che si dica anche questo:

la vita continua.
[...]
Questo orribile mondo non è privo di grazie,
non è senza mattini
per cui valga la pena svegliarsi.

Si noti: *Elogio dei sogni* è la quartultima poesia nella raccolta del 1972 intitolata «Ogni caso» (→ Caso). Dopo di essa seguono *Un amore felice*, «Il nulla si è rivoltato anche per me» e infine *Sotto una piccola stella*. Il «caso» ha voluto che tre su quattro di queste poesie introducessero altrettante voci del nostro *Alfabeto del mondo* (→ Sogno, → Nulla, → Lingua), mentre la quarta, *Un amore felice*, risulta comunque centrale nello sviluppo della voce → Amore. Sappiamo peraltro con certezza quanto Szymborska non lasciasse affatto al caso la titolazione e la disposizione dei componimenti nelle sue varie raccolte, che erano invece l'esito di attenti e lunghi ripensamenti. Come a dire allora che tra i sogni e il solo mezzo – la lingua – che abbiamo poi di raccontarli sotto la nostra unica piccola stella si stendesse lo spazio infinito – in pieno senso leopardiano – che corre tra i due poli del Nulla e dell'Amore?

Se rileggessimo in quest'ottica il «poemetto in quattro parti» che ne deriverebbe e i temi che vi si intrecciano, potremmo dire che il sogno di Wisława Szymborska si sia davvero realizzato, anzi non sia proprio stato un sogno:

Ho talento,
scrivo grandi poemi.

Luigi Marinelli

# Tradizione

*In pieno giorno*

In una pensione di montagna andrebbe,
nella sala da pranzo scenderebbe,
i quattro abeti di ramo in ramo,
senza scuoterne la neve fresca,
dal tavolino accanto alla finestra guarderebbe.

La barbetta a pizzo,
pelato, incanutito, con gli occhiali,
i tratti del viso inspessiti e affaticati,
con una verruca sulla guancia e la fronte a pieghe,
come se l'argilla avesse ricoperto un marmo angelico –
e nemmeno lui saprebbe dire quando,
perché in effetti non di colpo, ma un po' alla volta
sale il prezzo per non essere morti prima,
e anche lui pagherebbe tale prezzo.

Dell'orecchio, scalfito appena da un proiettile
– la testa infatti si era scostata giusto in tempo –
«ho avuto una fortuna sfacciata» direbbe.

Aspettando che sia servita la pasta in brodo,
leggerebbe l'ultimo numero del giornale,
titoli di scatola, piccola pubblicità,
o batterebbe le dita sulla tovaglia bianca,
e avrebbe già da tempo le mani consunte,
con la pelle screpolata e le vene gonfie.

Talvolta qualcuno dalla soglia griderebbe:
«Signor Baczyński, la vogliono al telefono» –
e non ci sarebbe nulla di strano
che sia lui, che si alzi aggiustandosi il golf
e si avvii alla porta senza fretta.

A questa vista nessuno tacerebbe,
né il gesto né il respiro tratterrebbe,
perché il fatto è normale e – peccato, peccato –
come un fatto normale sarebbe trattato.

Non so dire se sia una delle poesie più famose e lette dalle migliaia di ammiratori di Szymborska in Italia. Probabilmente no, legata com'è a una tradizione letteraria, quella polacca, per lo più ignota, o di cui si ha cognizione per linee assai generali (e sempre all'Italia mi riferisco), magari attraverso sintesi temerarie, raramente per conoscenza diretta (ovvero attraverso la mediazione delle traduzioni, quando esistono). Il nome Baczyński verisimilmente non dice niente a nessuno fuori di Polonia, tranne che a pochi «addetti ai lavori». Arduo allora cogliere il senso di questa amara poesia, le sembianze di un volto su cui il tempo ha lasciato il segno, come lo lascia su tutti, ma che chiunque, in Polonia, conosce solo nelle sue fattezze adolescenziali fissate un tempo nel monumento sepolcrale («la fronte a pieghe,/ come se l'argilla avesse ricoperto un marmo angelico»); il fugace accenno all'orecchio scalfito da un proiettile (→ Poesia) al posto della pallottola che lo uccise nel 1944 nel palazzo Blank sulla via Senatorska a Varsavia il quarto giorno dell'insurrezione; il battere delle dita sulla tovaglia: nervosismo senile? impazienza per la minestra che non arriva? macché: «picchetta sul tavolo le dita,/ saggia le cesure, conta sillabe una, due, tre», come si ingegnava cent'anni prima Adam Mickiewicz a tastare il ritmo del verso; lo sguardo che sfiora i rami carichi di neve senza scuoterli, come sfiorava coi suoi versi melodiosi e sgomenti quel che gli riuscì di salvare da quegli anni dell'ira in cui gli toccò vivere, per brevi giorni, con tutta la sua generazione. Di Krzysztof Kamil Baczyński, che avrebbe potuto, settantenne, scendere nella sala da pranzo dell'albergo dei letterati a Zakopane, resta oggi la poesia mirabile e la leggenda di un ventenne, uno degli innumeri travolti dalla furia nazista, il più grande come poeta certo, nel quale vita e arte si sono legate inscindibilmente in un mito, in uno dei miti, e sono tanti, della cultura polacca. Ma se si fosse salvato, invecchiando come tutti nella più comune, ordinaria *routine* della vita biologica, sarebbe bastata la sua poesia mirabile a destare stupore per la sua persona viva e reale? O invece, l'ordinarietà della vita non desta più stupore in nessuno (→ Incanto)? O ancora, visto che una poesia può essere letta in modi molteplici (senza comunque arrivare a farle dire quel che non dice), se provassimo a leggerla attraverso il titolo, avremmo forse qualcosa di più, anche se analogo, da intendere? Giacché un titolo resta pur sempre una chiave interpretativa, magari sarebbe il caso di chiedersi che senso abbia quell'*In pieno giorno*. Pare ovvio, che a pranzo ci si va in pieno giorno. Se ne potevano trovare parecchi altri, di titoli, anche a effetto (chi ha letto la «Posta letteraria» di Szymborska si convincerà che neanche è il caso di provarcisi). Leggiamo allora l'incipit di quella *Romanticità* di Mickiewicz che già è stata ricordata altrove (→ Biologia):

> Ascolta, fanciulla!
> – Ma nulla lei ode –
> Tu sei nel borgo! È pieno giorno!
> Accanto a te nessun'anima viva.
> Cosa vai afferrando d'attorno?
> Chi chiami, chi è che saluti?
> – Ma nulla lei ode –

Karusia, la fanciulla protagonista, vede con gli occhi del cuore quel che gli altri non possono vedere, non visioni oniriche nate dalla notte, quando l'occhio ingannato dal buio e dal sonno tutto confonde. Ma «in pieno giorno» vede accanto a sé il suo ragazzo che non vive più. Anche in pieno giorno infatti possono accadere prodigi. E in pieno giorno possono essere visti, se si guarda con occhi altri da quelli chiusi da una spenta ordinarietà. Così oggi nessuno, guardando l'invecchiato Krzysztof Kamil Baczyński avviarsi per rispondere al telefono in un albergo di Zakopane, sarebbe capace di vedere in ciò un prodigio.

Molti sono gli scrittori ai quali Szymborska ha reso omaggio lungo tutta la sua produzione poetica chiamandoli per nome (→ Poesia), tanti ancora entrano nei suoi versi nei modi più vari, a volte in forma di citazioni facilmente riconoscibili che rimandano e alludono a un altro contesto interpretativo (l'esempio appena fatto), spesso parodiate. Wojciech Ligęza (2001), autore d'una pregevole monografia sulla poetessa, dedica un intero capitolo al «dialogo con i testi della cultura», non solo letteratura, ma anche teatro, musica, arti visive, senza la pretesa di esaurire l'argomento, e altrettanto ha fatto Małgorzata Baranowska (1996). Nelle singole voci che compongono questo sintetico *Alfabeto del mondo*, le tracce del dialogo con la cultura affiorano di continuo, col teatro di Kantor (→ Poesia), con la pittura (→ Ecfrasi). Su tutti, quel Montaigne per il quale Szymborska nutre una profonda ammirazione (→ Poesia), tanto da rammentare a un lettore della sua «Posta letteraria» (ricordato da Ligęza 2001) che Montaigne si pronuncia «Montègn, con l'accento sull'ultima sillaba e l'inchino su un ginocchio» (*Cianfrusaglie*, p. 113).

Non ci importa qui abbozzare argomentazioni più o meno fondate su influssi che possono aver lasciato tracce nella poesia di Szymborska, che neppure è collocabile in una particolare corrente letteraria (→ Poesia). Certamente si risente la lezione di Julian Przyboś e della poesia dell'avanguardia, piuttosto che la dizione del classicismo, di cui fa propria però la misura (→ Lingua, → Poesia). A volte trova nei suoi interlocutori soluzioni stilistiche che riutilizza genialmente, come ad esempio il battere ritmico della locomotiva in moto, nella magistrale poesia per bambini *La locomotiva* di Julian Tuwim, cui riuscì d'inventare un'onomatopea che in polacco ha un suo significato grammaticale e logico, così da associare ritmo, suono e significato alla conferma che la locomotiva sta partendo: «*tak to to, tak to to, tak to to...*» («sì così ecco, sì così ecco...»), che neanche la bella traduzione italiana di Monika Woźniak è riuscita a restituire (Tuwim 2002). Nell'agghiacciante chiusa della poesia *Ancóra* (p. 77), Szymborska rifà a modo suo, ma con le stesse caratteristiche: «Tak to tak» («Sì è così»), a scandire e ribadire il destino verso cui sono avviati i deportati ebrei; citiamo i versi dalla traduzione di Ceccherelli (1998, p. 74), che è riuscito a restituire l'originale con un ottimo equivalente:

> Tocca a te, batte la ruota. Selva fitta.
> Tocca a te. Va per la selva un'eco afflitta.
> Tocca a te. Destata nella notte sento
> tocca a te, il tacito frastuono del silenzio.

Lasciando così da parte qualsiasi «influssologia», vale forse la pena provare a seguire, sia pur necessariamente in maniera superficiale e breve, alcuni dei modi con cui la poetessa intraprende quel dialogo con la tradizione, lontana o sua contemporanea, polacca, altra, spesso condivisa (la Bibbia, i miti della classicità). Parole scritte che si parlano tra loro attraverso spazi e tempo, in un discorso che nelle sue convergenze e diversità è e resta comune.

Riconosciamo – talora chiaramente, altre volte almeno ci pare di riconoscere – qualcosa letto altrove e in altro modo. Come ad esempio la risposta di Szymborska alla domanda su cosa sia, al fondo, l'uomo: a guardarlo, «uno spasso», risuona indulgente la chiusa della poesia così intitolata (p. 261, → Biologia). Un po' meno accomodante il giudizio del più grande poeta polacco del Rinascimento, Jan Kochanowski, in una delle sue «frasche», *L'uomo, giocattolo di Dio*: un buffone, un giullare nella sua sostanza (il che è analogo allo spasso szymborskiano):

Verità mai fu detta più sensata
Da colui che volle l'uomo nomare
E giocattolo di Dio l'intese fare.
Forse che mai qualche cosa assennata
Da costui uscì, che Dio non dovesse poi
Di lui farsi beffe e dei pensieri suoi?
Costui che di Dio mai mirò il sembiante,
Di vacua presunzione invero pregno,
Il mondo tiene come proprio regno
E a Lui ardisce dirsi somigliante.
Costui neanche sarà, pur nascendo.
Egli era invece e senza tempo, eterno.
Pazienza. Di giullari è pieno il mondo.

Gli occhi che lo guardano sono pur sempre fatti allo stesso modo, ma proiettato sullo sfondo del suo Fattore, l'uomo di Kochanowski, con la sua presunzione, è ridimensionato con sarcasmo a «giocattolo di Dio» (sarà il caso di ricordare che il fortunato racconto sulla storia polacca uscito dalla penna di Norman Davies, *God's Playground. A History of Poland*, trae il titolo proprio da questa «frasca»). Dalla prospettiva laica, non metafisica, di Szymborska che ne segue con pochi tratti concisi la strada dell'evoluzione, la diagnosi formulata in *Uno spasso* (pp. 261-3) resta in qualche modo la stessa:

gli è venuta voglia di eternità,
guardatelo un po'!
[...]
ha appena intagliato con mano nata da pinna
un acciarino e un missile
[...]
Con quell'anello al naso, la toga, il maglione.

Una diagnosi dunque appena un po' più conciliante, indulgente: in fondo, è un uomo che guarda un altro uomo, ovvero se stesso (p. 261):

Ma avanti così, non fosse che per un istante
[...]
Che almeno si possa intravedere
cosa ne sarà, visto che è.

Versi che rispondono ancora, ma da altra, ironica e in fondo complice prospettiva, al kochanoviano: «Costui neanche sarà, pur nascendo».

Ed è ancora con Kochanowski, mi pare, che Szymborska dialoga intorno a quest'uomo che si ritiene padrone del mondo, parafrasando e capovolgendo la preghiera (*Inno*), che è monologo dell'uomo kochanoviano con Dio (una delle più famose liriche della poesia polacca, *Inno*, in Kochanowski 2011, pp. 267-9):

Che vuoi da noi, o Signor, per i Tuoi doni?
Per i beni che ovunque a noi disponi?
[...]
L'oro non vuoi, lo so, già tutto è Tuo,
Tutto che al mondo l'uomo chiama suo.
[...]
Lodato sii ne' secoli, o Signore!
Mai ci manchin la grazia Tua e il favore:
Fin che vuoi, quaggiù in terra ci mantieni,
Ma sempre sotto l'ale Tue ci tieni!

Leggendo attraverso questo filtro il monologo del tarsio (→ Biologia), il grottesco scaturisce ancor più tagliente. Così si rivolge il minuscolo primate a quel dio in Terra (e della Terra) che dispone della sua vita e della sua morte (*Tarsio*, p. 245):

Buongiorno, mio signore,
che cosa mi darai
per non dovermi togliere nulla?
Per la tua magnanimità con che mi premierai?
Che prezzo darai a me, che non ho prezzo,
per le pose che assumo per farti sorridere?

Due prospettive ancora una volta diverse, ma l'ironia di Szymborska, con le parole del minuscolo tarsio, affonda ora come una lama nella coscienza di questo laico signore del mondo:

E solo noi, pochi, non spogliati della pelliccia,
non staccati dalle ossa, non privati delle piume,
[...]
siamo – mio signore – il tuo sogno
che ti assolve per un breve istante.

Nella tradizione polacca, Bolesław Leśmian, già incontrato altrove in questo *Alfabeto*, è il poeta che ha tentato di addentrarsi in due mondi inaccessibili all'uomo vivente: la vita dopo la morte (→ Morte) e la vita dentro la natura, con liriche inquietanti, suggestive, fiabesche, ribaltando il punto di vista: è l'uomo che viene osservato dall'oltre-vita e dalla natura. La critica ha ben colto talune analogie tra il discorso di Szymborska sull'essere e sulla natura e la poesia di Leśmian, e che Szymborska guardi anche a lui, e con lui a tratti dialoghi, è innegabile, ma per porre in termini diversi la relazione tra l'uomo e la Natura, là dove Leśmian, volgendosi alla filosofia di Bergson, ha creato affascinanti compenetrazioni tra quella e questo, fino all'annichilimento dell'uomo nella Natura che lo fagocita inglobandolo dentro di sé. Nella visione di Szymborska (se ne è fatto cenno in → Biologia), i due mondi restano separati, reciprocamente impenetrabili, e indifferente è la natura nei confronti dell'uomo, inutile da parte di quest'ultimo il darle nomi. Forse basterà lo scarno esempio dell'*incipit* della lirica di Szymborska intestata alla parola «Biologia»: «Lo chiamiamo granello di sabbia./ Ma lui non chiama se stesso né granello né sabbia», dice la voce di *Vista con granello di sabbia* (p. 423, qui p. 17); ben altra, posta da Leśmian, è la vicendevole corrispondenza tra uomo e Natura sull'identica questione nel componimento *Il prato*:

> Rammenti tu come dalla selva affacciato
> Mi chiamasti quel giorno al crepuscolo Prato?
> Evocato per nome il sembiante
> Mirai mio una volta nel torrente
> E d'allora conosco me fra l'altro creato.

Certamente, mi rendo ben conto di quanto sia chimerica l'impresa anche solo di suggerire le fila (peraltro appena e superficialmente intuite) di un dialogo che si svolge all'interno di una cultura, non solo letteraria, comprensibilmente poco conosciuta per motivi linguistici da un lettore straniero, per il quale questo spazio della cosid detta «intertestualità» rimane di fatto inaccessibile. O popolato al più di nomi e titoli.

Senz'altro più facile è riconoscere il dialogo con le Sacre Scritture, specie con l'Antico Testamento. Dallo scarno accenno alla sorte della moglie di Lot nella rovina di Sodoma, Szymborska intesse un magistrale racconto «apocrifo psicologico», come lo definì con brillante perspicacia Ligęza (2001, p. 87). E lo fa con una sensibilità di cui è capace solo una donna. Nel ritratto poetico di Szymborska la moglie di Lot, di cui anche il nome viene taciuto nella narrazione biblica, diventa una donna sola, insicura forse, ma con l'unica certezza che la motivazione della sua disobbedienza a non guardare indietro può essere stata altra da quella di cui è stata gravata (*La moglie di Lot*, p. 351):

ma, curiosità a parte, potevo avere altri motivi.
[...]
Per non dover più guardare la nuca proba
di mio marito, Lot.
Per l'improvvisa certezza che se fossi morta
non si sarebbe neppure fermato.
Per la disobbedienza degli umili.
[...]
Sentii in me la vecchiaia. Il distacco.
La futilità del vagare. Il torpore.
[...]
Guardai indietro per solitudine.
Per la vergogna di fuggire di nascosto.
Per la voglia di gridare, di tornare.

Nel succedersi delle possibili, incerte, anche incoerenti motivazioni proferite dalla moglie di Lot nel suo monologo (cui dedicò un avvincente scritto intitolato *Una statuina di sale* Stanisław Barańczak, 1996), quel che è manifesto è la rivolta, di una donna, contro un ordine e una gerarchia che non concedono altra possibilità di scelta tra il perire e una fuga, non voluta, «di nascosto». Szymborska legge, reinterpreta, trova nelle Sacre Scritture non una conferma a credenze che non ha, bensì l'elemento dissonante con la vita, l'accondiscendenza a barattare la propria libertà (*Riassunto*, p. 167, di cui diede una superba interpretazione Joanna Więckowska, 1996), la rivolta, ancora, contro qualsivoglia fede che imponga il sacrificio (la storia di Isacco, *Notte*, p. 33). Un intreccio di riferimenti biblici è la bellissima «La storia che non si affanna» (p. 73, → Qui e ora), il cui *incipit* è una trasparente riformulazione dell'adagio, variamente conosciuto: «Lenta al giudizio, ma giusta è la mano di Dio». Tutte questioni, si intuisce, cogenti per la storia attuale dell'uomo (non solo per le contingenze politiche della Polonia in cui Szymborska scriveva).

Nella tradizione della classicità ci si imbatte diverse volte leggendo le poesie di Szymborska, né si tratta, e forse è ridondante sottolinearlo, di reminiscenze più o meno dotte, orpelli ornamentali. Una, un'altra ancora, delle sue poesie più famose è il *Monologo per Cassandra* (pp. 215-7), che fin dal titolo indica inequivocabilmente («per Cassandra», non «di Cassandra») che si tratta di un copione teatrale che potrebbe essere recitato da una protagonista tra le più celebri della tragedia greca in una riproponibile messa in scena del suo sventurato destino. Szymborska, che il premio Nobel non per niente l'ha ampiamente e giustamente meritato, sottraendo Cassandra all'epos della città di Troia, ha fatto della sua sorte un'amara e sconfortata parabola sulla vita sciupata. Proiettata dal dono e dal castigo insieme del dio Apollo a guardare l'uomo dal futuro dell'uomo («Dal futuro. Dove è sempre vuoto/ e nulla è più facile che vedere la morte», p. 215); da tutti scansata e da nessuno ascoltata, perché a nessuno è grata l'intrusione funesta del futuro nella vita («Vivevano nella vita./ [...] Con sorti già decise./ Fin dalla nascita in corpi da commiato», pp. 215-7), solo quando anche la sua sorte è ormai segnata Cassandra si rende conto di aver rinunciato, profetizzando del futuro con voce non sua, all'istante della propria vita, trascorso ormai su quel «viso che non sapeva di poter essere bello» (p. 217).

A che dunque, sia pur per amore dell'uomo («Li amavo./ Ma dall'alto», p. 215), precedere ora l'unica certezza del futuro, ovvero la morte, trascurando il presente della vita? Szymborska tornerà ancora su questo motivo (*Un racconto iniziato*, pp. 471-3), come ben colse in una penetrante lettura della poesia Woźniak-Łabieniec (1996):

Alla nascita d'un bimbo
il mondo non è mai pronto
[...]
Purché il parto sia lieve
e il bimbo cresca sano.
[...]
Che abbia un cuore capace di resistere,
e l'intelletto vigile e lungimirante.

Ma non così lungimirante
da vedere il futuro.
Risparmiategli questo dono,
o potenze celesti.

A Cassandra, a destino compiuto, resta la compassione per gli altri e per se stessa, e le restano le sue «cianfrusaglie di profeta». In verità, la traduzione italiana suona «ciarpame di profeta», e suona anche bene, dato che dovrebbe essere una Cassandra amareggiata a pronunciare quelle parole. Tuttavia la parola polacca *rupiecie* non ha una connotazione negativa (a dispetto dei dizionari che suggeriscono una sorta di sinonimia, che in italiano non c'è). Non credo sia un caso (ma posso sbagliarmi) se queste «cianfrusaglie di profeta» («i miei nastri e la verga di profeta») siano in fondo le stesse, ma specularmente opposte sull'asse temporale, «cianfrusaglie del passato» (*pamiątkowe rupiecie*) di *Scrivere il curriculum* (p. 463), che hanno dato il titolo alla biografia su Wisława Szymborska (*Cianfrusaglie*). Sarà una semplice coincidenza, o una sovrainterpretazione (cosa cui proprio non si dovrebbe indulgere), ma pare di cogliere, in questo srotolarsi del tempo, la coerenza del discorso che Szymborska intesse lungo la sua opera poetica.

Il senso della vita è qui e ora; il passato non ha senso rincorrerlo, e a guardare al futuro, anche se lo indovini (non è difficile, è uguale per tutti), sciupi invano la vita presente, e ti resterebbero poi comunque solo le «cianfrusaglie di profeta» e «Un viso che non sapeva di poter essere bello».

Le «cianfrusaglie del passato», in quanto private, dunque inutili, anzi deleterie per una organizzazione «armonica» della società produttiva (*Scrivere il curriculum*, p. 463, → Qui e ora), sono però l'insostituibile certezza a garanzia che quel che è passato è esistito (→ Fugacità).

E Szymborska non ha alcuna intenzione di rinunciarvi (*La vita difficile con la memoria*, p. 699). Così forse il cerchio, almeno provvisoriamente, si chiude.

Marcello Piacentini

# Utopia

*Utopia*

Isola dove tutto si chiarisce.

Qui ci si può fondare su prove.

L'unica strada è quella d'accesso.

Gli arbusti fin si piegano sotto le risposte.

Qui cresce l'albero della Giusta Ipotesi
con rami districati da sempre.

Di abbagliante linearità è l'albero del Senno
presso la fonte detta Ah Dunque È Così.

Più ti addentri nel bosco, più si allarga
la Valle dell'Evidenza.

Se sorge un dubbio, il vento lo disperde.

L'eco prende la parola senza che la si desti
e chiarisce volenterosa i misteri dei mondi.

A destra una grotta in cui giace il senso.

A sinistra il lago della Profonda Convinzione.
Dal fondo si stacca la verità e lieve viene a galla.

Domina sulla valle la Certezza Incrollabile.
Dalla sua cima si spazia sull'Essenza delle Cose.

Malgrado le sue attrattive l'isola è deserta,
e le tenui orme visibili sulle rive
sono tutte dirette verso il mare.
Come se da qui si andasse soltanto via,
immergendosi irrevocabilmente nell'abisso.
Nella vita inconcepibile.

Si faccia caso alla costruzione delle strofe di questa poesia: una serie di versi singoli o doppi isolati in cui vengono esposti uno a uno dei concetti che potremmo definire «descrittivo-apodittici», che riguardano un'isola e su essa la strada, gli arbusti, l'albero, i rami, la fonte, il bosco, la valle, il vento, l'eco, la grotta, il lago, la cima di un monte... Solo la *pointe* finale sembra curiosamente composta da una strofa di sei versi (che in realtà nel testo originale e nelle altre edizioni vengono anch'essi distribuiti su tre strofe brevi). Ad ogni buon conto, il finale inizia con una frase concessiva, introdotta dalla congiunzione «Malgrado», e termina con il verso ellittico, ma di senso più che esplicito: «Nella vita inconcepibile».

A voler considerare dunque solo la prima e l'ultima parola (o anche il primo e l'ultimo verso per intero), risulta chiarissimo il significato generale, oltreché l'estrema coesione razionale, di questa poesia: «Isola... inconcepibile», o anche: «Isola dove tutto si chiarisce [...]. Nella vita inconcepibile». Nel mezzo, una semplice (si fa per dire) descrizione.

*Utopia* fu pubblicata in Polonia una prima volta nel volume del 1976 «Grande numero», a distanza di dieci anni da quando Wisława Szymborska – perdendo il lavoro fisso di redattore della sezione poesia di «Życie Literackie» col quale si manteneva dal 1953 – aveva restituito la tessera del Partito unificato operaio polacco in segno di solidarietà col filosofo Leszek Kołakowski. Fu un anno di svolta, quel 1976, per tutta la Polonia, e il vero inizio della (lenta) fine del regime totalitario, non solo in terra polacca: gli scioperi e le violente proteste operaie di fine giugno a Radom, Płock e Ursus rappresentarono infatti un nuovo, inequivocabile segnale di come proprio la classe operaia fosse la più insoddisfatta del regime cosiddetto socialista, e innescarono il lungo processo storico di affrancamento e autodeterminazione del popolo polacco che portò in prima battuta alla creazione del sindacato indipendente Solidarność, quindi, da ultimo, e proprio a partire dalla Polonia, al crollo miserando di tutto il sistema «sovietico», identificato poi nell'immaginario collettivo col crollo reale, e al tempo stesso assai simbolico, del Muro di Berlino.

Fu sempre intorno a quegli anni che nella poesia polacca si andò rafforzando una corrente «linguistica», la cosiddetta «Nuova ondata» (*Nowa Fala*) che, facendo il verso alla retorica di regime – cioè utilizzandone antifrasticamente certe formule e stilemi sclerotizzati e quanto mai falsanti il vero stato delle cose – ne rivelava tutta l'infondatezza.

Di questi ultimi esperimenti poetici sentiamo in fondo l'eco nelle espressioni utilizzate da Szymborska per descrivere il paesaggio dell'isola di Utopia: Giusta Ipotesi, Evidenza, Senso, Profonda Convinzione, Verità, Certezza Incrollabile, Essenza delle Cose... Siamo assai prossimi insomma ai fondamenti di quella «neolingua» (*newspeak*) di orwelliana memoria, la lingua coatta che, invece di aumentarle, di anno in anno doveva diminuire il numero delle parole, sotto l'autorità e lo stretto controllo del Miniver, il ministero della Verità, dei quattro ministeri che nel romanzo *1984* reggono le sorti della povera popolazione di Oceania (Minipax, Miniabb, Miniamor, Miniver), quello preposto giustappunto alla semplificazione e riduzione della «neolingua».

Al tempo stesso nella poesia di Szymborska, qualcosa sembra fin da subito scricchiolare, e all'ottavo verso compare un'espressione strana, ripresa direttamente dal parlare comune – «Ah Dunque È Così» – che sembra proprio l'esatto contrario della fraseologia «ufficiale» impiegata altrove, mettendola in crisi: è l'elemento di disturbo, il fattore anomalo di una dinamica linguistica che altrimenti sembrerebbe poter «reggere».

(Quante volte cogliamo i politici in fallo, quando i loro discorsi retorici cadono in simili contraddizioni, mescolando o confondendo i livelli linguistici! E quanto i vari regimi, non solo quelli totalitari, amano le sigle, le abbreviazioni, gli acronimi, le «cose» dette – per un motivo e per l'altro – in altre lingue, pur di non chiamarle col loro vero nome: *jobs act*, *bipartisan*, *governance*, *stepchild adoption* ecc. ecc. ecc.).

C'è del resto un altro «elemento di disturbo» fondamentale, anche questo di natura ironico-linguistica, ma purtroppo intraducibile, e quindi incomprensibile in qualsiasi altra lingua diversa da quella dell'originale, ed è il gioco di parole che si instaura implicitamente fra il sostantivo *utopia* («utopia») e il verbo *utopić* («affogare», «affondare», «sprofondare»): trattandosi di un'isola, per i lettori polacchi è dunque automatica l'associazione per cui l'utopia diventa un luogo dove è piuttosto facile «affogare» e far «sprofondare» la verità nel mare che la circonda (proprio come nel «lago della Profonda Convinzione» che si trova al suo centro), laddove però ogni tanto – ed è questo il cruccio e il problema irrisolvibile di tutti i «regimi» e di tutte le «ideologie» – «Dal fondo si stacca la verità e lieve viene a galla».

E di questa importante implicazione non potevano non accorgersi per primi i traduttori: in particolare Anders Bodegård – grande amico di Wisława Szymborska e suo principale traduttore svedese, e per questo forse il maggior artefice dell'attribuzione del premio Nobel alla poetessa polacca – il quale avrebbe dichiarato che *Utopia* era uno dei suoi componimenti preferiti, in quanto anche lui da giovane era caduto nella trappola dell'utopismo sessantottesco:

> Quella poesia, quel paesaggio fatto di slogan politici, presenta da un lato una caricatura dell'utopia, ma dall'altro mostra anche come si tratti di una tentazione autentica (*Cianfrusaglie*, p. 264).

«Io non amo l'utopia, è vero: mi interessa quello che accade oltre la sfera di un'invenzione utopica. Fuori o intorno a quell'isola» (*Opere*, p. 1067), avrebbe dichiarato la stessa Szymborska in un'intervista del 1995, riferendosi alle utopie letterarie e in particolare a *Gulliver*. Ma in quel «fuori o intorno a quell'isola» vorremmo sentire tutto lo spirito di libertà e contraddizione che a suo tempo aveva certamente aiutato anche lei a riprendere il mare, allontanandosi dall'«isola dove tutto si chiarisce», e a non ascoltare più le «sirene» da quella provenienti, confermando cioè quel «principio di realtà» – e spesso della «realtà del rango più basso», come l'avrebbe chiamata il suo conterraneo Tadeusz Kantor – che d'ora in poi sarà la stella polare della sua scrittura poetica, ma anche del suo rapporto con la → Vita. Una vita che – senza il beneficio d'inventario del dubbio, «senza stupore» (*Nella moltitudine*, p. 569) – perderebbe tutto il suo → Incanto, giacché la vita, la realtà vera non può non essere «inconcepibile», ultima parola della nostra poesia ed espressione della chiusura definitiva con ogni forma di utopia. Così come «inconcepibile» è ogni suo caso o evento, a cominciare da ogni singolo essere umano e dallo stesso io lirico del poeta (*ibid.*, p. 567):

> Sono quella che sono.
> Un caso inconcepibile
> come ogni caso.

Di questa evoluzione morale e spirituale, prima che poetica ed estetica, darà prova innanzitutto il rapporto che, a partire almeno dagli anni del «disgelo» post-1956, si instaura nella poesia di Szymborska tra «verità» e «linguaggio» (→ Lingua, → Poesia). Per quanto di un ventennio successiva rispetto a quegli eventi, *Utopia* è quindi certamente anche il frutto di un dramma personale, e di una personale resa dei conti: e anzi, fra quelle «tenui orme visibili sulle rive/ [...] tutte dirette verso il mare» potremmo riconoscere le orme della nostra poetessa, la quale in un'intervista del 1991 avrebbe amaramente confessato:

> Appartengo a una generazione che ha creduto. Io ho creduto. E quando ho smesso di credere, ho smesso di scrivere poesie di quel tipo... Eseguivo i miei «compiti in versi» convinta di fare bene. È l'esperienza peggiore della mia vita (*Cianfrusaglie*, p. 99).

Delle aspirazioni giovanili della poetessa e della sincerità della sua adesione agli ideali (quelli sì – falsi e manipolatorii) della nuova Polonia Popolare, non abbiamo nessun motivo di dubitare. Di quella ingenua sincerità sta a palese dimostrazione ad esempio la poesia *Progetto un mondo* (pp. 97-9, qui pp. 181-2) della raccolta «Appello allo Yeti» del 1957, che sarebbe stato più corretto e più rispondente al dettato originale tradurre in italiano: «Ripenso il mondo». Non è più un «compito in versi», ma l'espressione di un afflato in qualche modo ancora utopistico, che in seguito Szymborska avrebbe del tutto abbandonato in nome della sua nuova poetica del «dubbio», del «non so», dello «stupore», di quell'endiadi ossimorica di «incanto e disperazione» che diventa la sua vera cifra stilistica e conoscitiva del mondo (→ Incanto).

La poesia *Utopia* segna dunque uno spartiacque netto e definitivo, tra un prima e un dopo. D'ora in poi Szymborska terrà in sospetto e – con l'arma più potente di cui dispone il poeta: l'ironia – bandirà dalla sua opera e dalla sua vita pubblica e privata ogni forma di idealismo e di illusione utopistica sul mondo. Proprio come Platone aveva bandito i poeti dalla sua città ideale, quel Platone che, anche per questo motivo, ma soprattutto per essere il padre di tutte le «utopie», nella poesia *Platone, ossia perché* (p. 583) diventa l'oggetto di una delle più feroci ricusazioni poetiche della letteratura occidentale:

> Per motivi non chiari,
> in circostanze ignote
> l'Essere Ideale smise di bastarsi.
> [...]
> Perché, diamine, si mise a cercare impressioni
> in cattiva compagnia della materia?

[...]
Doveva esserci una ragione,
anche se all'apparenza irrilevante,
ma questo non lo svelerà neppure la Nuda Verità
occupata a rovistare
nel guardaroba terreno.

Per non dire di questi orribili poeti, Platone,
trucioli che la brezza sparge da sotto le statue,
rifiuti del grande Silenzio sulle vette...

La poesia *Platone, ossia perché* appartiene al volume «Attimo», il primo apparso dopo il premio Nobel, nel 2002. A regime comunista ormai definitivamente crollato, in quelle espressioni – l'Essere Ideale, il Bello, il Bene, la Nuda Verità – e pur nella levità della più classica ironia szymborskiana, sentiamo echi lontani, ma non ancora del tutto sopiti, del dramma. Perché? E che significa quel «perché» del titolo?

L'antiutopismo di Szymborska non è un fatto (meramente) politico, bensì innanzitutto un fatto conoscitivo, epistemologico, o forse – per usare un termine che magari lei per prima non avrebbe del tutto approvato – spirituale. Pensando proprio alla nostra *Utopia* lo studioso polacco-statunitense Michał Paweł Markowski, in un articolo intitolato *Parole e cose*, ha affermato che Szymborska non è né nihilista né relativista, e anzi crede che valori come il buono, il bello e la verità (ma con la lettera minuscola, non la maiuscola come appaiono significativamente in *Platone, ossia perché*) «attribuiscano alla vita umana più significato. Il problema è che Szymborska non crede che questi valori esistano di per sé, indipendentemente dalle occupazioni umane, dalle difficoltà umane, dalla vita umana» (Markowski 2012).

Ecco che il «perché» del titolo della nostra poesia è ancora una volta un perché interrogativo (in polacco: *dlaczego*), giacché non c'è *una* risposta – se non nel mondo di *Utopia*, o dell'Idea platonica – ai perché della vita, e anzi sono proprio quelle continue domande che la rendono salvificamente «inconcepibile». Diversamente, una vita «concepibile», fatta di risposte certe, in cui «I nomi aderiscono strettamente alle cose./ Nulla da aggiungere, togliere, cambiare e spostare» e di nient'altro «che si possa anche solo pensare/ o vedere a occhi chiusi» (*L'orribile sogno del poeta*, p. 663), sarebbe mortalmente noiosa e in fondo inutile, giacché la → Vita, ogni vita, non può che essere «all'istante», uno «spettacolo senza prove» dove (*Una vita all'istante*, pp. 397-9):

Il soggetto della pièce
va indovinato direttamente in scena.
[...]
Oh, non ho dubbi che questa sia la prima.
E qualunque cosa io faccia,
si muterà per sempre in ciò che ho fatto.

Anche la cultura e letteratura polacca abbondano di «utopie», com'è in tutta la tradizione europea almeno da Tommaso Moro, che le dette il nome, in poi. Anzi, il primo romanzo originale polacco, le divertenti *Avventure di Niccolò d'Esperientis* di Ignacy Krasicki del 1773 (Krasicki 1997), è proprio un romanzo utopico – della stessa specie cioè del *Candide* di Voltaire e del *Gulliver* di Swift – ma anche lì, paradossalmente, il mondo utopico dell'isola di Nipu, in cui finisce il povero protagonista del romanzo dopo un avventuroso naufragio, si rivela alla fine una distopia, una società «perfetta», che manda a morte quelli che abbiano la curiosità e l'ardire di guardare oltre di essa.

Il discorso di Szymborska sull'utopia (e sul suo padre spirituale, Platone) non arriva a mostrare esplicitamente tanta umana ferocia, com'era ad esempio nella sconvolgente e stupenda poesia eponima del volume «Lume oscuro» di Aleksander Wat (2006, p. 13), di fatto una poesia su esilio e libertà, che vale davvero la pena di riportare qui per intero, compresa la citazione dalla *Repubblica* che le fa da esergo:

Platone ha ordinato di scacciarci
dalla Città ove Saggezza governa.
Nella nuova Torre d'Ossa (umane)
oggi l'Astrologo va computando
la congiunzione degli astri con Marte
e d'ogni bruttura con Œconomia.
È calata l'oscurità e Minerva
ecco che invia i suoi gufi all'Oracolo.
Platone ha ordinato di scacciarmi
nella notte senza i Chiari Filosofi.
Respirano i fiori felicità,
la nuvola odora calda di pioggia,
nel silenzio odo i miei stessi passi,
vado, soltanto non so verso dove.
Platone ha ordinato di scacciarmi
dalla città ove governa l'Incubo.

...I poeti incantatori li manderemo in un altro stato... A noi invece, che abbiamo di mira l'utile, serve un poeta e mitologo più austero e meno piacevole, che ci imiti il linguaggio della persona dabbene e atteggi le sue parole a quei modelli che abbiamo posto per legge in principio, quando abbiamo incominciato a educare i soldati (Platone, *La Repubblica*, III, 398A).

Wisława Szymborska non scelse la via dell'esilio e non fu vittima delle atrocità dello stalinismo, a differenza del di lei più vecchio di 23 anni Aleksander Wat (1900-1967), e senza dubbio il pathos tragico della poesia di quest'ultimo le risulterà sempre estraneo. Si accontenterà di far sommessamente notare che «le tenui orme visibili sulle rive» dell'isola di Utopia «sono tutte dirette verso il mare», e altrove ribadire, stavolta sì, con convinzione, quanto la «perfezione» non sia proprio cosa umana, e anzi, come nella *Cipolla* (p. 389, qui p. 82), sia solo segno di «idiozia».

Luigi Marinelli

# Vita

## *Una vita all'istante*

Una vita all'istante.
Spettacolo senza prove.
Corpo senza modifiche.
Testa senza riflessione.

Non conosco la parte che recito.
So solo che è la mia, non mutabile.

Il soggetto della pièce
va indovinato direttamente in scena.

Mal preparata all'onore di vivere,
reggo a fatica il ritmo imposto dell'azione.
Improvviso, benché detesti improvvisare.
Inciampo a ogni passo nella mia ignoranza.
Il mio modo di fare sa di provinciale.
I miei istinti hanno del dilettante.
L'agitazione, che mi scusa, tanto più mi umilia.
Sento come crudeli le attenuanti.

Parole e impulsi non revocabili,
stelle non calcolate,
il carattere come un cappotto abbottonato in corsa –
ecco gli esiti penosi di tale fulmineità.

Poter provare prima, almeno un mercoledì,
o replicare ancora una volta, almeno un giovedì!
Ma qui già sopraggiunge il venerdì
con un copione che non conosco.
Mi chiedo se sia giusto
(con voce rauca,
perché neanche l'ho potuta schiarire tra le quinte).

Illusorio pensare che sia solo un esame superficiale,
fatto in un locale provvisorio. No.
Sto sulla scena e vedo quant'è solida.
Mi colpisce la precisione di ogni attrezzo.
Il girevole è già in funzione da tempo.
Anche le nebulose più lontane sono state accese.
Oh, non ho dubbi che questa sia la prima.
E qualunque cosa io faccia,
si muterà per sempre in ciò che ho fatto.

«Przerwa w nieskończoności» – un «Intervallo nell'infinito» («Il nulla si è rivoltato anche per me», p. 335, qui p. 131): questo è la vita per Wisława Szymborska. La sua, la nostra, sulla quale inevitabilmente riflettiamo mentre leggiamo le sue poesie. Un intervallo, una pausa, una parentesi che si apre – e rapidamente si richiude – tra un infinito passato e un infinito futuro; una presenza che d'un tratto si incunea tra un prima e un dopo fatti di ere geologiche di assenza. Come non esserne stupiti? Come non interrogarsi su come e perché sia accaduto che, in un certo momento, in un certo luogo, «il nulla si è rivoltato» anche per noi? Che anche per noi il caso si è mutato d'un tratto in destino? Non appena capita che la bolla di irriflessiva ovvietà in cui è per lo più avvolta la nostra presenza nel mondo venga bucata dalla penna acuta della poetessa polacca, il nostro stesso esistere comincia ad apparirci tutt'altro che scontato e naturale. Cominciamo a non vedere in esso «nulla/ di ordinario» (p. 335, qui p. 131). Capiamo di essere solo una possibilità realizzata in una moltitudine di esistenze rimaste pure possibilità, «Un caso inconcepibile» (*Nella moltitudine*, p. 567), e allora una schiera di domande ci assale: «Perché mai a tal punto singolare?/ Questa e non quella? E qui che ci sto a fare?/ [...] Dopo tante ere di non presenza?/ [...] E proprio adesso? Fino all'essenza?» (*Stupore*, p. 307).

Scriveva la poetessa in *Assenza* (p. 627):

C'è mancato poco
che mia madre sposasse
il signor Zbigniew B. di Zduńska Wola.
E se mai fosse nata una figlia – non sarei stata io.
[...]
C'è mancato poco
che mio padre intanto sposasse
la signorina Jadwiga R. di Zakopane.
E se mai fosse nata una figlia – non sarei stata io.

Possiamo divertirci a sostituire i nomi, le località, se necessario anche il genere della prole, adattandoli a noi e alla nostra storia – ed è ciò che implicitamente facciamo ogni volta che leggiamo questa e altre poesie, per quell'impulso all'immedesimazione che l'opera d'arte per sua natura suscita e che Szymborska stessa descrive in *Gente sul ponte*: «come se là vedessero se stessi» (p. 489, qui p. 52).

A fronte di tali e tanti interrogativi ci coglie una vertigine: avvertiamo d'un tratto quel «sentimento metafisico della stranezza dell'esistenza» di cui parlava un altro importante scrittore polacco, Stanisław Ignacy Witkiewicz (1885-1939). Un concetto che si attaglia perfettamente anche all'opera della poetessa cracoviana, tutta protesa a esprimere – e a suscitare – stupore di fronte alla vita. Il «sentimento metafisico della stranezza dell'esistenza» è un rimedio contro l'«abbrutimento», come lo chiamava Witkiewicz, ovvero – szymborskianamente contro la riduzione a «grande numero», a elemento intercambiabile di una massa indistinta di individui privi di individualità. L'autore di *Insaziabilità*, decadente erede della rimbaudiana sregolatezza di tutti i sensi, prescriveva, in verità, altre ricette rispetto a Szymborska, decisamente trasgressive, per giungere a provare tale sentimento di fronte al mistero della propria «Esistenza Singola»; lei, Szymborska, elettivamente affine a un'altra tradizione di pensiero francese che fa capo a Montaigne, considerava sufficiente un po' di... attenzione, poiché «L'abisso [ci] circonda» (*Autotomia*, p. 319), basta saper guardare – al mondo, e a se stessi in relazione al mondo. La disattenzione è considerata nella poesia omonima (pp. 671-3) una forma di maleducazione, una mancanza di tatto su scala cosmica:

Ieri mi sono comportata male nel cosmo.
Ho passato tutto il giorno senza fare domande,
senza stupirmi di niente.

Ho svolto attività quotidiane,
come se ciò fosse tutto il dovuto.

[...]
Il mondo avrebbe potuto essere preso per un mondo folle,
e io l'ho preso solo per uso ordinario.

Nessun come e perché –
[...]
Il savoir-vivre cosmico,
benché taccia sul nostro conto,
tuttavia esige qualcosa da noi:
un po' di attenzione, qualche frase di Pascal
e una partecipazione stupita a questo gioco
con regole ignote.

Nelle poesie di Szymborska l'esistenza – propria, altrui, di ogni cosa che vive al mondo – è presentata come un miracolo. Come qualcosa che emerge da un mare di nulla. Una non-inesistenza, un'affermazione che nasce da una negazione di una negazione. Acquisire tale consapevolezza – e per Miłosz (1996b) Szymborska è in primo luogo «poeta della consapevolezza» – è già premessa di una vita vissuta in maniera diversa, pur in mancanza di facili ricette già pronte (*Scorcio di secolo*, p. 451):

Come vivere? – mi ha scritto qualcuno
a cui io intendevo fare
la stessa domanda.

Da capo, e allo stesso modo di sempre,
come si è visto sopra,
non ci sono domande più pressanti
delle domande ingenue.

La poesia di Szymborska non è didascalica, non ammaestra, non fornisce risposte preconfezionate; piuttosto formula domande, suscita interrogativi, aiuta cioè a riflettere sulla vita. In quell'ironica «poesia nella poesia» che è *Recensione di una poesia non scritta* (pp. 381-3) ci viene detto che «L'autrice si tormenta al pensiero della vita dissipata con tanta leggerezza/ come se ce ne fosse una scorta inesauribile»; l'ironia contemporanea – spiegava Szymborska in un'intervista a Federica Clementi – è «una maschera dietro la quale ci si cela per dire qualcosa sinceramente, ma evitando l'imbarazzo del sentimento e del pathos» (*Opere*, p. 1058). «Come vivere» è un «problema» che – ci informa l'immaginaria recensione – viene sì formulato, in quanto sorge quasi naturalmente dal carattere miracoloso, esclusivo, irripetibile della vita, ma è lasciato aperto. Ciascuno deve trovare una sua personale risposta. Non «come vivere», ma «com'è la vita», è il quesito sotteso a molta parte dell'opera di Szymborska, cui è del tutto estranea la vena moralistica che pure fa grande la poesia del suo contemporaneo e connazionale Zbigniew Herbert.

La prospettiva varia: talora Szymborska si spinge a fondo nelle profondità biologiche, e allora evidenzia – con tonalità per lo più ironiche (→ Humour) – l'immutabilità delle leggi che regolano la vita; talaltra sorvola la superficie sociale del vivere passato (*La vita breve dei nostri antenati*, pp. 441-3) oppure odierno per cogliere la mutevolezza dei costumi, e allora ne escono versi memorabili come questi (*Del non leggere*, p. 717):

> Viviamo più a lungo,
> ma con minor esattezza
> e con frasi più brevi.

Grazie a Szymborska «la poesia polacca ha finalmente fatto propria la meditazione esistenziale – affermava Miłosz (1996b, p. 34) –, il che implica la rottura con la lirica pura e l'azzardo del ragionamento, sempre accusato di prosaicità». La svolta, nella poesia di Szymborska, era avvenuta con «Appello allo Yeti», la raccolta del 1957. L'abbandono del realismo socialista aveva portato con sé, oltre alla rivendicazione dell'autonomia della letteratura (→ Realismo socialista) e all'ironico scetticismo nei confronti della storia dell'umanità (→ Ecfrasi), un'accentuata attenzione all'esistenza individuale; dove individuale non significa solo e tanto dell'individuo-Szymborska – secondo i canoni della poesia lirica, al cui centro vi sono le esperienze intime dell'autore – quanto potenzialmente di ciascun essere umano come individuo. L'individuale tende all'universale, e al contempo l'effusione lirica lascia il posto alla riflessione, al discorso, all'argomentazione. Le poesie di Szymborska sono spesso dei piccoli trattati in versi. Partono da un assunto, o da un'immagine, che poi spiegano, commentano, sviluppano nei versi successivi.

Nell'illustrare la condizione umana, Szymborska si serve di alcune macro-metafore, offrendone specifiche e originali varianti. L'idea sviluppata nel componimento che apre questa voce viene enunciata esplicitamente nei primi due versi: «Una vita all'istante./ Spettacolo senza prove». Le strofe che seguono sono un'estesa esposizione di questa metafora teatrale. Si veda la terminologia usata: «la parte che recito», «Il soggetto della pièce», «in scena», «il ritmo [...] dell'azione», «improvvisare», «dilettante», «copione», «tra le quinte», «la prima». E anche «stella» è parola che rimanda per polisemia all'ambito dello spettacolo, così come «carattere», che è il contrario del «tipo». Dietro alla metafora, è quasi superfluo dirlo, c'è Shakespeare, fonte d'ammirazione e spesso anche d'ispirazione per Szymborska, basti citare *Sogno d'una notte di mezza estate* (p. 93), *Il resto* (p. 117), *Certezza* (p. 323), o *D'una spedizione sull'Himalaya non avvenuta* (pp. 85-7), dove viene perfino menzionato esplicitamente tra i motivi per cui lo Yeti dovrebbe fare ritorno nel seno della civiltà. In *As You Like It* (a. II, sc. 7) Jacques pronunciava un celebre monologo la cui eco sentiamo sotto ai versi szymborskiani:

All the world's a stage,
And all the men and women merely players;
They have their exits and their entrances,
And one man in his time plays many parts...

Szymborska riprende dunque, è evidente, l'idea shakespeariana del teatro del mondo, e tuttavia in parte se ne discosta, fondendola con l'eraclitea irripetibilità di ogni istante della vita, che già le aveva ispirato *Nulla due volte* (p. 45). L'immagine che ne viene fuori è una sorta di «commedia all'improvviso», diversa però da quella vera, realmente teatrale, dove c'è almeno un canovaccio intorno al quale l'attore improvvisa. Qui non solo il copione, ma anche la parte da recitare è sconosciuta, e lo è persino il soggetto della pièce...

Un'altra macro-metafora, attinta stavolta all'immaginario tecnico-scientifico contemporaneo, è quella che ritroviamo in *Forse tutto questo* (pp. 543-5), dove la vita sulla Terra è assimilata a un esperimento che avviene in un «laboratorio», sotto la lampada-sole di giorno, e sotto miliardi di lampade-stelle di notte. Gli uomini sarebbero «generazioni sperimentali», le cui esistenze vengono osservate con qualcosa di più rispetto agli occhi, controllate tramite monitor, registrate in diagrammi, proiettate su grandi schermi. Non si sa tuttavia in cosa consista l'esperimento, né chi lo conduca. In questa poesia, come anche in quella che nella raccolta «La fine e l'inizio» la segue, *Commediole* (pp. 547-9), Szymborska introduce non meglio definiti testimoni ultraterreni della vita sulla Terra, ma lo fa in modo ironico, giocoso. Quella di Szymborska è una poesia agnostica, non si avventura in territori che pertengono alla religione. Solo nelle prime due raccolte ci sono un paio di poesie che intraprendono una polemica logica contro alcuni motivi biblici: *Notte* (pp. 33-7) contro il sacrificio di Isacco, *Riassunto* (p. 167) contro il Libro di Giobbe. E il melo sotto cui il soggetto lirico dell'omonima poesia (p. 393), di qualche decennio più tarda, sosta nell'«eden di maggio» («w raju majowym») non ha nulla a che vedere con quello del Genesi, è solo una pianta che «scoppia di fiori come di risate,/ che è incosciente del bene e del male». Nell'opera di Szymborska non c'è spazio – se non ironico, affermato e insieme messo in dubbio («forse tutto questo», appunto...) – per ciò che si situa fuori dai confini dell'esperibile, della scienza. Sull'esistenza di misteriosi esseri invisibili, sui segni che incessantemente e malgrado ogni evidenza l'uomo continua a sperare di cogliere, verte anche *Inseguimento* (pp. 301-3 – N. B. il soggetto lirico in polacco è palesemente maschile, mentre nella traduzione italiana resta ambiguo, e si potrebbe erroneamente pensare che sia l'autrice stessa), che così termina:

Essi non esistono, non sono mai esistiti, eppure
devo ripetermelo di continuo,
cercare di non essere un bambino, a cui sembra.

E ciò che d'un tratto mi è saltato da sotto i piedi,
non è saltato lontano, perché calpestato è caduto,
e benché ancora si svincoli
ed emetta un prolungato silenzio,
è un'ombra – troppo mia perché mi senta alla meta.

Un paio di volte Szymborska prova a immaginare il prima della vita: *Una versione dei fatti* (pp. 555-9), *Prologo a una commedia* (p. 153); un paio di volte si figura il dopo: *Sullo Stige* (pp. 401-3), *Intervista con Atropo* (pp. 659-61). Ma lo fa sempre in modo ironico, dando alle sue ipotesi e fantasie un tono giocoso da scherzo metafisico. Così pure viene evocato il «Capo» nel finale di *Forse tutto questo* (pp. 543-5), mentre è emblematica, per converso, la reticenza con cui si chiude l'immaginaria intervista con la Parca preposta a tagliare il filo della vita (p. 661):

E se uno più forte volesse sbarazzarsi di Lei
e provasse a mandarLa in pensione?

*Non ho capito. Sii più chiara.*

Riformulo la domanda: Lei ha un Superiore?

*...Passiamo alla domanda successiva.*

Non ne ho altre.

Un'altra macro-metafora è sviluppata nella poesia intitolata *Labirinto* (pp. 667-9), che vale la pena di parafrasare e commentare brevemente. Il labirinto, si sa, è un luogo nel quale ci si muove senza mai sapere se la direzione che abbiamo preso sia quella giusta; e l'attacco della poesia in questione rispecchia proprio quest'incertezza:

– e ora qualche passo
da parete a parete,
su per questi gradini
o giù per quelli,
e poi un po' a sinistra,
se non a destra.

Sì, ma giusta in relazione a che scopo, a quale meta? Di solito in cerca dell'uscita. In questo labirinto invece, come si scopre nel finale, lo scopo del movimento è rovesciato: è una fuga per *non* giungere all'uscita.

Fine, motivo e conseguenza di questo movimento incessante che è la vita sono «speranze, errori, dolori,/ sforzi, propositi e nuove speranze». Senza la continua alternanza tra speranza e fallimento, cui seguono nuovi tentativi e nuove speranze, muoversi nel labirinto della vita non avrebbe senso.

All'inizio della seconda strofa viene quindi introdotta una regola fondamentale: non c'è ritorno, non c'è dietrofront, si può solo andare avanti; come in *Una vita all'istante*, «qualunque cosa io faccia,/ si muterà per sempre in ciò che ho fatto». È tutto un susseguirsi di curve, stupori, vedute. «A mo' di conforto», soggiunge Szymborska, ed è interessante: significa che, tutto sommato, l'incessante susseguirsi di vedute diverse e lo stupore che suscitano sono di conforto per chi vive.

Dopo una sfilza di fraseologismi, ecco un'ulteriore informazione, espressa con un paradosso: «in fretta, perché nel tempo/ hai poco tempo» (*Labirinto*, p. 669); nell'eternità – cioè in assenza di tempo – c'è tempo in abbondanza, poiché essa, come scriveva in *Una versione dei fatti* (p. 559), è «monotona/ e ignara del passare del tempo», mentre nel tempo il tempo è sempre poco, perché passa in fretta e da un momento all'altro può finire.

Un movimento, dunque, incerto, continuo, irreversibile, veloce (velocità a cui corrisponde il ritmo serrato dei versi). Quel che ci attende nel labirinto sono le vicende alterne, ora negative ora positive, della vita: «buio e incertezza,/ ma insieme chiarore, incanto», gioia, dolore e addirittura «felicità nell'infelicità» (*Labirinto*, p. 669). Neppure il tempo di rassegnarsi a questo gioco («e così sia») che ci troviamo dinanzi a un pericolo:

e d'improvviso un dirupo,
un dirupo, ma un ponticello,
un ponticello, ma traballante,

traballante, ma solo quello,
perché un altro non c'è.

La rapidità della decisione sulla direzione da prendere è accentuata dall'anadiplosi – per di più in climax, poiché si tratta di un'anadiplosi continuata, un procedere per scalini soffermandosi su ognuno prima di salire il gradino seguente. Un procedimento simile a quello usato in *L'acrobata* (p. 251), inteso a esprimere il rapido passaggio tra il momento dell'avvistamento – con tutto il carico di emozioni, paure, sollievi che si situa tra la fine di un verso e l'inizio del successivo – e il momento della riflessione, cui segue subito un altro avvistamento e un'altra riflessione, fino alla decisione definitiva perché l'unica possibile.

Ed ecco la *pointe*, che sorprende e chiarisce:

Deve pur esserci un'uscita,
è più che certo.
Ma non tu la cerchi,
è lei che ti cerca,
è lei fin dall'inizio
che ti insegue,
e il labirinto
altro non è
se non la tua, finché è possibile,
la tua, finché è tua,
fuga, fuga –

L'uscita dal labirinto è la morte, la vita è una fuga continua, «finché è possibile». Si noti la strategia di ritardo e reticenza: la poesia non finisce con un punto, ma con un *tiré* di sospensione, così come era iniziata. Semantica della punteggiatura, come i due punti di *In effetti, ogni poesia*.

Come spettacolo senza prove, come esperimento dalle finalità ignote, come labirinto nel quale ci si perde ma da cui non si vuole uscire: c'è ben poco di allegro in queste metafore della vita. Szymborska cerca – è la sua strategia esistenziale e poetica – di scongiurare la disperazione con l'incanto, come scrive in *Allegro ma non troppo* (pp. 315-7):

Sei bella – dico alla vita –
[...]
Cerco di accattivarmela,
di blandirla, vezzeggiarla.
[...]
e mi innalzo nell'incanto,
e cado per lo stupore.

Ma non serve a molto, come lascia intendere la domanda retorica con cui la poesia si chiude:

Si è scordata dove corre,
almeno per una volta?

Ci restano gli istanti, gli attimi, quelli memorabili che la morte non ha fatto in tempo a sottrarci (*Sulla morte senza esagerare*, p. 431):

Non c'è vita
che almeno per un attimo
non sia stata immortale.

La morte
è sempre in ritardo di quell'attimo.

È grazie a quei momenti che «la vita a volte è sopportabile». Non devono essere necessariamente momenti sublimi. Come apprendiamo dal bel libro di aneddoti e ricordi di Michał Rusinek (2016, p. 281), Szymborska pronunciò quella famosa frase, che avrebbe poi dato il titolo al documentario di Kasia Kolenda-Zaleska, in una piazzetta di Trieste, nel 2009, sorseggiando un caffè in compagnia di pochi cari amici.

Andrea Ceccherelli

# Z come Zen?

*La fine e l'inizio*

Dopo ogni guerra
c'è chi deve ripulire.
In fondo un po' d'ordine
da solo non si fa.

C'è chi deve spingere le macerie
ai bordi delle strade
per far passare
i carri pieni di cadaveri.

C'è chi deve sprofondare
nella melma e nella cenere,
tra le molle dei divani letto,
le schegge di vetro
e gli stracci insanguinati.

C'è chi deve trascinare una trave
per puntellare il muro,
c'è chi deve mettere i vetri alla finestra
e montare la porta sui cardini.

Non è fotogenico,
e ci vogliono anni.
Tutte le telecamere sono già partite
per un'altra guerra.

Bisogna ricostruire i ponti
e anche le stazioni.
Le maniche saranno a brandelli
a forza di rimboccarle.

C'è chi, con la scopa in mano,
ricorda ancora com'era.
C'è chi ascolta
annuendo con la testa non mozzata.

Ma presto lì si aggireranno altri
che troveranno il tutto
un po' noioso.

C'è chi talvolta
dissotterrerà da sotto un cespuglio
argomenti corrosi dalla ruggine
e li trasporterà sul mucchio dei rifiuti.

Chi sapeva
di che si trattava,
deve far posto a quelli
che ne sanno poco.
E meno di poco.
E infine assolutamente nulla.

Sull'erba che ha ricoperto
le cause e gli effetti,
c'è chi deve starsene disteso
con una spiga tra i denti,
perso a fissare le nuvole.

La tua esclusione di te stesso da un mondo che del resto ti escludeva è stata una lunga ascesi, fatta di notti e di giorni, in cui si ride e si piange, come ingenui personaggi di opere romantiche senza né principio né fine, con le loro croci e le loro delizie: una lunga ascesi in cui, anziché pregare, hai cantato le forme del mondo lontano.

Che ciò abbia fatto di te – oltre che un santo anarchico e precursore di ogni contestazione passiva e assoluta – forse il più grande poeta italiano vivente, è un discorso che si svolge su un piano molto più basso di quello di questa lettera incerta e incompleta, che riguarda più la tua poesia vissuta che la tua poesia scritta. È la prima infatti a contare, per chi, appunto perché educato e come tolto a se stesso da un lungo amore per la poesia, riesce a intravedere ciò che vale al di fuori di ogni valore: la santità del nulla (da una lettera di Pier Paolo Pasolini a Sandro Penna, febbraio 1970).

In un primo momento, gli autori di questo libro, «spartendosi» le 21 voci alfabetiche che lo compongono, si erano trovati in imbarazzo di fronte alla lettera Z: nessun tema, nessun motivo ricorrente, nessun oggetto, sentimento o argomento privilegiato nella poesia di Szymborska sembrava rispondere alla necessità di iniziare con l'ultima lettera del nostro alfabeto. Avevamo così deciso di lasciarla vuota, in una sorta di scherzo szymborskiano, come nella poesia *Disattenzione* (p. 671):

> Ero come un chiodo piantato troppo in superficie nel muro
> oppure
> (e qui un paragone che mi è mancato)

perché una vera conclusione poteva benissimo non esserci. Giacché Szymborska stessa alla fine dei suoi versi sembra sempre aprire e riaprire il discorso, proprio come nella poesia intitolata dall'*incipit* «In effetti ogni poesia» (p. 677) che chiude il volume «Due punti» (2005) proprio con quel segno d'interpunzione, i due punti: il segno che tiene aperto un discorso, lasciando intendere che sono necessarie altre spiegazioni, altre risposte e opinioni...

Così sarebbe stato, e certamente sarà anche del nostro libro. Alla fin fine, insomma, vale per ogni lettura delle poesie di Szymborska lo stesso principio che lei scrive a proposito del sentimento di → Amore, in base al quale «Ogni inizio infatti/ è solo un seguito/ e il libro degli eventi/ è sempre aperto a metà» (p. 537, qui p. 4).

Ma forse un gioco ancor più szymborskiano, o szymborskiano «al quadrato», avrebbe potuto essere quello di muoversi «alla rovescia», e cioè inserire la voce, proprio perché mancante. Ma quale parola «inventare», a quale concetto ricorrere? A quel punto, per esprimere questa specifica «assenza» – un tema peraltro di per sé particolarmente intrinseco alla poetica di Szymborska (→ Nulla) – qualcuno di molto caro ci ha suggerito che forse poteva tornarci utile il pensiero Zen: «Z» – come «Zen», dunque – con tutti gli interrogativi, i dubbi e le implicazioni generate dal riferimento a un mondo filosofico-religioso così variegato e cangiante nel corso della sua storia. Per il Chán/Zen infatti, proprio i concetti di vuoto e di assenza sono quelli fondanti della realtà, giacché il «non essere» è il primo fondamento dell'«essere» (nel cosiddetto *Sūtra del cuore*, uno dei testi più famosi e fondamentali del buddhismo zen, viene quindi messo il segno di identità «tra i fenomeni, cioè tutto ciò che è oggetto dei sensi, *shiki*, e il vuoto, *kū*»; Tollini 2012, p. 29); mentre in generale l'andamento di tali ragionamenti nei testi dei grandi maestri e patriarchi cinesi e giapponesi si muove su linee binarie di (falsi) opposti, in modi perlopiù indiretti, enigmatici, paradossali, ironici e antifrastici.

Lo stesso, quasi lo stesso, e a volte proprio lo stesso, avviene nel discorso poetico (e anche nelle piccole prose) di Wisława Szymborska. Anche nella sua visione, infatti, la guerra e l'erba dei prati, la gioia e la tristezza (*Qualche parola sull'anima*, p. 593), l'incanto e la disperazione (*Il cielo*, p. 495), la fine e l'inizio, il tempo e l'eternità, il sonno e la veglia, la necessaria (ma mai scontata) distinzione fra cause ed effetti, opposti sentimenti, parole e silenzio, corpo e anima, cielo e mondo, vita e morte, non inficia l'unità dell'Essere. Come scrive nella poesia *Il cielo* (p. 495, qui p. 92), che non per caso apre la raccolta «La fine e l'inizio» (1993):

> La divisione in cielo e terra
> non è il modo appropriato
> di pensare a questa totalità.

Una «totalità» che da molto vicino sembra ricordare quella della Via dell'illuminazione zen, e che ad esempio troviamo espressa con parole assai simili nelle *Iscrizioni sulla fede della mente*, famosa poesia di Sēngcàn, vissuto nel VI secolo, secondo patriarca successore del «fondatore» del Chán cinese Bodhidharma (Tollini 2012, pp. 32-3):

> Giungere alla Via non è difficile
> se solo si smette di scegliere.
> Se non si disprezza e non ci si fa attrarre
> questo mondo contaminato ci appare luminoso.
> Ma se solo vi è una frattura sottile come un capello,
> il cielo e la terra si separano.
> Se vuoi vedere la vera realtà
> non considerare le cose come favorevoli o sfavorevoli.
> Essere presi nel dualismo tra favorevole e sfavorevole
> è la malattia della mente.
> Se non comprendi questo significato profondo,
> tranquillizzare il pensiero diventa sforzo inutile.
> La completezza è come il grande vuoto:
> nulla vi manca, nulla è di troppo.

Fra la raccolta poetica «La fine e l'inizio» e la successiva «Attimo» (2002) corse quasi un decennio. Nel mezzo la «tragedia di Stoccolma» del premio Nobel e le sue «terribili» conseguenze per la tranquillità e la vita privata della poetessa. Colpisce e commuove davvero quello che raccontano Bikont e Szczęsna, le due straordinarie biografe di Szymborska, sulla sua assoluta, imperturbabile «fedeltà» a certi temi, indipendentemente dai (ben diversi) tempi e luoghi della sua vita. E così, nelle prime «Letture facoltative», recensendo nel 1973 un libro di Stanisława Wysocka, Szymborska si era dichiarata «molto colpita» da una frase, sentendo perfino la necessità di darne l'esatta collocazione: «pagina trentuno, decimo rigo dall'alto», come quella di una perla preziosa nascosta fra i vari discorsi sul teatro di quella grande attrice: «L'anima trova riposo non solo nel riso, ma anche nella assoluta tristezza» (*Cianfrusaglie*, p. 142). Ed ecco che la prima poesia pubblicata dopo il Nobel, e oltre un quarto di secolo dopo quella piccola recensione, sarà proprio *Qualche parola sull'anima* (p. 595):

> Gioia e tristezza
> non sono per lei due sentimenti diversi.
> È presente accanto a noi
> solo quando essi sono uniti.

Che cosa fosse l'anima per lei (→ Nulla), Szymborska l'avrebbe spiegato in un'intervista del 2002, intitolata *È difficile scalare una poesia* – al solito – con le parole più semplici e comprensibili a tutti: «Quei momenti in cui l'uomo si apre a cose più elevate della quotidianità: ecco cos'è per me l'anima» (*Cianfrusaglie*, p. 143). E allora, fra quelle cose più elevate ci possiamo senz'altro mettere anche quello

> [...] starsene disteso
> con una spiga tra i denti,
> perso a fissare le nuvole.

Non sarà la «meditazione seduta» a gambe incrociate (*zuòchán*, cinese; *zazen*, giapponese), centrale per tutta la scuola Chán/Zen, ma a suo modo, in un modo cioè tutto szymborskiano, la ricorda assai da vicino. E a noi infatti pare di poter sostenere che, perfino nella sua ben nota riservatezza e semplicità, ma tanto più in quella presa d'atto di una universale *coincidentia oppositorum* che così spesso svela nei suoi versi (→ Lingua, → Poesia), pur senza mai usare la parola – di cui altri poeti e scrittori occidentali della modernità hanno perfino abusato – la poesia di Szymborska, senza volerlo, fors'anche senza saperlo, sia profondamente e inequivocabilmente zen, o piuttosto, a volerlo dire altrimenti e con maggior prudenza, riferendosi a certi principi fondamentali del pensiero zen e applicandoli alla poesia di Szymborska, il senso generale di quest'ultima ne risulti particolarmente illuminato. E, d'altro canto, come considerare non derivanti da una sorta di «attitudine zen» anche frasi come questa, tratta da un'esilarante «lettura facoltativa» della traduzione polacca del best seller di Dale Carnegie *How to Stop Worrying and Start Living*:

La mancanza di preoccupazioni sarebbe ancora più preoccupante delle preoccupazioni medesime. Equivarrebbe a una mancanza di immaginazione, di sensibilità, denoterebbe grossolanità spirituale (*Opere*, pp. 853-4).

Così pure, la preoccupazione per le «psicosi e nevrosi d'ogni sorta» (*ibid.*, p. 785) dei cani (proprio da parte di colei che è universalmente, ed erroneamente, nota per un particolare amore per i gatti), nonché le sue frecciate in prosa e in poesia sulle incongruenze del vegetarianesimo, paiono provenire dritte dritte da quella stessa «attitudine». Si legga ad esempio la poesia *Coercizione* (in «Basta così», p. 25):

Mangiamo vite altrui per poter vivere.
Maiale deceduto con crauti defunti.
Il menu è un necrologio;
[...]
Anche il più lirico dei poeti,
anche il più austero tra gli asceti
mastica e inghiotte qualcosa
che pure era vivo e cresceva.

E la «lettura facoltativa» *Vostro onore* (*Opere*, p. 832), nella quale anticipava i concetti che avrebbe espresso nella lirica appena citata:

Forse finirò con l'incorrere nelle ire di chi professa l'ideale vegetariano, eppure anche le piante sono organismi dotati di una volontà vitale. Se questa volontà si manifesta in forme diverse, significa forse che non esiste? In qualsiasi modo la vogliamo definire, è comunque incontestabile che trovi pur sempre la sua fine nel piatto del vegetariano;

cui fa eco indiretta la poesia *Il silenzio delle piante* (p. 579), una stupenda e malinconica riflessione sull'ineluttabilità di una «conoscenza unilaterale» e l'impossibilità di un dialogo con esseri viventi a volte tanto amabili e amati:

Parlare con voi è necessario e impossibile.
Urgente in questa vita frettolosa
e rimandato a mai.

O ancora le toccanti, tristemente ironiche parole finali della «lettura facoltativa» sulla *Vita psichica dei cani* (*Opere*, p. 786):

Vi sono centinaia di situazioni in cui il cane perde l'equilibrio in cui cerca di mantenersi, in bilico com'è fra le esigenze della sua natura e quelle di un mondo umano a lui estraneo. Prima o poi, infatti, cercherà di azzannare la propria coda, il che – a quanto pare – non è un giochino innocente, bensì il segnale che il nostro pupillo comincia a perdere il senso della realtà. Fra gli uomini, privi di coda, questo stadio della malattia è asintomatico.

Alla fin fine la «non filosofia» del «Qui» (2009), dei «Due punti» (2005) e dell'«Attimo» (2002) delle poesie eponime delle sue ultime raccolte in vita, è forse una riprova sufficiente di quello che stiamo cercando di dire (*Attimo*, p. 565, qui p. 173):

Come se di qua non fossero passate pianure
in preda a febbri maligne,
brividi glaciali.

Come se solo altrove fossero ribolliti i mari
e si fossero rotte le sponde degli orizzonti.

Sono le nove e trenta, ora locale.
Tutto è al suo posto e in garbata concordia.

A dire il vero, non esiste una poesia intitolata «Due punti», ma in quella qui citata precedentemente, che ha titolo *In effetti, ogni poesia* (pp. 677-9) e che chiude la raccolta «Due punti» riaprendola all'infinito con quel segno d'interpunzione alla fine, Szymborska continua a dialogare con se stessa e col proprio lettore, riflettendo:

In effetti ogni poesia
potrebbe intitolarsi «Attimo».

In una lunga intervista dal suggestivo titolo *Entriamo nel mistero come in una pozzanghera*, suggerito dalla poesia *La pozzanghera* (p. 589), il traduttore-poliglotta-saggista Ireneusz Kania, grande esperto di kabbalah, culture e religioni orientali, e curatore polacco dei principali testi buddhisti, a proposito dell'opera e della personalità di Wisława Szymborska si diceva convinto che il suo agnosticismo religioso nascesse da un «sentimento di trascendenza della realtà» (p. 149) e dalla «sua stessa esperienza esistenziale», e che certi presunti motivi buddhisti nella poesia di Szymborska non derivassero da letture di libri (anche se ricordava di averle tenuto una volta una sorta di lunga e dettagliata lezione privata sul tema) ma da un autonomo filo di pensiero, quello sì, assai prossimo al buddhismo. E menzionava esplicitamente il tema della sofferenza della natura, degli animali, e delle piante; quello del grande e casuale privilegio, ma anche fardello, del vivere, e in ispecie del vivere in quanto esseri umani; ma forse soprattutto la questione della relazione soggetto-oggetto nella conoscenza della realtà, intesa kantianamente – ma anche qui in modi e per vie del tutto personali e indipendenti dall'autore della *Critica della ragion pura* – come *Erkennen* (conoscenza profonda, emotiva e intuitiva), che tuttavia non può non esprimersi – tanto più in poesia – attraverso forme di *kennenlernen* (cioè discorsive). E faceva gli esempi di poesie quali *Visto dall'alto* (p. 355), in cui risulta facilmente produttiva la netta distinzione presente nella lingua polacca tra i verbi *umierać* e *zdychać*, rispettivamente usati per distinguere la morte umana e quella animale:

La tristezza non si trasmette.
Il cielo è azzurro.

Per nostra tranquillità – gli animali non muoiono
ma crepano d'una morte per così dire più piatta,
perdendo – vogliamo crederlo – meno sensibilità e mondo,
uscendo – così ci pare – da una scena meno tragica.

Oppure *Nella moltitudine* (p. 569), in cui torna, per così dire moltiplicato all'infinito, il motivo della casualità e irripetibilità di ogni singolo essere vivente:

Potevo essere me stessa – ma senza stupore,
e ciò vorrebbe dire
qualcuno di totalmente diverso.

E soprattutto *Vista con granello di sabbia* (p. 423, qui p. 17), in cui è lancinante il tentativo di superare ogni separazione fra soggetto e oggetto della conoscenza, e il fondamentale pessimismo che ne deriva, un pessimismo nient'affatto radicale, ma irrinunciabile, costante, e pieno di compassione per il mondo e tutti i suoi casi (→ Biologia):

Lo chiamiamo granello di sabbia.
Ma lui non chiama se stesso né granello né sabbia.
[...]
Dalla finestra c'è una bella vista sul lago,
ma quella vista, lei, non si vede.

Lanciando una provocazione su cui vale certamente la pena di riflettere, chi ci ha suggerito questa voce «Zen» per completare il nostro *Alfabeto del mondo* sosteneva che a voler cercare a tutti i costi un «difetto» in questa poesia, si potrebbe dire che sia quello di «non avere difetti». Un pensiero che tra l'altro coincide con uno dei primissimi giudizi riguardanti la poesia matura di Szymborska, uscito dalla penna brusca ed esigente del critico Artur Sandauer, il quale nel 1957 la definì «perfetta», non seguendo essa «né la tradizione moralistica, né quella artistico-avanguardista», ma avendo trovato «la giusta misura tra queste due ali della letteratura polacca» (Sandauer 1996, p. 76). Tuttavia non so se condividere fino in fondo una tale opinione sulla perfezione (e quindi il perfezionismo?) della poesia szymborskiana, perché forse esiste una linea di poeti – Szymborska certamente tra questi – che hanno anche questa consapevolezza amara della perfezione (Saffo? Catullo? Kochanowski? Sandro Penna?), perché sanno che la poesia è dappertutto (un po' come la divinità in certe forme di panismo cosmico), anche quando non c'è. I versi di *A una mia poesia* – fra gli ultimi scritti dalla poetessa poco prima di ammalarsi e morire – dicono esattamente questo, in una sorta di *kōan* Zen, come capita in altri simili casi di sue liriche brevi e quasi assiomatiche (in «Basta così», p. 41):

> Nel migliore dei casi,
> poesia, sarai letta attentamente,
> commentata e ricordata.
>
> Nel peggiore
> sarai soltanto letta.
>
> Terza eventualità:
> verrai sì scritta,
> ma subito buttata nel cestino.
>
> Potrai approfittare di una quarta soluzione:
> scomparirai non scritta,
> borbottando qualcosa soddisfatta.

In altra occasione nella sua «Posta letteraria» Szymborska aveva detto che «la poesia inizia là dove finisce l'ovvietà» (*Cianfrusaglie*, p. 117). Si potrebbero anche rovesciare i termini della frase, e il «prodotto» non cambierebbe, ma si potrebbe anche pensare che ovvietà e poesia fanno ugualmente parte della nostra vita (→ Poesia), e che non ci sia affatto bisogno di essere poeti per saperlo. In una delle sue rare interviste, Szymborska spiegava ancora più diffusamente il concetto:

> La creazione consiste nel fatto che si strappa una qualche piccola parte di realtà. [...] A volte mi sembra semplicemente che la «gioia» di scrivere consista nella scoperta, o perfino nella stessa ricerca di quella parola che mi è proprio necessaria ma che talora non c'è affatto, e bisogna quindi crearla, oppure nella ricerca di una qualche figura stilistica. [...] Il guaio è solo che se ne deve ricavare un tema, e presentarlo come un problema. Una singola cosa gettata sul mucchio di tante altre non significa molto, mentre vista separatamente essa appare in modo del tutto diverso. D'un tratto risulta che la natura perfino di quell'unica, piccola cosa è stranamente complicata. La poesia deve superare l'ovvietà. Deve darle un'altra dimensione (Nastulanka 1975, pp. 305-6).

E dunque poesia e ovvietà della realtà, persino nella sua più scontata quotidianità, sono per Szymborska le due facce di una stessa medaglia oppure – e tanto per esagerare con le filosofie orientali – *yin* e *yang* della creazione, e della vita. Della varietà e molteplicità di questa vita, quale che essa sia, e dello stupore che ne deriva (→ Incanto), Szymborska ha fatto nel tempo il suo principale «credo» poetico e, per così dire, il suo marchio di fabbrica. E tutto questo è particolarmente affine, davvero quasi la stessa cosa del concetto di *shohō jissō*, cioè «ogni fenomeno è la vera realtà», centrale nella dottrina di Dōgen, capostipite della scuola zen giapponese Sōtō, per il quale «la ricerca comporta lo svelamento del valore straordinario della lingua ordinaria: quello che ogni giorno cade sotto i nostri occhi e le nostre orecchie, se ci sforziamo di comprendere a fondo, vedremo che è pregno di significati profondi. Di nuovo, *shohō jissō*, ogni singola cosa per quanto insignificante è l'autentica manifestazione di tutta la realtà illuminata» (Tollini 2012, p. 89). Trattandosi allora di quella che si potrebbe ben definire una sorta di «attitudine zen» della visione del mondo di Wisława Szymborska, capita di imbattersi in strane, ma in questa chiave comprensibilissime, coincidenze, che non significano affatto una dipendenza, bensì un'affinità, una somiglianza, un semplice modo di essere condiviso. A cominciare dall'uso di un linguaggio a volte paradossale, mai diretto, e spesso «negativo», «ironico», «antifrastico», che non dà risposte, ma moltiplica le domande, quasi a spingere il lettore a cercarle da solo le risposte, facendole sue proprie. Una strategia poetica, questa, che in fondo potrebbe ricordare il metodo pedagogico dei maestri cinesi e giapponesi del Chán/Zen e la lingua particolare del *kōan*, spesso «fatto di paradossi, enigmi e *nonsense*. [...] Il discepolo [e nel nostro caso il lettore] stimolato, inizierà un percorso individuale alla ricerca del *quid* che continua a sfuggirgli. Le parole (o i gesti) del maestro saranno dei pungoli, non delle soluzioni, e neppure delle risposte. [...] Solo un uso della lingua che vada oltre l'uso convenzionale [...] può permettere una visione non-mediata della realtà, o perlomeno darne un *flash*» (Tollini 2012, p. 22). Si tratta insomma di quel *nescio quid* che anche noi abbiamo individuato come *topos* centrale nella poetica di Szymborska (→ Incanto), dichiaratamente espresso nell'elogio di quelle due piccole paroline alate – *nie wiem*, «non so» – del suo celebre discorso per il Nobel, *Il poeta e il mondo* (*Opere*, p. 1043). In tutto questo, almeno due altri motivi sembrano accomunare fortemente la poesia di Szymborska e certi aspetti della Via di illuminazione e liberazione dall'illusione indicata dal Chán/Zen. E così, in Szymborska non troveremo certo – se non forse in tono scettico e scherzoso – la minima allusione all'esperienza del *wù/satori*, quella «comprensione» o «illuminazione» «della nostra vera natura, cioè di quello che in realtà siamo secondo la visione del buddhismo, e che in definitiva coincide con quella della non sostanzialità dell'io» (Tollini 2012, p. 9). Eppure, in fondo, altro motivo portante della sua poetica è proprio quello della non-sostanzialità o inconsistenza dell'io (nel buddhismo classico: *anattā*), di cui toccante espressione poetica sembra la poesia *Un'adolescente* (pp. 695-7), e del possibile scioglimento e superamento dell'esperienza del dolore (*dukkha*), attraverso il riconoscimento dell'impermanenza (*anicca* nella dottrina buddhista) e della infinita pluralità dell'esistenza, anzi, delle esistenze immerse *Nel fiume di Eraclito* (p. 169) e in quella che, per dirla con le sue stesse parole, Szymborska chiamava «la fiera dei miracoli» della vita. *Anicca*, *dukkha* e *anattā* sono i tre capisaldi del pensiero del Buddha, con vari nomi e in vario modo e grado ripresi poi in quello successivo del Chán/Zen. E non sarà difficile, a questo punto, trovare altre consonanze, casuali, sì, ma quasi letterali, tra certi versi della nostra poetessa e gli insegnamenti degli antichi maestri zen, ad esempio nella famosa *Usuhiki uta* («Poesia recitata usando il pestello») di Bankei Yōtaku (1622-1693): «Non esistono cose come miracoli e cose strane. Ma se non capisci, tutto ciò che c'è al mondo è strano» (Tollini 2012, p. 483). *La fiera dei miracoli* (pp. 483-5):

Un miracolo comune:
l'accadere di molti miracoli comuni.
[...]
Un miracolo, basta guardarsi intorno:
il mondo onnipresente.

Un miracolo supplementare, come ogni cosa:
l'inimmaginabile
è immaginabile.

O ancora, a proposito della relatività di ogni essere e della bellezza che in ogni frammento di vita e di realtà sono dovute alla compresenza di tante diverse e infinite possibilità, così si esprimeva otto secoli fa il citato Dōgen:

> Al fine di investigare le caratteristiche della realtà, oltre a vedere le cose rotonde e quadrate, bisogna considerare tutte le possibilità di forma di mari e montagne che sono tante e si deve sapere che esiste un mondo che si estende in tutte le direzioni. E non è così solo per il mondo che ci circonda, ma anche per ciò che ci riguarda e per ogni singola goccia (Dōgen 1991, p. 5).

E Szymborska (*Nulla due volte*, p. 45):

Ci sei – perciò devi passare.
Passerai – e qui sta la bellezza.

Cercheremo un'armonia,
sorridenti, fra le braccia,

anche se siamo diversi
come due gocce d'acqua.

Wisława Szymborska avrebbe certamente sorriso sconcertata e divertita dalle nostre divagazioni su queste pretese affinità. Se ne potevano infatti indicare di ben altre, e con assai maggior probabilità di fondamento, e l'abbiamo fatto noi stessi qui, in altre parti del nostro *Alfabeto*: con la filosofia presocratica ad esempio, o col pensiero degli *essayistes* francesi, e in particolare di Montaigne, con Proust o Heidegger, o ancor più con l'idea della «filosofia come stupore» di Jeanne Hersch (→ Incanto)... E, d'altronde, quante mai saranno le analogie e le consonanze già ampiamente indagate e quelle ancora da scoprire tra filosofia «occidentale» e «orientale» nell'unico «sacco» del pensiero umano, che è poi quello che veramente conta?! Con non minori speranze di divertirla, avremmo in fondo potuto definirla anche *pop* o *rock* (tanto per rimanere sui monosillabi), e non ci saremmo troppo allontanati dalla «sostanza» del discorso che stiamo tentando di proporre (anche il pop e soprattutto il rock sono forme di racconto e sublimazione del «quotidiano»). Ma ci serviva la Z «come Zen». Di qui la nostra insistenza. Proprio lei, del resto, aveva espresso tutto il suo bonario sospetto verso certe forme di «orientalismo» di maniera, e in particolare sui «grovigli corporei» dell'Hatha Yoga, in una esilarante «lettura facoltativa» intitolata *La via della perfezione*, prendendo dichiaratamente le parti dello scettico, il quale a un certo punto:

> si rende conto che l'Hatha Yoga non è che il primo passo sul cammino verso la perfezione e che quella perfezione, così com'è concepita dai saggi indiani, verrà raggiunta soltanto da chi saprà dissolvere il proprio Io individuale nell'Universo. A questo punto lo scettico si domanderà se sia davvero questo il fine che intende raggiungere. Forse è proprio il contrario: e se non dovesse dissolvere se stesso, bensì vivere la propria vita sino in fondo, con le sue particolarità di essere umano e con tutte le difficoltà che ne conseguono? E quanto alla dissoluzione, ci sarà sempre tempo dopo la morte. A quel punto lo scettico deciderà di districarsi dalla *Kukkutasana* [la complicatissima «posizione del galletto»]. Speriamo che ce la faccia senza dover ricorrere al pronto soccorso (*Opere*, p. 775).

Eppure, paradossalmente, dalle stesse frasi appena citate, dalla loro lieve e profonda ironia, dal loro consueto andamento interrogativo-dubitativo («Forse è proprio il contrario: e se...»), traspare una saggezza molto «zen». Siamo anzi convinti che a molta parte della poesia matura di Wisława Szymborska si potrebbe attribuire quella definizione di «illuminazione spontanea» o «illuminazione inconsapevole», che Aldo Tollini (2012, p. 297) riserva ad esempio al brano finale di *Uno, nessuno e centomila* (un titolo e un testo anche questi quanto mai szymborskiani):

> E l'aria è nuova. E tutto, attimo per attimo, è come è, che s'avviva per apparire. [...] Pensare alla morte, pregare. C'è pure chi ha ancora questo bisogno, e se ne fanno voce le campane. Io non l'ho più questo bisogno, perché muoio ogni attimo, io, e rinasco nuovo e senza ricordi: vivo e intero, non più in me, ma in ogni cosa fuori (Pirandello 1993, pp. 161-2).

Così anche la profonda ammirazione per un quadretto del giapponese Utagawa Hiroshige che mostra nella famosissima *Gente sul ponte* (→ Ecfrasi) la dice lunga sulla mai dichiarata, ma evidente «attitudine zen» della poesia szymborskiana. Il contrasto tra il tempo inarrestabile della vita e quello fermo del quadro non è che l'espressione di una dualità insita nell'animo umano e dalla quale nessuno può prescindere (p. 487):

> Sottostanno al tempo, ma non vogliono accettarlo.

Alla fin fine, dunque, la «vendetta d'una mano mortale» che consiste in «un tempo che lego con catene di segni [...] un esistere a mio comando incessante» (pp. 184-5), per Szymborska trae origine dalla consapevolezza e dalla sofferta, ma serena accettazione del rapporto irresolubile che c'è tra la fine della poesia e il (rinnovato) inizio della vita dopo la sua scrittura/lettura. La «gioia di scrivere» (e di leggere) le sue poesie nasce insomma da quella momentanea, ma fin troppo necessaria dimenticanza/rivelazione/comprensione della «santità del nulla», il *nirvāṇa* che Pasolini ascriveva alla «poesia vissuta» di Sandro Penna, e dalla consapevolezza del fatto «che la vita non è qui» (p. 183), proprio come in quella non meno fugace e temporanea (ma cosa non lo è?), gioiosa e triste, nuda e innocente esperienza del *wù/satori* – la raggiunta condizione di liberazione/illuminazione del buddhismo zen – che è

> [...] starsene disteso
> con una spiga tra i denti,
> perso a fissare le nuvole

e che, «dopo ogni guerra», può salvare l'uomo e la sua umanità tra ogni fine e ogni inizio che poi «è solo un seguito»...

Luigi Marinelli

# La fiera dei miracoli, ovvero Wisława Szymborska (e lo szymborskismo) in Italia

di Luigi Marinelli

Il 3 ottobre 1996, quando a Wisława Szymborska fu assegnato il premio Nobel, fui cercato con urgenza dalla redazione dell'«Unità», il giornale fondato da Antonio Gramsci, già quotidiano del Pci, Partito comunista italiano, e allora ancora organo del Pds, Partito democratico della sinistra, poi Ds, Democratici di sinistra, e oggi, con la sparizione dell'attributo «di sinistra», più semplicemente Pd, Partito democratico. Nessuno conosceva la sorprendente vincitrice, e così – con la mediazione di Giulio Ferroni, mio collega alla «Sapienza» di Roma – corsero ai ripari cercando lo «specialista». In due o tre ore dovetti imbastire come meglio potevo un articolo (e dire che da giovane avevo pensato di fare il professore anche per evitare di fare il giornalista!), proponendo alla redazione il titolo: *Lo stupore di vivere*. Non potendomi certo immaginare che la stessa Szymborska avrebbe usato proprio questa formula al termine del suo *Discorso del Nobel* due mesi più tardi, pensavo infatti di riassumere in essa, e cioè nello stupore di e per ogni esistenza e non-esistenza (→ Incanto), una delle chiavi più perspicue per afferrare la poetica di quella ardita poetessa polacca che – come il non meno «sconosciuto» Miłosz sedici anni prima – aveva osato salire sul Parnaso del Nobel, sconvolgendo tutte le attese degli scommettitori e lobbysti vari della letteratura. La redazione dell'«Unità» pensò però di cambiare il titolo del mio articolo in *Lo stupore della gloria*, e così ne venne fuori un pessimo compromesso tra lo stupore della critica e dei giornali italiani per l'assegnazione del premio a una poetessa – come la definì un'altra testata – «quasi ignota alla cultura mondiale», e il mio stupore (o anche stizza) per la sorpresa provinciale di quelli.

Del resto si sa che i polonisti stranieri, e in genere coloro che si occupano di culture considerate «minori», devono sempre e continuamente scontrarsi con questo problema. Pietro Marchesani, che di

Wisława Szymborska (come di Miłosz, di Herbert e altri) fu, oltre che amico, ottimo traduttore, se ne lamentava spesso, in pubblico e in privato, non riuscendo a darsene pace. Alla fine, senza saperlo e indubbiamente senza volerlo neanche lei, ci venne in soccorso proprio Szymborska, quella poetessa nel 1996 «praticamente sconosciuta», che nel giro di pochi anni – e via via sempre più, grazie soprattutto a internet – divenne invece in Italia un fenomeno letterario quasi di massa, anzi, forse la più popolare «poetessa italiana». Infatti non solo ha eguagliato e forse superato la fama e l'amore dei lettori nostrani per la lirica, ad esempio, di Alda Merini, ma è entrata definitivamente nel novero dei pochissimi scrittori polacchi il cui nome, benché storpiato, si ricordi in Italia (l'altro che ricorre più spesso in questi casi è quello di Ryszard Kapuściński), andando così sulle orme di quello Sienkiewicz, il cui *Quo vadis?* (1896), tradotto e pubblicato in milioni di copie in tutte le lingue, oltre a far vincere al suo autore il primo premio Nobel slavo nel 1905, nel corso del XX secolo godé di tanta popolarità (letteraria ed extraletteraria) da far coniare il termine «quovadismo», un fenomeno del quale eco estrema e ormai – immagino – assai ignara delle proprie remote origini polacche, è stato anche a fine 2015 il film da incassi milionari *Quo vado?* di Checco Zalone.

Chissà come riderebbe lei, la signora Wisława, di questa mia affermazione, eppure non v'è dubbio che, fatti i dovuti distinguo, nell'Italia odierna, ma anche altrove, siamo di fronte a un fenomeno che non esiterei a chiamare «szymborskismo». Ecco che a un convegno slesiano del giugno 2013 sulla ricezione della letteratura polacca nel mondo, una giovane italianista di Varsavia, Justyna Hanna Orzeł, presentò la relazione *Il fenomeno Szymborska. Su una moda (poetica) in Italia*, e – anche se quello di «moda» non è forse il termine più appropriato – non v'è però dubbio che il «caso Szymborska» negli ultimi anni sia stato una risposta a bisogni del momento, e che la poetessa di Cracovia sia diventata ormai in Italia quasi un'icona pop, con una schiera di fan «szymborskisti» sempre più numerosa. Tanto più paradossale per un'autrice che da sempre aveva dichiarato di essersi sempre tenuta «dai gruppi letterari [...] ben distante» (*Epitaffio*, p. 151). Si tratta infatti di un fenomeno che va ben al di là della sua dimensione poetico-letteraria o anche più latamente socioletteraria, perché è diventato nel tempo un fatto di costume, mediatico, perfino politico. A inizio 2012 la stampa notò a un certo punto che l'allora ministra del Lavoro Elsa Fornero indossava un braccialetto rosa con inciso un verso di *Ritratto di donna*: «È facile, impossibile, difficile, ne vale la pena» (p. 379, qui p.

41); ma come sempre, anche in questo caso, abissale è la distanza tra politica e poesia! L'altra faccia, quella seria, di un tale uso frivolo-modaiolo-snob di un verso di Szymborska fu invece il romanzo di Benedetta Tobagi, *Come mi batte forte il tuo cuore* (2009): anche qui un verso di Szymborska (la finale, stupefacente *pointe* della poesia *Ogni caso*) per un riuso in qualche modo anch'esso politico, ma stavolta davvero commovente e letterariamente motivato. L'autrice vi narrava infatti la storia di suo padre, Walter Tobagi, giornalista del «Corriere della Sera» assassinato trentatreenne dai terroristi nel 1980, quando lei, Benedetta, aveva solo tre anni. Nella sua premurosa e terribile ricerca-ricostruzione della perduta figura paterna, l'autrice ne ricorda il motto, tratto dall'*Etica* di Spinoza: «*humanas actiones non ridere, non lugere, necque detestari, sed intelligere*», e cioè «non bisogna deridere le azioni umane, né piangerle, né disprezzarle, ma comprenderle». Anche da questa massima che aveva guidato il lavoro giornalistico di Walter Tobagi, si capisce come sua figlia abbia potuto trovare in Szymborska un'alleata, scegliendo – per dar titolo al suo libro – proprio il verso finale di una poesia sulla necessità del destino in «ogni caso», che al tempo stesso è uno dei più bei versi d'amore e, per svariati motivi, uno dei più famosi e ripetuti della lirica contemporanea. Senza dire poi che proprio la poesia d'amore szymborskiana (che nel 2002 Marchesani, vincendo la ritrosia in proposito della poetessa, volle antologizzare in un fortunato volumetto dal titolo *Taccuino d'amore*) sembra aver particolarmente colpito l'immaginario erotico degli italiani, evidentemente ormai un po' logoro dopo secoli e secoli di lirica amorosa in salsa petrarchista, operistica e canzonettistica. In particolare i versi di *Amore a prima vista* vengono riportati e menzionati dapper tutto (→ Amore), mentre la scrittrice Simona Vinci ne fece una citazione strutturale all'interno del suo romanzo *Stanza 411* (2006).

Pietro Marchesani morì il 29 novembre 2011, pochi mesi prima di Wisława Szymborska. Ai funerali di Pietro la poetessa, gravemente ammalata, fece ancora in tempo a inviare dal suo letto d'ospedale a Cracovia un cuscino di rose. Non riesco a immaginarmi due persone e due caratteri più diversi, ma forse anche per questa loro diversità si rafforzò nel tempo la loro amicizia, e alla fine Marchesani si rivelò un vero e proprio *alter ego* di Wisława Szymborska, un suo «manager» e «rappresentante», ma soprattutto il suo massimo conoscitore e popolarizzatore in Italia. Alle sue traduzioni e al suo rapporto ravvicinato con due importanti case editrici milanesi come Scheiwiller prima e Adelphi poi, e in genere al suo grande amore per la poesia polacca (affettuosamente ricordato di recente in Buffoni 2016, pp. 197-202) si deve indubbiamente molto dell'attuale enorme successo di Szymborska nella penisola. Se anche nella fortuna di uno scrittore all'estero distinguiamo infatti un lato più specificamente letterario da uno – chiamiamolo genericamente – «non letterario» o «sociologico-mediatico» (come nel nostro caso, e già anche nel caso del citato «quovadismo» e in generale degli altri grandi successi di opere fuoriuscite dalla semplice orbita della lettura), il ruolo della traduzione e del traduttore resta tuttavia fondamentale. E così in un bell'articolo apparso nel portale dell'Enciclopedia Italiana Treccani, intitolato *Szymborska, il «miracolo normale» delle parole*, il giornalista Silverio Novelli ha scritto giustamente: «Szymborska "parla" italiano, così come parla tutte le lingue del mondo – perfino il polacco. Ogni volta, ad ogni vascelletto di parole da immergere nel flusso della traduzione editoriale, c'è un amico o un'amica che aiuta la poetessa a (di)spiegare il canto nelle tante lingue acquisite». Quell'«amico» in Italia è stato Pietro Marchesani, al quale – sempre a detta di Silverio Novelli – «piace pensare come a un artigiano della parola che tenta di affrontare in nome e per conto di noi tutti l'insidiosa levità stupìta della poesia della Szymborska, restituendo i sensi della sua "leggerezza mentale" e della sua "leggerezza espressiva"». La traduzione e il traduttore, quindi, sono evidentemente fattori imprescindibili, ma altrettanto evidentemente, oggi come ieri, perché si crei un «fenomeno» o anche solo una «moda letteraria», non bastano. Pare peraltro, e su questo varrebbe la pena di soffermarsi più a lungo, che il termine «leggerezza», ripetuto due volte nella Postfazione di Marchesani (1998) all'antologia *Vista con granello di sabbia* evocata da Novelli, sia proprio una delle importanti chiavi della fortuna italiana di Wisława Szymborska (→ Lingua). E «leggerezza» è una parola che rimanda direttamente il lettore italiano alla prima delle *Lezioni americane* di Italo Calvino, preparate nello stesso ambito delle *Norton Lectures* di Harvard, in cui il Nobel polacco Miłosz – quattro anni prima delle progettate, e mai tenute, conferenze di Calvino – aveva svolto il suo ciclo *The Witness of Poetry* (Miłosz 2013).

Non era vero, ovviamente, che Szymborska prima del Nobel fosse del tutto sconosciuta in Italia (credo che anche l'etichetta di «scrittore sconosciuto» possa a volte far comodo a livello mediatico, e in fondo aumentarne, piuttosto che diminuirne il successo in un dato contesto). Sette poesie di Szymborska, di cui sei da «Appello allo Yeti» (1957), erano già presenti nella storica antologia dei *Poeti polacchi contemporanei*, curata nel 1961 da Carlo Verdiani, professore di polonistica e filologia slava a Firenze, nell'ambito di una «Collana polacca» diretta da Aleksander Wat, altro grandissimo poeta, allora consulente dell'editore Silva di Milano-Genova, che la pubblicò. Ma quel libro importante e pionieristico, come pure le successive traduzioni prima del Nobel, restarono più o meno nella cerchia degli «specialisti» e di quei non moltissimi ai quali piace la poesia, giacché, sì, perfino oggi, in questo nostro mondo veloce e distratto, *Ad alcuni piace la poesia* (p. 501). Altre poesie erano infatti apparse prima del fatidico 1996, sia su riviste, anche prestigiose come «Almanacco dello specchio» (1979), «Carte segrete» (1980), «Stilb» (1981), sia in forma di due volumetti. Il più curioso e uno dei più belli, nonché prima miniraccolta di poesie di Wisława Szymborska in Italia, fu nel 1993 una *plaquette* pubblicata da Scheiwiller col titolo *La fiera dei miracoli*, nell'ambito delle cosiddette «strenne per gli amici» di due bibliofili milanesi, Paolo e Paola Franci. Pare fosse stata la moglie, Alina Kalczyńska, a sollecitare per prima all'editore Vanni Scheiwiller l'urgenza di una nuova traduzione italiana dei versi di Szymborska. Ed ecco che il librettino uscì, con in realtà solo quattro liriche tutte tratte da «Gente sul ponte», 1986 (anche col testo polacco), nella versione di Pietro Marchesani, accompagnate dalle stupende, delicate grafiche di Alina Kalczyńska, pittrice originaria di Cracovia, da una Prefazione del traduttore e una breve, intensa Postfazione dell'editore. Scheiwiller può dunque a buon diritto essere considerato l'altro vero «scopritore» di Szymborska in Italia: col suo gusto raffinato, qui intensificato da un grande amore coniugale, segnalava in quel libretto certe affinità tra l'arte poetica di Szymborska e quella grafica di Kalczyńska. Affinità riscontrabili anche nel recente *Dodici poesie*. A distanza di oltre vent'anni le parole di Vanni Scheiwiller nella prima piccola pubblicazione italiana totalmente dedicata a Szymborska suonano ancora attualissime e del tutto condivisibili:

> Uno spiccato senso dell'umorismo e una sapiente densità strutturale arrivano a un punto tale di leggerezza per cui i temi della quotidianità, di piccoli oggetti comuni, diventano grande poesia [...] Alina Kalczyńska, pure lei di Cracovia, si avvicina col suo segno sottile e raffinato a quella immediatezza e nitore. Ma anche per l'artista polacca come per la Szymborska, dietro alla spontaneità c'è una ferrea disciplina interna e una struttura forte e leggera insieme (*Fiera dei miracoli*, pp. 63-4).

Il suo primo editore, dunque, da fine conoscitore della poesia internazionale qual era, coglieva già – agli inizi della fortuna szymborskiana in Italia – tutto il paradosso di una «leggerezza» (parola chiave) raggiunta al costo di un controllatissimo rigore formale, nonché l'ossimoro concettuale che si viene a creare fra tale apparente levità e i temi anche assai gravi e profondi che la poesia di Szymborska può trattare. L'editore sottolineava nella sua Postfazione un altro aspetto della poetica szymborskiana che credo sia stato di non poca rilevanza anche in seguito, giacché Szymborska «appare subito del tutto diversa dagli altri poeti polacchi anche per il suo moderato ottimismo» (*ibid.*, p. 63).

Sarà questa – per caso – un'altra chiave importante della fortuna posteriore della Nobel polacca nella penisola? Giacché le cose, nella società, nella politica, nell'economia italiana degli ultimi venti anni sono andate di male in peggio, è stato un po' come se lo stesso pubblico dei lettori richiedesse una poesia «moderatamente ottimista» come quella di Szymborska, che non si esprimesse in tonalità oscure, tragiche e sublimi, e soprattutto non fosse la manifestazione di un qualche moralismo o, peggio, pessimismo integrale, ma – per così dire – andasse incontro a tutti, o piuttosto a ciascuno, ai suoi bisogni emotivi e alle sue speranze. E – a distanza di quasi vent'anni da quella sobria e delicata Postfazione di Vanni Scheiwiller – fu proprio in questo contesto che nel marzo 2012, all'insegna dello slogan «meno Sanguineti e più Szymborska» lanciato dal giovane critico Carlo Carabba, sul supplemento domenicale «La Lettura» del «Corriere della Sera», si svolse una polemica letteraria a proposito dell'antologia di tredici nuovi poeti italiani, *Poeti dell'anno zero*, pubblicata a cura di Vincenzo Ostuni nel febbraio 2011 come numero monografico della rivista «L'illuminista». La poesia di Edoardo Sanguineti, capofila della neoavanguardia italiana dagli anni sessanta in poi, veniva infatti indicata da Carabba come «modello negativo» per i giovani poeti di oggi, in quanto poesia oscura, difficile e quindi solo per un pubblico di iniziati, mentre «i versi della Szymborska hanno un pregio che spiazza e sorprende il lettore: si capiscono e, spesso, commuovono». Ecco che di una poetica per così dire «simpatizzante» con quella szymborskiana sono certamente compartecipi alcuni versi della «scheiwilleriana» Anna Maria Carpi, le «Poesie per un gatto» (2013) di Vivian Lamarque, o ancora Franco Marcoaldi, nel cui ultimo volumetto, «Il mondo sia lodato» (2015) troviamo una «attitudine Zen» (→ Z come Zen?) assai prossima a quel cristallino «incanto e disperazione» che Szymborska aveva definito come suoi «segni particolari» nella poesia *Il cielo* (p. 495, qui p. 92). E anche la prosa poetica di un Antonio Tabucchi rivela esplicite ascendenze szymborskiane, se il romanzo *Il tempo invecchia in fretta* (2009) prende le mosse da una lettura della stupenda poesia *Il vecchio professore* (pp. 647-9). D'altro canto anche Pietro Marchesani, nella sua ultima intervista rilasciata nel giugno 2011 a una dottoranda dell'Università «La Sapienza» di Roma (pubblicata sul numero del 2013 della rivista online «pl.it – Rassegna italiana di argomenti polacchi»), contrapponeva la fortuna di Szymborska alla sfortuna di Zbigniew Herbert in Italia (di cui pure era uscito nel 1993 presso Adelphi un importante volume antologico) e – pensando non tanto ad aspetti formali, quanto di contenuto – sosteneva forse un po' sbrigativamente, ma sinceramente, che «la severità [di Herbert], quel suo moralismo, quel suo eroismo etico non c'entrano niente con noi [italiani]. Quindi il libro ha venduto poco. Attualmente vende circa dieci copie all'anno. Confrontando questo risultato con le ventimila copie di Szymborska [e, dopo la morte della poetessa, molte di più], la differenza è davvero tanta. Di Szymborska si vende tutto». Certo è un altro bel paradosso – quello della conta delle altissime vendite italiane – per l'autrice di una poesia come *Serata d'autore* («Ci sono dodici persone ad ascoltare,/ è tempo ormai di cominciare», p. 149), un poeta cioè la cui immaginazione «se la cava male con i grandi numeri» (*Grande numero*, p. 311). Eppure coi grandi numeri nella nostra società globalizzata e di massa siamo continuamente costretti a fare i conti e sempre più – come cantavano i vecchi ottimi Depeche Mode – «*Everything counts in large amounts*»: quando, nell'estate 2013, persi tempo a eseguire la ricerca «Wisława Szymborska» su vari portali «nazionali» di Google, risultò che, a fronte delle allora 606 000 pagine in lingua polacca su google.pl, il server ne restituiva 202 000 soltanto in lingua italiana su google.it; 18 700 in lingua tedesca su google.de e solo 11 500 in lingua francese su google.fr. *Mutatis mutandis*, la situazione eccezionale di Szymborska in Italia si capisce bene confrontandola – sempre in termini di «mercato», come proponeva ancora Marchesani nella citata intervista – con quella di Czesław Miłosz:

> Il volume di Miłosz *Poesie* pubblicato da Adelphi [per la prima volta nel 1983] è giunto all'ottava edizione. Però è l'ottava edizione in quasi trent'anni. Non sono otto edizioni all'anno o al mese. Quindi possiamo dire che Miłosz vende, ma moderatamente. Poi, Miłosz lo comprano maggiormente le persone interessate alla cultura polacca, mentre i volumi di Szymborska li comprano tutti, per cui non può essere classificata in nessun modo, è un fenomeno a sé. Szymborska la leggono perfino le persone che non leggono poesia. Io ho avuto situazioni in cui delle persone mi dicevano: è la prima volta nella mia vita che leggo la poesia, perché un collega mi ha detto: «devi assolutamente leggerlo». Nella sua poesia ognuno si può riconoscere. Io stesso, traducendo, penso: com'è possibile che mi conosca così bene? Come può descrivere le mie

emozioni, la mia vita? A parte questo, Szymborska è anti-ideologica, ha sempre un senso della misura, cerca un equilibrio. E poi è piena di sorprese.

Qui, allora, accanto alla sua paradossale, perché profonda e solo apparente, «leggerezza», s'incontra l'altro grande paradosso della «fiera dei miracoli» di Szymborska in Italia: proprio come la prosa storica di Sienkiewicz nella Polonia di fine Ottocento, nell'Italia *fin de siècle* e d'inizio millennio pietosamente caduta nella trappola del berlusconismo, la poesia di Szymborska è stata da non pochi recepita in termini di un rassicurante «conforto dei cuori»: leggere in una poesia dal titolo ammiccante *Amore a prima vista*, fra quelle più citate nei blog e dappertutto, che «il libro degli eventi/ è sempre aperto a metà» (p. 537, qui p. 4), poteva infatti persino esser recepito come un invito, non tanto alla pazienza, ma a una filosofica, rasserenante presa di distanze da una realtà personale o anche collettiva (cioè socio-politica) poco piacevole e vissuta male. Un atteggiamento anti-tragico, ironico e di sia pur malinconico, «moderato ottimismo» sulla vita, per il quale, fra gli artisti operanti nella penisola, Szymborska ha trovato grandi estimatori ad esempio nelle pellicole cinematografiche di Francesco Bruni (*Scialla! Stai sereno*, del 2011, dove viene citata *Un amore felice*), di Angelo Orlando (*Sfiorarsi*, del 2006, ispirato ad *Amore a prima vista*), o ancora di Ferzan Özpetek, che l'ha citata prima in una scena del film *Cuore sacro* e poi nella sua autobiografia *Sei la mia vita* (2015); o in Andrea Camilleri, il fortunatissimo autore dei romanzi del commissario Montalbano, il quale molte volte, come negli schizzi di *Segnali di fumo* (2014), ha pubblicamente dichiarato la sua grande ammirazione per la poesia della Nobel polacca; o ancora in Roberto Vecchioni, che nell'album *Io non appartengo più* (2013) le ha dedicato la bella canzone *Wisława Szymborska*, intrecciata di citazioni e reminiscenze di sue poesie; e in Jovanotti, il quale fra i primi, nella canzone eponima del suo album *Buon sangue* del 2005, riprese adattandoli i versi di *Nulla due volte* (p. 45): «Niente accade due volte, e per questa ragione, si nasce senza esperienza, si muore senza assuefazione». Una poesia, quest'ultima, particolarmente amata dagli italiani, se anche «La Gazzetta dello Sport» durante i campionati europei di calcio del giugno 2012 la citò a mo' di «scongiuro», perché non si ripetesse una certa situazione avversa alla squadra italiana, già verificatasi ai campionati europei del 2004: «Nulla due volte accade/ né accadrà». E in effetti quella situazione non si ripeté.

Sul piano individuale, insomma, i versi di Szymborska porterebbero in sé una capacità consolatoria, terapeutica e in fondo salvifica (come l'«àncora d'un corrimano», p. 501): «ti fanno stare meglio», come col suo linguaggio diretto e un po' enfatico, ma di sicuro impatto mediatico, avrebbe detto l'autore di *Gomorra*, Roberto Saviano. D'altro canto anche sul piano sociale, «la poesia, in una fase complessa come quella che viviamo, diviene quasi un soccorso», scrisse sempre Saviano in uno dei suoi interventi pro-Szymborska (in «L'Espresso», 26 luglio 2012), dopo averne portato i versi in televisione con enorme successo. Non a caso allora a un certo punto – e proprio negli ultimi tempi di crisi irreversibile di un berlusconismo ancora duro a morire – qualche nostro pubblicistica di destra si scagliò contro Szymborska (proprio come in Polonia taluni ambienti catto-nazionalisti estremi), ritirando fuori gli insulsi argomenti dei suoi versi «sociorealisti» (→ Realismo socialista) e perfino la storia del marito Adam Włodek, preteso delatore dei servizi segreti comunisti. Come a dire (e questa è stata per anni una delle vincenti strategie autoapologetiche e autoassolutorie del berlusconismo e della destra governativa in Italia): «Attenti, nessuno è senza macchia, neanche la vostra amata grande poetessa. I democratici spesso sono comunisti mascherati e i comunisti, si sa, mangiano i bambini». Insomma, tutto il contrario dell'evangelico «Chi è senza peccato scagli la prima pietra», e cioè: «Scagliamo pure noi la prima pietra, perché tanto – noi, voi, loro – siamo tutti ugualmente peccatori». Peccato che, sulle orme del suo predecessore Jan Kochanowski (che riprendendo il ciceroniano «*humana humane ferenda*», aveva concluso il suo capolavoro *Lamenti* con le parole «sopporta le cose umane umanamente»), proprio della comprensione per l'imperfezione e anche per le meschinità di tante vicende degli uomini (ai quali, fortunatamente, «resta negata/ l'idiozia della perfezione», *La cipolla*, p. 389, qui p. 82) Szymborska abbia fatto un punto di forza della sua poetica, ben sapendo altresì che purtroppo «l'epoca è politica» e che «Anche le poesie apolitiche sono politiche» (*Figli dell'epoca*, p. 453).

Nella poesia di Szymborska c'è insomma qualcosa di profondamente umanistico, se non proprio rinascimentale (il richiamo sopra a Kochanowski non è casuale, e in fondo al Kochanowski della celebre lettera a Fogelweder – «*Nescio quid blandum spirans...*» – potrebbe rimandare la stessa poetica del «non so», formulata da Szymborska nel suo discorso per il Nobel, → Poesia). Nella situazione di oggi, in cui i populismi di destra cavalcano spesso slogan tecnocratici e, di fatto, anti-umanistici (ricordo che uno dei motti di una campagna elettorale berlusconiana era quello delle tre «i»: inglese, internet, impresa), alla fine anche i versi apparentemente più «apolitici» di Szymborska possono suonare «politici» e «di opposizione»... Mi riferisco al fatto che – pur senza il rigorismo etico di un Herbert o l'autobiografismo morale di un Miłosz – l'antiegocentrismo dell'io/tu szymborskiano, il suo porsi sempre in termini dialogici verso gli altri e la realtà circostante, il suo saper parlare a ciascuno, e il suo continuo porsi domande e stupirsi della vita si collocano di fatto in netta opposizione a quell'edonismo, egocentrismo, individualismo sfrenato e culto del successo materiale di cui un paese come l'Italia – «culculizzato», cioè rimbambito, dalle chimere del berlusconismo e dei suoi emuli ed epigoni (per usare il termine coniato in *Ferdydurke* da Witold Gombrowicz, altro grandissimo della letteratura polacca del Novecento) – sembra aver fatto una sorta di religione. Mentre al contrario per l'agnostica Szymborska «ogni religione tenta di rispondere a domande che risalgono agli uomini delle caverne, del tipo: "perché il mondo?", "perché il cielo pieno di stelle?", "perché noi?", "perché la nostra sofferenza?". E con "noi" intendo tutte le creature dotate di sensibilità. Ed ecco, di nuovo, lo stupore che è in qualche modo apparentato al sentimento religioso» (dall'intervista di Benedetta Craveri pubblicata sulla «Repubblica» il 18 dicembre 1998 col titolo *Quando il gatto si offende*). Proprio attraverso quelle domande senza risposta, e nonostante la forza della sua dimensione comunicativa, quella di Szymborska si rivela una poesia della conoscenza: chiede al «tu» – cioè a tutti e a ciascuno di noi – di tenere gli occhi aperti e di evitare manipolazioni e mistificazioni sulla realtà. E in questo stesso contesto ben più che «politico», perché etico e spirituale, s'inquadrano – mi pare – i citati interventi di Roberto Saviano e di altri «in difesa di Szymborska».

Dicevo sopra che anche prima o subito dopo il Nobel vi erano stati su riviste o antologie diversi tentativi (e da parte di vari traduttori: Giorgio Origlia, Giovanna Tomassucci, Valeria Rossella, Andrea Ceccherelli e altri) di introdurre Szymborska in Italia. Né il Nobel rappresentò altro che il trampolino di un lancio durato più di un decennio e che fece raggiungere a Szymborska la meta (da lei non ambita) di best-seller della poesia soltanto alla fine del primo decennio del nuovo secolo (e millennio). Evidentemente le traduzioni, anche non poetiche, apparse nel frattempo – ma in particolare da quando nel 2009 uscì presso Adelphi il volume di *Tutte le poesie* (*La gioia di scrivere*, a cura di P. Marchesani), sempre reperibile in ogni piccola e grande libreria – avevano progressivamente e lentamente scavato nei cuori e nelle menti dei lettori estimatori di Szymborska in Italia. Alcuni suoi viaggi e incontri «storici» nella penisola (al Salone del Libro a Torino nel 2005, al Teatro Valle e alla Biblioteca europea di Roma nel 2003 e 2007, nell'aula magna dell'Università di Bologna nel 2009 ecc.), la cui risonanza fu clamorosa sulla stampa e sugli altri mass-media italiani, fecero il resto. Il documentario del 2009 di Katarzyna Kolenda-Zaleska *La vita a volte è sopportabile* (poi pubblicato in dvd con libretto d'accompagnamento dalle Edizioni Casagrande, Bellinzona 2013) mostra un «Ritratto ironico di Wisława Szymborska» sullo sfondo di molte di quelle scene italiane (l'omaggio resole da Umberto Eco a Bologna – il quale poi inserì la poesia *Possibilità* [pp. 479-81] fra gli esempi del suo libro *Vertigine della lista*, Bompiani, Milano 2012 –, il calore del pubblico entusiasta, le passeggiate, le sigarette, i caffè e i bicchierini al sole di Sicilia), e lei sempre accompagnata nei suoi ultimi viaggi lungo la penisola, oltre che dal fedele Marchesani, dall'allora direttore dell'Istituto polacco di Roma, lo scrittore Jarosław Mikołajewski, e ovviamente da Michał Rusinek, il suo «Primo [e unico] Segretario» (come lo chiamava scherzando, riferendosi ai primi segretari del Partito di regime), oggi professore all'Università Jagellonica e presidente della Fondazione Wisława Szymborska di Cracovia, il quale poi – fra tanti altri aneddoti, notizie, pensieri e ricordi – da testimone privilegiato ha rinarrato anche le «gesta italiane» della sua straordinaria «datrice di lavoro» nel recentissimo libro *Nic zwyczajnego. O Wisławie Szymborskiej* («Nulla di ordinario. Su Wisława Szymborska», 2016). Ad esempio, pare fosse proprio durante l'ultimo viaggio italiano, a Trieste nel 2009, che la poetessa, fumando la solita sigaretta e bevendo un caffè, avesse esclamato la frase che venne poi utilizzata come titolo del citato documentario a lei dedicato: «A volte la vita è sopportabile» (*ibid.*, p. 281). Altri piccoli dettagli italiani lo stesso Rusinek li aveva del resto raccontati già nella Prefazione al *Cappello smarrito*, una piccola pubblicazione bilingue di undici poesie di Szymborska dedicata da giovani studenti polacchi di lingua italiana a Umberto Eco in occasione della sua laurea *honoris causa* all'Università di Łódź (2015).

Da ultimo, la vera «fiera dei miracoli»: la poesia di Szymborska letta e commentata in televisione, grazie a un lungo intervento di Roberto Saviano, quattro giorni dopo la morte della poetessa nella trasmissione *Che tempo che fa* condotta da Fabio Fazio e sempre seguita da milioni di spettatori. La poesia come evento (mediatico) pop! Anche chi fino ad allora non aveva sentito parlare della piccola Wisława di

Cracovia, non poteva ormai più dire di non conoscerla. Il primo risultato, molto concreto e tangibile, lo si vide dalla statistica delle vendite dei libri di Szymborska, schizzate ai primi posti in tutte le librerie, grazie a quello che tutti allora chiamarono l'«effetto Saviano». In due o tre giorni l'editore Adelphi dovette stampare nuove edizioni de *La gioia di scrivere*, in decine di migliaia di copie. Una vera fiera dei miracoli, in un paese come il nostro che – lo sottolineava anche Marchesani nella citata intervista – legge davvero molto poco e, ancor meno, legge poesia. Un miracolo supplementare: soprattutto per effetto del successo di Szymborska, ben trentacinque altri poeti polacchi hanno avuto almeno un volume pubblicato in italiano tra il 2006 e il 2012 (Ceccherelli 2015). L'inimmaginabile è immaginabile…

Quello che è successo in Italia è insomma un felicissimo concorso di circostanze dovuto a: 1) la qualità ottima delle traduzioni di Pietro Marchesani (che ben pochi, e francamente senza riuscirvi, hanno tentato di criticare); 2) un'accorta strategia dell'editore Scheiwiller prima (l'edizione integrale volumetto per volumetto delle poesie di Szymborska credo sia tuttora un fatto soltanto italiano) e di Adelphi poi; 3) un interesse della carta stampata eccezionale per un poeta e uno scrittore di quella che una volta veniva chiamata l'Europa dell'Est (*hic sunt leones!*); 4) l'impatto fortissimo della comunicazione televisiva e dei nuovi mass-media (l'«effetto Saviano», e non solo), ma anche lo stimolo creativo fornito a spettacoli teatrali, mostre pittoriche, canzoni e altri interventi di vario genere in internet (centinaia i siti, blog e video su You Tube) ispirati alla poesia di Szymborska; da ultimo persino un fumetto dell'illustratrice Alice Milani sulla sua vita, *Wisława Szymborska. Si dà il caso che io sia qui* (2015), opera originale e di pregio, tanto da esser già stata tradotta e pubblicata anche in Polonia. Infine anche certi saggi critici di polonisti e non, fra cui lo stesso Pietro Marchesani, Luca Bernardini, Francesco M. Cataluccio, Renato Gabriele, Giovanna Tomassucci e altri, o anche «pseudo-critici», a carattere sociologico-letterario, come il libro di Marco Minghetti e Fabiana Cutrano, *Nulla due volte. Il management attraverso le poesie di Wisława Szymborska* (2006), in cui 25 testi di Szymborska diventano pretesti per piccoli saggi e trattatelli su quello che gli autori chiamano «*humanistic management*» e cioè su «temi fondamentali per la comprensione delle aziende attuali: la definizione dell'identità individuale e di gruppo; la selezione delle competenze necessarie a produrre innovazione, la gestione delle diversità e quindi dei talenti; il processo di produzione di significato nelle organizzazioni, per il quale Karl Weick ha coniato il termine *sensemaking*» (*ibid.*, p. 10). E chissà che l'amante dei *nonsense* e dei *limerick* Wisława Szymborska non solo avesse trovato divertente, ma perfino sensata questa operazione di lettura e uso economistico dei suoi versi? Davvero imperscrutabili a volte sono le strade della poesia!

Per quanto riguarda poi in particolare il punto 3 del precedente elenco, una bella tesi di laurea d'impianto bibliografico discussa nel 2013 all'Università di Padova sotto la guida del professor Marcello Piacentini, di cui autrice fu Muriel Anselmi, aveva contato su alcuni dei principali giornali italiani: 124 articoli o riferimenti sul «Corriere della Sera» nel periodo 1994-2012; 210 sulla «Repubblica» (ma i dati ufficiali arrivano solo al 2005); oltre 50 sul «Sole 24 Ore» ecc. In particolare il «Corriere della Sera» ebbe poi il merito di lanciare proprio con un'antologia di Szymborska (*Elogio dei sogni*, a cura di P. Marchesani) la collana «Un secolo di poesia» in aggiunta al giornale al costo simbolico di 1 euro, le cui vendite nei giorni immediatamente dopo l'uscita (27 dicembre 2011) superarono le 100 000 copie. Al di là di questi, che sono solo «grandi numeri», vorrei però sottolineare un ultimo, importante aspetto della straordinaria fortuna di Szymborska in Italia: in una società molto divisa fra vecchi (che ancora hanno troppo spesso le leve del comando) e giovani (che per lo più vivono precariamente le loro vite e il loro futuro), la sua poesia ha avuto l'ormai rara qualità di piacere a entrambi, di essere «universale» anche in questo senso intergenerazionale. Per questo, terminando il nostro breve *excursus* sulla «fiera dei miracoli» italiani di Szymborska, mi piace lasciare la parola alla giovane e sensibile studentessa padovana autrice della tesi succitata, la quale, per spiegarsene «l'anomalia e il segreto», trovò parole di grande chiarezza e lucidità:

> Credo che i suoi versi arrivino così diretti al lettore poiché rispecchiano nitidamente l'epoca in cui ci troviamo, le sue difficoltà, la mancanza di ideologie forti a cui aggrapparsi, l'assenza di risposte che lasciano l'uomo solo e disarmato di fronte alla casualità e al disordine dell'esistenza, fatta di piccole e grandi tragedie, di dolore, ma anche di inesauribile bellezza e meraviglia. [...] Szymborska ha avuto una carriera lontana dallo *star system* della letteratura, dalle comparsate in tv e dai circuiti accademici. Nonostante questo (o forse proprio per questo), è riuscita a diventare un'autrice di culto in modo assolutamente trasversale rispetto a quello che si riteneva essere il pubblico tradizionale della poesia.

Dopo la scomparsa della poetessa e del suo traduttore italiano è indubbiamente iniziata una nuova fase della fortuna di Szymborska in Italia: il testimone della traduzione poetica è passato a Silvano De Fanti, altro ottimo rappresentante della scuola polonistica italiana e sensibile traduttore di Kapuściński, Tokarczuk, Różewicz e altri grandi autori polacchi contemporanei, che per Adelphi ha pubblicato nel 2012 il volumetto «Basta così», l'edizione critica delle poesie postume curata da Ryszard Krynicki. Andrea Ceccherelli, professore all'Alma Mater di Bologna, ha tradotto, sempre per Adelphi (2015), la biografia critica *Cianfrusaglie del passato* di Szczęsna e Bikont le quali, con una scrittura particolarmente empatica col loro oggetto di indagine e con grande dovizia di particolari, hanno introdotto i lettori italiani alla vita e all'opera della poetessa. Sempre per Adelphi usciranno nuove edizioni ampliate delle «Letture facoltative», a cura di Luca Bernardini, docente alla Statale di Milano. Grazie ai nuovi lavori di traduzione, di critica e di ricerca, possiamo forse dire di trovarci all'inizio di una fase meno «spontanea» e più «meditata» della fortuna di Wisława Szymborska in Italia. Ma sappiamo bene che le due cose possono mescolarsi e anche avere non poco in comune l'una con l'altra, se è vero che «Ogni inizio infatti/ è solo un seguito/ e il libro degli eventi/ è sempre aperto a metà» (p. 537, qui a p. 4).

E non v'è dubbio che la piccola Ichna/Wisława ha lasciato il suo segno forte e leggero nel libro degli eventi di questa nostra Italia dove spesso purtroppo, ma a volte anche per fortuna, «l'inimmaginabile/ è immaginabile» (p. 485).

P. S.

Mentre conosciamo ormai bene una serie di aneddoti (uno senese l'abbiamo ripreso anche qui nella voce → Poesia), diverse foto, un documentario e ricordi varî che riguardano i soggiorni nella nostra penisola, la sua curiosità e il grande amore per questa terra e i suoi abitanti, a differenza dei poeti suoi conterranei (pensare fra tanti almeno a Miłosz, Herbert, Różewicz!), ma in verità di tutte le latitudini e di tutti i tempi, Wisława Szymborska non ha lasciato versi «italiani», dedicati cioè a particolari luoghi, personaggi, episodi legati all'Italia. Unica scherzosissima e non troppo onorevole eccezione, un paio di *limerick* sulla Sicilia mafiosa (in *Cianfrusaglie*, p. 166, → Gioco). E certo, la Sicilia doveva aver molto colpito l'immaginario di Szymborska, se alla domanda di Francesco Groggia: «Che posto hanno i poeti italiani nelle sue letture?» in un'intervista sulla «Repubblica» (7 aprile 2008), aveva ribattuto:

> È una domanda per me stressante, dal momento che ho sempre letto più prosa che poesia, anche perché di rado quest'ultima è tradotta bene. Ma mi

rendo conto perfettamente del luogo in cui mi trovo. Nell'isola in cui fu creato il sonetto, una forma poetica ancora oggi vitale. Nell'isola in cui si svolge l'azione del *Gattopardo*, un romanzo che merita di essere letto più volte. E sull'isola in cui un giorno, un giorno – sebbene ciò non abbia molto in comune con la letteratura – un greco geniale balzò in piedi dal suo bagno esclamando una frase ancora oggi memorabile.

Ma in generale negava che i luoghi possano essere fonte d'ispirazione diretta, mentre gli scrittori che, come Miłosz o Iwaszkiewicz, se ne erano invece lasciati ispirare, erano «semplicemente molto più dotati» di lei.

E se da una parte anche in questo autoironico paradosso si potrebbe vedere uno dei motivi della grande popolarità della sua poesia proprio qui da noi, dall'altra si tratta certamente di uno di quei capricci del caso che – se non si fosse trattato di lei stessa – l'arguta, acuta e lieve ironia di Szymborska non avrebbe esitato a inquadrare nella «fiera dei miracoli» della vita e del mondo.

# Riferimenti bibliografici

Laddove compaia il numero di pagina senza la fonte, si intende che la citazione è tratta da W. Szymborska, *La gioia di scrivere. Tutte le poesie (1945-2009)*, ed. it. a cura di P. Marchesani, Adelphi, Milano 2009.

«Basta così» =
W. Szymborska, *Basta così*, ed. it. a cura di R. Krynicki, trad. it. di S. De Fanti, Adelphi, Milano 2012.

*Cappello smarrito* =
W. Szymborska, *Il cappello smarrito. Poesie. Per Umberto Eco*, Wydawnictwo UŁ, Łódź 2015.

*Cianfrusaglie* =
A. Bikont - J. Szczęsna, *Cianfrusaglie del passato. La vita di Wisława Szymborska*, ed. it. a cura di A. Ceccherelli, Adelphi, Milano 2015.

*Collages* =
W. Szymborska, *Kolaże/Collages*, Mocak, Kraków 2014.

*Dodici poesie* =
W. Szymborska, *Dodici poesie*, trad. it. di P. Marchesani, con tre acquerelli originali di A. Kalczyńska, All'Insegna del Pesce d'Oro, Milano 2015.

*Fiera dei miracoli* =
W. Szymborska, *La fiera dei miracoli*, trad. it. di P. Marchesani, Scheiwiller, Milano 1993.

*Lf* =
W. Szymborska, *Letture facoltative*, ed. it. a cura di L. Bernardini, trad. it. di V. Parisi, Adelphi, Milano 2006.

*Opere* =
W. Szymborska, *Opere*, ed. it. a cura di P. Marchesani, Adelphi, Milano 2008.

*Rymowanki* =
W. Szymborska, *Rymowanki dla dużych dzieci* (Filastrocche per bambini grandi), Wydawnictwo a5, Kraków 2003.

*Wln* =
W. Szymborska, *Wszystkie lektury nadobowiązkowe* (Tutte le letture facoltative), Społeczny Instytut Wydawniczy Znak, Kraków 2015.

***

Balbus, S. 1996
*Świat ze wszystkich stron świata. O Wisławie Szymborskiej*, Wydawnictwo Literackie, Kraków.

Balbus, S. - Wojda, D. (a cura di) 1996
*Radość czytania Szymborskiej. Wybór tekstów krytycznych*, Wydawnictwo Znak, Kraków.

Balcerzan, E., Baranowska, M. e altri 1996
*Szymborska. Szkice*, Wydawnictwo Open, Warszawa (ristampa di saggi di autori vari tratti da «Teksty Drugie», 1991, 4).
Baranowska, M. 1996
*Tak lekko było nic o tym nie wiedzieć. Szymborska i świat*, Wydawnictwo Dolnośląskie, Wrocław.
Barańczak, S. 1990
*Zemsta ręki śmiertelnej*, in Id., *Tablica z Macondo*, Aneks, Londyn, pp. 7-13.
Barańczak, S. 1996
*Posążek z soli*, in *Radość czytania Szymborskiej. Wybór tekstów krytycznych*, a cura di S. Balbus e D. Wojda, Wydawnictwo Znak, Kraków, pp. 263-9.
Barańczak, S. 2007
*Wiersze zebrane*, Wydawnictwo a5, Kraków.
Bauer, G. 2007
*Radość pytania. Wiersze Wisławy Szymborskiej*, Universitas, Kraków (ed. or. *Fragekunst. Szymborskas Gedichte*, Stroemfeld Verlag, Frankfurt am Main/Basel 2004).
Beccaria, L. 2004
*Dizionario di linguistica*, Einaudi, Torino.
Borkowska, G. 1996
*Szymborska eks-centryczna*, in E. Balcerzan, M. Baranowska e altri, *Szymborska. Szkice*, Wydawnictwo Open, Warszawa, pp. 49-62.
Brzozowski, J. (a cura di) 1996
*O wierszach Wisławy Szymborskiej*, Wydawnictwo UŁ, Łódź.
Buffoni, F. 2016
*Il racconto dello sguardo acceso*, Marcos y Marcos, Milano.
Burkot, S., Ossowski, J. S., Rozmus, J. (a cura di) 2000
*Kornel Filipowicz. Szkice do portretu*, Wydawnictwo Literackie, Kraków.
Camilleri, A. 2014
*Segnali di fumo*, Utet, Torino.
Castiglione, B. 1965
*Il Libro del Cortegiano*, a cura di G. Preti, Einaudi, Torino.
Cavanagh, C. 2003
*Przekształcanie zwyczajności. O przekładaniu Wisławy Szymborskiej*, in «Przekładaniec», 1, pp. 10-7.
Ceccherelli, A. 1998
*Wisława Szymborska. La lezione dello sguardo*, in «Pietraserena», IX, 34-35, pp. 82-91 (saggio preceduto dalla traduzione di dieci poesie, pp. 71-9).
Ceccherelli, A. 2015
*Non solo Szymborska. Venticinque anni di poesia polacca tradotta in italiano (1989-2013)*, in «Europa Orientalis», 34, pp. 379-96.
Clementi, F. K. 2008
*L'indispensabile naturalezza*, in W. Szymborska, *Opere*, ed. it. a cura di P. Marchesani, Adelphi, Milano, pp. 1047-67.
Conrad, J. 2013
*Il caso*, trad. it. di R. Ambrosini, Adelphi, Milano.
Craveri, B. 1998
*Quando il gatto si offende. Intervista con il Premio Nobel*, in «la Repubblica», 18 dicembre.

Czermińska, M. 2000
*Autobiograficzny trójkąt. Świadectwo, wyznanie i wyzwanie*, Universitas, Kraków.
Czerniawski, A. 1990
*The Particular Imagination*, Introduzione a W. Szymborska, *People on a Bridge*, London-Boston.
D'Amore, B. (a cura di) 2012
*Matematica, stupore e poesia*, Giunti, Firenze.
De Luca, E. 2002
*Tre cavalli*, Feltrinelli, Milano.
Dickinson, E. 1990
*100 wierszy*, scelta, traduzione e Introduzione di S. Barańczak, Arka, Kraków.
Dōgen 1991
*Dōgen zenji zenshū* (Opere complete del maestro zen Dōgen), a cura di S. Kakuzen, K. Kōdō, K. Genryū, K. Kiyū, Shunjūsha Tokyo.
Donne, J. 2003
*Anatomia del mondo e altre poesie*, trad. it., Introduzione e note di G. Massara, Sette Città, Viterbo.
Falkowski, S. - Stępień, P. 2000
*Żyrafa, czyli po co i jak czytać poetów współczesnych*, Prószyński i S-ka, Warszawa.
Freud, S. 1985
*L'interpretazione dei sogni*, ed. it. a cura di R. Colorni, trad. it. di E. Fachinelli e H. Trettl, Paolo Boringhieri, Torino.
Gabriele, R. 2010
*Una scintilla nel vento*, in Id., *Sette saggi di poesia polacca*, Lithos, Roma, pp. 5-41.
Grimstad, K. A. 2006
*«An unthinkable coincidence like any other». On Gendered Sensibility in the Poetry of Wisława Szymborska*, in *Wisława Szymborska. A Stockholm Conference*, a cura di L. Neuger e R. Wennerholm, Kungl. Vitterhets Historie och Antikvitets Akademien, Stockholm, pp. 71-81.
Groggia, F. 2008
*I paradossi della poesia. Intervista con Wisława Szymborska*, in «la Repubblica», 7 aprile.
Heidegger, M. 1976
*Essere e Tempo*, trad. it. di P. Chiodi, Longanesi, Milano.
Herbert, Z. 1993
*Rapporto dalla città assediata*, ed. it. a cura di P. Marchesani, con un saggio di I. Brodskij, Adelphi, Milano.
Herbert, Z. 2001
*Zbigniew Herbert*, trad. di A. Ceccherelli, in «In Forma di Parole», 1, *Cose di Polonia: poesia e prosa*, a cura di A. M. Raffo, pp. 201-35 (dodici poesie tratte dalla raccolta *Epilog burzy*).
Hersch, J. 2002
*Storia della filosofia come stupore*, trad. it. di A. Bramati, Bruno Mondadori, Milano.
Kantor, T. 2005
*Mówić wtedy o śmierci było nietaktem. Sztuka jest bliska śmierci*, in «Konteksty», 1, pp. 84-7.
Kieślowski, K. - Piesiewicz, K. 1994
*Tre colori. Blu, bianco, rosso*, ed. it. a cura di M. Fabbri, Bompiani, Milano.

Kleberg, L. 2006
*W. S., or Our Need for Certainty*, in *Wisława Szymborska. A Stockholm Conference*, a cura di L. Neuger e R. Wennerholm, Kungl. Vitterhets Historie och Antikvitets Akademien, Stockholm, pp. 91-102.
Kochanowski, J. 1995
*Frasche*, ed. it. a cura di N. Minissi, Bur, Milano.
Kochanowski, J. 2011
*Foricoenia, I Cenafuori. Pieśni, Le Odi*, in «In Forma di Parole», s. IV, XXXI, 4, numero monografico a cura di A. M. Raffo.
Krasicki, I. 1997
*Le avventure di Niccolò d'Esperientis*, ed. it. a cura di L. Marinelli, Voland, Roma.
«Kwartalnik Artystyczny» 2014
*Wisława Szymborska*, fasc. 1, 81, numero monografico.
Kwiatkowski, J. 1996
*Wisława Szymborska*, in *Radość czytania Szymborskiej. Wybór tekstów krytycznych*, a cura di S. Balbus e D. Wojda, Wydawnictwo Znak, Kraków, pp. 77-87 (ed. or. come Prefazione a W. Szymborska, *Poezje*, PIW, Warszawa 1977).
Lamarque, V. 2007
*Poesie per un gatto*, Mondadori, Milano.
Lausberg, H. 1983
*Elementi di retorica*, trad. it. di L. Ritter Santini, il Mulino, Bologna.
Lec, S. J. 1998
*Pensieri spettinati*, ed. it. a cura di P. Marchesani, Bompiani, Milano.
Lec, S. J. 1999
*Myśli nieuczesane*, a cura di L. Kośka, Universitas, Kraków.
Legeżyńska, A. 1995
*Barbarzyńca oświecony*, in «Poznańskie Studia Polonistyczne», Serie letteraria: *Wokół Szymborskiej*, pp. 52-70.
Legeżyńska, A. 1996
*Wisława Szymborska*, Rebis, Poznań.
Leibniz, G. W. 2008
*Leibniz*, Mondadori, Milano.
Ligęza, W. 2001
*Wisławy Szymborskiej świat w stanie korekty*, Wydawnictwo Literackie, Kraków.
Luzi, M. 2014
*Poesie ultime e ritrovate*, a cura di S. Verdino, Garzanti, Milano.
Marchesani, P. 1998
*Una pensosa leggerezza*, in W. Szymborska, *Vista con granello di sabbia*, ed. it. a cura di P. Marchesani, Adelphi, Milano, pp. 225-35.
Marchesani, P. 2008
Introduzione, in *Opere*, pp. IX-XXV (la stessa Introduzione è riprodotta in W. Szymborska, *La gioia di scrivere. Tutte le poesie, 1945-2009*, a cura di P. Marchesani, Adelphi, Milano 2009, pp. XXVII-XLII).
Marchesani, P. 2013
*La poesia non può essere amata per descrizione. Intervista a Pietro Marchesani di Anna Małyszkiewicz*, in «pl.it/ Rassegna italiana di argomenti polacchi», online.

Marcoaldi, F. 2015
*Il mondo sia lodato*, Einaudi, Torino.
Marinelli, L. 2002
*«La porta senza chiave». Appunti sparsi sull'Io lirico nella poesia polacca contemporanea tra testimonianza, confessione e sfida (Miłosz, Herbert, Szymborska)*, in «Critica del testo» v, 1, numero monografico, *Tra dispersione e riconoscimento. L'Io lirico nella contemporaneità*, pp. 239-63.
Marinelli, L. - Cappellari, S. (a cura di) 2011
*Letteratura polacca*, a cura di S. Cappellari e L. Marinelli, Fiorini («Quaderni del Premio letterario Giuseppe Acerbi», 12), Verona.
Marinelli, L. 2013
*Jarmark cudów, czyli Szymborska i szymborskizm we Włoszech*, in «Nowa Dekada Krakowska», 4/5, pp. 6-17.
Markowski, M. P. 2012
*Słowa i rzeczy*, in «Tygodnik Powszechny», 24 settembre.
Michajłów, A. 1991
*Ja wierzyłam*, in «Tygodnik Literacki», 17, p. 3 (intervista a Wisława Szymborska).
Milani, A. 2015
*Wisława Szymborska. Si dà il caso che io sia qui*, BeccoGiallo, Padova.
Miłosz, C. 1983a
*Storia della letteratura polacca*, trad. it. dall'inglese di L. Faberi, Cseo, Bologna.
Miłosz, C. 1983b
*Poesie*, ed. it. a cura di P. Marchesani, Adelphi, Milano.
Miłosz, C. 1996a
*La fodera del mondo*, trad. it. di V. Rossella, Fondazione Piazzolla, Roma.
Miłosz, C. 1996b
*Poezja jako świadomość*, in *Radość czytania Szymborskiej. Wybór tekstów krytycznych*, a cura di S. Balbus e D. Wojda, Wydawnictwo Znak, Kraków, pp. 32-5.
Miłosz, C. 1996c
*A nie mówiłem?*, in *Radość czytania Szymborskiej. Wybór tekstów krytycznych*, a cura di S. Balbus e D. Wojda, Wydawnictwo Znak, Kraków, pp. 36-8.
Miłosz, C. 2006
*Wiersze ostatnie*, Wydawnictwo Znak, Kraków.
Miłosz, C. 2013
*La testimonianza della poesia. Sei lezioni sulle vulnerabilità del Novecento*, ed. it. a cura di A. Ceccherelli, Adelphi, Milano.
Minghetti, M. - Cutrano, F. 2006
*Nulla due volte. Il management attraverso le poesie di Wisława Szymborska*, Scheiwiller, Milano.
Mizzau, M. 1984
*L'ironia. La contraddizione consentita*, Feltrinelli, Milano.
Moretti, F. 1993
*La letteratura europea*, in *Storia d'Europa*, I, *L'Europa oggi*, a cura di P. Anderson e altri, Einaudi, Torino, pp. 837-66.
Nastulanka, K. 1975
*Powrót do źródeł. Rozmowa z Wisławą Szymborską*, in Ead., *Sami o sobie. Rozmowy z pisarzami i uczonymi*, Czytelnik, Warszawa, pp. 298-308 (ed. or. in «Polityka», 1973, 5, p. 8).

Neuger, L. - Wennerholm, R. (a cura di) 2006
*Wisława Szymborska. A Stockholm Conference*, Kungl. Vitterhets Historie och Antikvitets Akademien, Stockholm.
Nyczek, T. 2005
*Tyle naraz świata. 27 × Szymborska*, Wydawnictwo a5, Kraków.
Nyczek, T. 2015
*Jarmark cudów. 30 × Szymborska*, PIW, Warszawa.
Özpetek, F. 2015
*Sei la mia vita*, Feltrinelli, Milano.
Papieska, A. (a cura di) 2014
*Zachwyt i rozpacz. Wspomnienia o Wisławie Szymborskiej*, PWN, Warszawa.
Pirandello, L. 1993
*Uno, nessuno e centomila*, Garzanti, Milano.
Pleśniarowicz K. 1997
*Kantor. Artysta końca wieku*, Wydawnictwo Dolnośląskie, Wrocław.
Pollack, M. 2016
*Paesaggi contaminati. Per una nuova mappa della memoria in Europa*, trad. it. di M. Maggioni, Keller, Rovereto.
Prévert, J. 1995
*Amori*, Introduzione e commento di R. Paris, Tea, Milano.
«Przekładaniec» 2003
*Wisława Szymborska*, n. 1, numero monografico.
Rusinek, M. 2016
*Nic zwyczajnego. O Wisławie Szymborskiej*, Wydawnictwo Znak, Kraków.
Sandauer, A. 1996
*Pogodzona z historią*, in *Radość czytania Szymborskiej. Wybór tekstów krytycznych*, a cura di S. Balbus e D. Wojda, Wydawnictwo Znak, Kraków, pp. 53-76.
Sęp Szarzyński, M. 2007
L. Marinelli, *Il ciclo di sonetti di Mikołaj Sęp Szarzyński (c. 1550-1581). Esercizi di traduzione*, in *Italia Polonia Europa. Scritti in memoria di Andrzej Litwornia*, a cura di A. Ceccherelli, E. Jastrzębowska, L. Marinelli, M. Piacentini, A. M. Raffo, G. Ziffer, Accademia polacca delle scienze, Roma, pp. 226-31.
Skubalanka, T. 2008
*Styl poetycki Wisławy Szymborskiej*, in Ead., *Herbert. Szymborska. Różewicz. Studia stylistyczne*, Wydawnictwo Uniwersytetu Marii Curie-Skłodowskiej, Lublin, pp. 43-94.
Tabucchi, A. 2009
*Il tempo invecchia in fretta*, Feltrinelli, Milano.
Tobagi, B. 2009
*Come mi batte forte il tuo cuore*, Einaudi, Torino.
Tollini, A. 2012
*Lo zen. Storia, scuole, testi*, Einaudi, Torino.
Tuwim, J. 2002
*La locomotiva*, trad. it. di M. Woźniak, Istituto Adam Mickiewicz, filiale di Cracovia, Cracovia.
Verdiani, C. (a cura di) 1961
*Poeti polacchi contemporanei*, Silva, Milano.
Vinci, S. 2006
*Stanza 411*, Einaudi, Torino.

Wat, A. 2006
*Lume oscuro*, ed. it. a cura di L. Marinelli, Lithos, Roma.
Więckowska, J. 1996
*«I Hiob pozwala na to. Hiob się godzi». Na marginesie «Streszczenia»*, in *O wierszach Wisławy Szymborskiej*, a cura di J. Brzozowski, Wydawnictwo UŁ, Łódź, pp. 26-43.
Wojda, D. 1996
*Milczenie słowa. O poezji Wisławy Szymborskiej*, Universitas, Kraków.
Woźniak-Łabieniec, M. 1996
*Wśród prorockich rupieci (Monolog dla Kasandry)*, in *O wierszach Wisławy Szymborskiej*, a cura di J. Brzozowski, Wydawnictwo UŁ, Łódź, pp. 44-57.
Zarzycka, A. 2010
*Rewolucja Szymborskiej 1945-1957. O wczesnej twórczości poetki na tle epoki*, Wydawnictwo Poznańskie, Poznań.

# Indice delle poesie di Wisława Szymborska*

Accanto a un bicchiere di vino, 15, 44, 135
A chi entra nel Partito, 187
Ad alcuni piace la poesia, 183
Addio a una vista, 126, 175, 188
Agli amici, 183
Album, 53
Alla gioventù che edifica Nowa Huta, 186
Allegro ma non troppo, 68, 84, 94, 112, 167, 227
Al mio cuore di domenica, 114
*Amore a prima vista*, VIII, 3, 6, 7, 10-2, 15, 34, 36, 40, 44, 157, 160, 245, 250
Ancóra, 151, 204
Appunti di lettura dei materiali storici sulla difesa di Stalingrado, 186
Appunto, 24
Archeologia, 27
Assenza, 220
Atlantide, 135
*Attimo*, 34, 173, 174, 235
A una madre americana, 187
A una mia poesia, 34, 237
A un'innamorata infelice, 15
Autotomia, 221
Avvenimento, 27, 144
Avvertimento, 87

Bagaglio del ritorno, 70
Ballata, 15

Calcolo elegiaco, 135, 139
Campo di fame presso Jasło, 151
Canto su un criminale di guerra, 187
C'è chi, 86
Censimento, 179
Cerco la parola, 185
Certezza, 224
«C'è un paese detto Trabbìa», 75
«Chi beve troppo porto», 77
«Chi beve vino», 77
«Chi esagera col brandy», 77
«Chi presenta l'italiano», 76
«Chi sostiene che anche i russi», 76
«Chi sostiene che i cinesi», 76
«Chi strafà coi negroni», 77
Coercizione, 234
Coloratura, 15, 53, 54, 110
Commediole, 53, 83, 84, 224
Compleanno, VIII, 66, 110, 144, 158
Concorso di bellezza maschile, 87
Contributo alla statistica, 98
Conversazione con una pietra, 19, 21, 190
Conversazione con uno scettico, 187

Dalla Corea, 187
Del non leggere, 83, 95, 223
Disattenzione, 72, 74, 221, 231
Discorso all'Ufficio oggetti smarriti, 22, 48, 73, 112
D'una spedizione sull'Himalaya non avvenuta, 26, 61, 89, 145, 224

Eccesso, 145
Elenco, 153
Ella in cielo, 93

* In corsivo le poesie che aprono le «voci» del volume.

*Elogio dei sogni*, 60, 165, 193, 195, 199, 200
Epitaffio, 86, 107, 136, 145, 163, 168, 244
Esempio, 88

Figli dell'epoca, 178, 251
Film – Anni Sessanta, 53, 84
Foglietto illustrativo, 74
Forse tutto questo, 23, 224, 225
Fotografia della folla, 178
Fotografia dell'11 settembre, 53, 147
Funerale, 183

Gente, 111, 145, 146, 151
*Gente sul ponte*, 51, 61, 69, 79, 80, 221, 241
Gli animali del circo, 25
Gli attentatori, 149
«Gli sono troppo vicina perché mi sogni», 15
Grande numero, 16, 46, 98, 151, 156, 162, 167, 178, 196, 249
Grotta, 27

Identificazione, 124
*Il cielo*, VIII, 6, 32, 91, 93, 94, 97, 153, 232, 248
Il classico, 122
Il clochard, 112
Il dipinto nel Palazzo d'Inverno, 186
*Il gatto in un appartamento vuoto*, VIII, 5, 15, 69, 111, 118, 121, 122, 126, 129, 188
Il melo, 224
Il nostro operaio parla degli imperialisti, 187
*«Il nulla si è rivoltato anche per me»*, 7, 19, 67, 131, 200, 220
Il primo amore, 4, 6
Il resto, 53, 224
Il 16 maggio 1973, 147
Il silenzio delle piante, 21, 190, 234
Il sogno della vecchia tartaruga, 196
Il soldato sovietico così parlava ai bambini polacchi nei giorni della liberazione, 187
Il terrorista, lui guarda, 149, 150
Il vecchio professore, 248
Impressioni teatrali, 53
Impresso nella memoria, 114
«Incede Miłosz, severo, assorto», 78, 177
In effetti, ogni poesia, 89, 169, 174, 227, 231, 235
In lode di mia sorella, 47, 85, 168
*In pieno giorno*, 111, 160, 201, 203
In rime banali, 84
Innamorati, 15, 198
Innocenza, 152
In rime banali, 187
Inseguimento, 225
*Intervista a un bambino*, 71, 80, 92
Intervista con Atropo, 140, 225
Intrighi con i morti, 93, 196

Labirinto, 176, 225, 226
La casa di un grande uomo, 136
*La cipolla*, VIII, 81, 87, 118, 218, 251
La cortesia dei non vedenti, 55, 86
L'acrobata, 53, 111, 227
La fiera dei miracoli, 96, 99, 144, 239
*La fine e l'inizio*, 35, 126, 229
*La gioia di scrivere*, VIII, 62, 69, 70, 80, 124, 125, 148, 155, 156, 170, 184
La moglie di Lot, 42, 45, 48, 207
La Musa in collera, 84
La passeggiata del risuscitato, 128
La pozzanghera, 235
La prima fotografia di Hitler, 53, 149
La realtà esige, 6, 144, 153, 175-7, 199
La scimmia, 18, 25, 26, 59
La stazione, 135, 156
«La storia che non si affanna», 177, 183, 208
La veglia, 124, 196, 199
La vita breve dei nostri antenati, 67, 69, 116, 223
La vita difficile con la memoria, 66, 210
Le donne di Rubens, 44, 52, 55, 56, 61, 112
Le due scimmie di Bruegel, 24, 52, 57
Lenin, 186
Le quattro del mattino, 85
L'eremo, 86
Le tre parole più strane, 113, 191
Lode della cattiva considerazione di sé, 26, 116, 144
L'odio, 116, 118, 147
L'ombra, 74, 118
L'orribile sogno del poeta, 87, 197, 216

«Meglio assai la prigionia», 77
«Meglio rompersi due arti», 77
*Metafisica*, 63, 66, 109
Miniatura medioevale, 53, 55, 56, 61, 111
Monologo di un cane coinvolto nella storia, 26, 129
Monologo per Cassandra, 208
Moralità boschiva, 110
Mosaico bizantino, 53, 55, 56, 61, 112, 118
Movimento irrigidito, 54
Museo, 136

Negativo, 53
Nel fiume di Eraclito, 34, 68, 114, 194, 239
Nella moltitudine, 22, 23, 38, 46, 47, 56, 98, 214, 220, 236
Nell'arca, 84
«Nella ridente città di Corleone», 75
Nihil novi sub sole, 101
«Non disturbare il personale ospedaliero», 78
Non occorre titolo, 66, 115, 116, 175
«Non spillare il latte ai poveri bovini», 78
Notorietà, 191
Notte, 208, 224
Nozze d'oro, 44
Nulla due volte, 15, 21, 64, 65, 102, 112, 171, 224, 239, 250
Nulla è in regalo, 20, 137
Numero sbagliato, 87

*Ogni caso*, 5, 6, 29, 36, 38, 39, 108, 245
Opera buffa, VII, 15, 53, 85

Paesaggio, 53, 70
Per salutare l'edificazione di una città socialista, 186
Personale, 187
Piccoli annunci, 116, 150, 198
Pi greco, 68
Platone, ossia perché, 215, 216
Possibilità, 11, 23, 34, 55, 119, 161
*Progetto un mondo*, 22, 32, 79, 80, 181, 184, 185, 188, 199, 215
Prologo a una commedia, 73, 225

Qualche parola sull'anima, 140, 147, 232, 233
Quando sulla culla della Costituzione Popolare una vecchia operaia attinge ai suoi ricordi, 187
Quel giorno, 187
Qui, 175

Recensione di una poesia non scritta, 74, 112, 118, 222
Riabilitazione, 183
Riassunto, 208, 224
Ringraziamento, 5, 6
«Risparmia alla tua amante anche il minimo sforzo», 77
Ritorni, 89
Ritratto a memoria, 66, 244
*Ritratto di donna*, 41, 47, 48, 49

Salmo, 117, 175
Scheletro di dinosauro, 88
Scorcio di secolo, 144, 222
Scritto in un albergo, 118
Scrivere il curriculum, 178, 209, 210
Séance, 37
Senza titolo, 79
Serata d'autore, 73, 161, 162, 179, 249
Sogni, 197
Sogno, 196
Sogno d'una notte di mezza estate, 53, 224
Sorrisi, 84, 86
*Sotto una piccola stella*, 24, 61, 105, 110, 177, 200
Statua greca, 53, 61
Stupore, 108, 134, 220
Sulla morte senza esagerare, 68, 70, 115, 126, 127, 228
Sulla torre di Babele, 9, 10
Sullo Stige, 139, 145, 225
«Szymborska: un busto in gesso. Compassionevole, il caso», 78

Tarsio, 25, 61, 118, 206
Tentativo, 47, 79
Thomas Mann, 23, 73
*Torture*, 143, 146

Tremarella, 85
Tutto, 113, 191

Una bimbetta tira la tovaglia, 79
«Una certa Monica di Washingtòn», 76
Un'adolescente, 44, 47, 66, 239
Una domenica a scuola, 107
Un amore felice, 4, 7, 15, 117, 200, 250
Un attimo a Troia, 74
Una versione dei fatti, 11, 23, 97, 225, 226
*Una vita all'istante*, VII, 66, 178, 216, 219, 226
Un feticcio di fertilità del Paleolitico, 53
Un'idea, 86
Un incontro inatteso, 15
Uno spasso, 24, 89, 205
Un parere in merito alla pornografia, 116, 117
Un racconto iniziato, 209
«Un tempo sapevamo il mondo a menadito», 151
«Un tipo come tanti in Manitoba», 75
*Utopia*, 87, 114, 118, 211, 212, 214-6

Vecchio cantante, 53, 54
Vermeer, 53, 60, 70
Vestiario, 108
Vietnam, 152
*Vista con granello di sabbia*, 17, 19, 174, 207, 236
Visto dall'alto, 128, 236
Vivo, 113
Voci, 112

# Indice dei nomi

Adriano, Publio Elio, imperatore romano, 138
Alighieri, Dante, 107
Allen, Woody, 84, 108
Andrzejewski, Jerzy, 30
Anselmi, Muriel, 255
Arendt, Hanna, 149
Aristotele, 157

Baczyński, Krzysztof Kamil, 111, 160, 202, 203
Balbus, Stanisław, 82, 96, 162
Balcerzan, Edward, 16
Barańczak, Stanisław, 70, 75, 76, 108, 125, 134, 138, 167, 208
Baranowska, Małgorzata, 203
Beccaria, Gian Luigi, 97
Bergson, Henri-Louis, 19, 207
Bernardini, Luca, 254, 256
Białoszewski, Miron, 167
Bikont, Anna, 82, 232, 256
Bodegård, Anders, 214
Bodhidharma, 232
Boezio, Severino, 37
Borkowska, Grażyna, 48
Borowski, Wiesław, 32
Branduardi, Angelo, 127
Brandys, Kazimierz, 30
Brodskij, Iosif Aleksandrovič, 45
Bruegel, Pieter (il Vecchio), 57-9
Bruni, Francesco, 250
Buddha, 239
Buffoni, Franco, 246
Burkot, Stanisław, 195

Calvino, Italo, 246
Camilleri, Andrea, 250
Cappellari, Simona, 94
Carabba, Carlo, 248
Carnegie, Dale, 233
Carpi, Anna Maria, 248
Castiglione, Baldassar, 106
Cataluccio, Francesco M., 254
Catone, Marco Porcio (il Censore), 157
Catullo, Gaio Valerio, 237
Cavanagh, Clare, 76, 164
Ceccherelli, Andrea, 187, 204, 252, 254, 256
Čechov, Anton Pavlovič, 30
Chmielowski, Benedykt, 189
Chopin, Fryderyk, 16
Claudiano, Claudio, 102
Clementi, Federica K., 146, 222
Comas, José, 156
Conrad, Joseph, 5, 36
Craveri, Benedetta, 115, 122, 252
Curie, Maria Skłodowska, 45, 104
Cutrano, Fabiana, 65, 254
Czechowicz, Józef, 167
Czermińska, Małgorzata, 5
Czerniawski, Adam, 194

Dąbrowska, Krystyna, 171
D'Amore, Bruno, 98
Davies, Norman, 205
Dedecius, Karl, 14, 161, 168
De Fanti, Silvano, 255
De Filippi, Maria, 39
De Luca, Erri, 7

De Michelis, Eurialo, 95
Dickinson, Emily, 138
Dōgen, Eihei, 238, 239
Donne, John, 127, 167
Dostoevskaja, Anna, 9
Duncan, Isadora, 54

Ecclesiaste, 101, 102, 136
Eco, Umberto, 253
Einstein, Albert, 89, 90
Eraclito, 70, 114, 115
Esopo, 87

Falkowski, Stanisław, 138, 178
Fazio, Fabio, 253
Ferroni, Giulio, 243
Filipowicz, Kornel, 15, 33, 34, 104, 195
Fitzgerald, Ella, 93
Fo, Dario, 82
Fogelweder, Stanisław, 251
Fornero, Elsa, 49, 244
Franci, Paola, 247
Franci, Paolo, 247
Fredro, Aleksander, 88
Freud, Sigmund, 58

Gabriele, Renato, 254
Gałczyński, Konstanty Ildefons, 30, 45
Ginzburg, Natalia, 95
Goethe, Johann Wolfgang von, 174
Gombrowicz, Witold, 252
Gramsci, Antonio, 243
Grimstad, Knut Andreas, 42, 49
Groggia, Francesco, 256
Grossman, David, 93

Halas, František, 167
Hašek, Jaroslav, 87
Heidegger, Martin, 70, 132, 134, 135, 174, 240
Herbert, Zbigniew, 37, 46, 47, 89, 139, 140, 168, 171, 177, 178, 223, 244, 249, 252, 256
Herdegen, Leszek, 185
Hersch, Jeanne, 99, 100, 103, 240
Hill, Benny (Alfred Hawthorn Hill), 89
Hiroshige, Utagawa, 52, 60, 79, 80, 241
Hitler, Adolf, 27
Howitt, Peter, 10
Huizinga, Johan, 73
Husserl, Edmund, 134

Iwaszkiewicz, Jarosław, 257

Jarema, Maria, 33
Jarosz, Łukasz, 171
Jaruzelski, Wojciech, 117
Jovanotti (Lorenzo Cherubini), 250
Jung, Carl Gustav, 195

Kalczyńska, Alina, 247
Kalhur, Mohammad Reza, 13
Kania, Ireneusz, 235
Kantor, Tadeusz, 32-5, 93, 159, 166, 204, 214
Kapuściński, Ryszard, 244, 256
Kavafis, Konstantinos Petrou, 167
Kieślowski, Krzysztof, 10-3
Kleberg, Lars, 156
Kochanowski, Jan, 26, 69, 102, 128, 132, 167, 205, 206, 237, 251
Kołakowski, Leszek, 212
Kolenda-Zaleska, Katarzyna, 228, 253
Krasicki, Ignacy, 217
Krynicki, Ryszard, 256
Kwiatkowski, Jerzy, 132

Lamarque, Vivian, 248
Lausberg, Heinrich, 117
Lec, Stanisław Jerzy, 27, 141
Legeżyńska, Anna, 22, 24
Leibniz, Gottfried Wilhelm von, 21, 134
Lenin (Vladimir Il'ič Ul'janov), 78
Leopardi, Giacomo, 37, 134
Leśmian, Bolesław, 65, 124, 125, 167, 206, 207
Ligęza, Wojciech, 186, 203, 204, 207
Limbourg, fratelli (Paul e Jean Hennequin), 56
Linda, Bogusław, 11
Lipska, Ewa, 73, 83
Lucrezio Caro, Tito, 102, 103
Luzi, Mario, 148

Magritte, René, 4
Majakovskij, Vladímir Vladimirovič, 107
Malko, Sacha, 164

Mann, Thomas, 23, 88
Marchesani, Pietro, 7, 14, 39, 94, 99, 108, 112, 113, 132, 145, 148, 189-91, 243, 245-7, 249, 252-5
Marcoaldi, Franco, 145, 248
Marinelli, Luigi, 5, 94
Marinetti, Filippo Tommaso, 183
Markowski, Michał Paweł, 216
Matuszewski, Ryszard, 159
Merini, Alda, 46, 244
Mesmer, Franz Anton, 102
Michajłów, Adam, 115
Mickiewicz, Adam, 20, 80, 166, 167, 174, 202, 203
Mikołajewski, Jarosław, 72, 165, 166, 253
Milani, Alice, 254
Miłosz, Czesław, 25, 37, 43, 46, 47, 61, 78, 94-6, 99, 106, 133, 144, 161, 168, 171, 177, 222, 223, 243, 244, 246, 249, 252, 256, 257
Minghetti, Marco, 65, 254
Minissi, Nullo, 167
Mizzau, Marina, 116
Montaigne, Michel de, 36, 37, 88, 156, 204, 221, 240
Moretti, Franco, 164, 165
Moro, Tommaso, 217
Mrożek, Sławomir, 30

Nastulanka, Krystyna, 106, 109, 112, 237
Newton, Isaac, 45, 79
Norwid, Cyprian Kamil, 127
Novelli, Silverio, 246
Nyczek, Tadeusz, 103, 174

Olczak-Ronikier Joanna, 30
Omero, 53, 178
Orazio Flacco, Quinto, 136
Origlia, Giorgio, 252
Orlando, Angelo, 10, 250
Orzeł, Justyna Hanna, 244
Ossowski, Jerzy Stefan, 195
Ostuni, Vincenzo, 248
Özpetek, Ferzan, 250

Pacino, Al, 75
Paolo di Tarso, 133
Papieska, Agnieszka, 162
Pascal, Blaise, 222
Pasolini, Pier Paolo, 230, 241
Peiper, Tadeusz, 30, 162
Penna, Sandro, 230, 237, 241
Piacentini, Marcello, 255
Piaget, Jean, 19
Piesiewicz, Krzysztof, 12
Pilch, Jerzy, 14
Pirandello, Luigi, 241
Platone, 102, 103, 215-7
Pleśniarowicz, Krzysztof, 33
Plinio Secondo, Gaio (il Vecchio), 102
Pollack, Martin, 177
Prévert, Jacques, 46
Proust, Marcel, 83, 95, 103, 240
Prus, Bolesław, 83
Przyboś, Julian, 204

Quasimodo, Salvatore, 37

Raboni, Giovanni, 95
Rembrandt, Harmenszoon van Rijn, 164, 165
Rilke, Rainer Maria, 167
Rinaldi, Corinna, 84
Rossella, Valeria, 252
Różewicz, Tadeusz, 30, 171, 256
Rozmus, Jacek, 195
Rubens, Peter Paul, 55
Ruggeri, Tita, 84
Rusinek, Michał, 75, 160, 161, 228, 253

Saffo, 45, 237
Salzano, Lorenzo, 12
Sandauer, Artur, 152, 236
Sandburg, Carl, 170
Sanguineti, Edoardo, 110, 248
Sarbiewski, Maciej Kazimierz (Sarbievius), 115
Saviano, Roberto, 6, 39, 251-3
Scheiwiller, Vanni, 14, 247, 248
Schulz, Bruno, 93
Sēngcàn, Jiànzhì, 232
Sęp Szarzyński, Mikołaj, 67, 128
Shakespeare, William, 26, 107, 224
Shikibu, Murasaki, 45
Sienkiewicz, Henryk, 8, 244, 250
Sifakis, Carl, 150
Simić, Charles, 106
Šklovskij, Viktor, 157

Słomczyński, Maciej, 74, 76, 83
Somaini, Nessi, 95
Spinoza, Baruch, 245
Stala, Marian, 118
Stalin (Iosif Vissarionovič Džugašvili), 186-8
Stępień, Paweł, 138, 178
Stratico, Simone, 102
Suchodolski, Rajnold, 76
Swift, Jonathan, 217
Szaniawski, Jerzy, 30
Szczęsna, Joanna, 82, 232, 256
Szymborska, Nawoja Maria, 47
Szymborski, Wincenty, 30

Tabucchi, Antonio, 248
Tobagi, Benedetta, 6, 245
Tobagi, Walter, 245
Tokarczuk, Olga, 256
Tollini, Aldo, 231, 232, 238, 239, 241
Tomassucci, Giovanna, 252, 254
Tuwim, Julian, 110, 167, 204

Van Gogh, Vincent Willem, 60
Vecchioni, Roberto, 128, 250
Verdiani, Carlo, 246
Vermeer, Jan, 60, 70, 96, 164, 165, 193
Vinci, Simona, 245
Virgilio Marone, Publio, 53
Voltaire (François-Marie Arouet), 217

Walas, Teresa, 96
Wat, Aleksander, 217, 218, 247
Weick, Karl, 254
Więckowska, Joanna, 208
Witkiewicz, Stanisław Ignacy, 221
Wittgenstein, Ludwig Joseph, 135
Włodek, Adam, 15, 30, 33, 160, 251
Wojda, Dorota, 82, 96
Woźniak, Monika, 204
Woźniak-Łabieniec, Marzena, 209
Wróż-Prusiewicz, Maria, 10
Wysocka, Stanisława, 233

Yōtaku, Bankei, 239

Zagajewski, Adam, 186
Zalone, Checco, 244
Zamoyski (famiglia), 30
Żmichowska, Narcyza, 48

Finito di stampare il 12 aprile 2016
per conto di Donzelli editore s.r.l.
presso Str Press s.r.l.
Via Carpi, 19 - 00040 Pomezia (Roma)